并购交易实务

滕 涛 著

M&A TRANSACTION PRACTICE

企业资本扩张和市场资源配置

从商业模式、企业生命周期、资产评估、博弈补偿机制等角度，对目前现有的估值方法
进行了分析并提出了创新思路

经济管理出版社
ECONOMY & MANAGEMENT PUBLISHING HOUSE

图书在版编目（CIP）数据

并购交易实务 / 滕涛著. --北京：经济管理出版社，2024.4

ISBN 978-7-5096-9662-0

Ⅰ．①并… Ⅱ．①滕… Ⅲ．①企业兼并 Ⅳ.①F271.4

中国国家版本馆 CIP 数据核字（2024）第 080014 号

组稿编辑：赵天宇
责任编辑：赵天宇
责任印制：黄章平
责任校对：张晓燕

出版发行：经济管理出版社
　　　　　（北京市海淀区北蜂窝 8 号中雅大厦 A 座 11 层　100038）
网　　址：www. E-mp. com. cn
电　　话：（010）51915602
印　　刷：唐山昊达印刷有限公司
经　　销：新华书店
开　　本：720mm×1000mm/16
印　　张：15. 25
字　　数：278 千字
版　　次：2024 年 10 月第 1 版　　2024 年 10 月第 1 次印刷
书　　号：ISBN 978-7-5096-9662-0
定　　价：68. 00 元

谨以此书感谢我挚爱的家人！

序　言

当市场经济发展到一定阶段，行业的增量不足甚至出现萎缩时，产业并购就成为企业发展的重要战略。在这个充满变化和机遇的时代，并购交易成为企业实现战略目标、拓展市场份额和提升竞争力的重要手段。本书的出版旨在为读者提供关于并购交易的全面知识和实践经验，帮助读者更好地理解和把握这一复杂而又充满挑战的领域。

在我的职业生涯中，有幸任职于西部某省份的大型产业基金，参与和接触过多个产业并购重组项目，其中有成功的，也有失败的，这些经历使我积累了大量的经验，通过本书也把这些经验知识介绍给读者。企业并购重组是市场资源配置的重要手段，是企业外延式增长的重要途径，随着产业的高速增长，内涵式增长已经很难跟上行业的发展，借助并购开展的外延式增长成为企业发展的重要手段。在并购过程中，无论是外部投资者、企业内部管理者还是其他利益相关者，在并购交易中的博弈和风险防控都是关注的焦点。

并购已是企业进行资本扩张和实现市场资源配置最重要也是最有效的途径。本书从并购的逻辑开始阐述，将并购交易中各类"玩家"的"套路"悉数介绍，特别是对一些恶意收购的案例进行了介绍。本书作为并购交易实务书籍，从案例出发，将并购全流程、尽职调查的盲点、撮合交易的技巧与博弈、对赌协议、交易结构与支付方式、并购交易中的融资工具、上市公司募集配套资金需要注意的问题、并购交易中的会计处理和税务处理等一些业务细节都进行了阐述，并对应地给出了一些解决方案。本书的重点是放在对并购估值的研究上，这部分也是我一直以来研究的核心部分，从商业模式、企业生命周期、资产评估、博弈补偿机制等角度，对目前现有的估值方法进行了分析并提出了创新思路。在关于重组部分，本书对重组中的"债转股"操作策略、上市公司的买壳与卖壳谈判、定增与战投等多方面进行了解读；其中，国企的破产重组与改制是具有一定的中国特色的。

在撰写本书的过程中，我要感谢许多人，他们的支持和帮助使这本书得以成稿。首先，我要感谢给予我到西部地区锻炼机会的汪贵元、侯自进、姜宏、于方刚等前辈，他们的睿智和经验知识为我指明了研究的方向和提供了实践锻炼的机会，没有他们的帮助这本书的完成将变得更加困难。我还要感谢我的朋友们，特别感谢姜进强、蔡建生、刘辉、梁永慧、岳明、王永刚、刘国栋等，在与他们的交流和讨论中，我获得了许多宝贵的观点和建议。他们的经验和智慧使我受益匪浅，也让我能够在书中呈现更加丰富和多元的观点。他们在并购领域有着丰富的实践经验和专业知识，分享的案例和见解为本书增添了"光彩"，使本书更具实用性和可操作性。其次，我也要感谢我的家人，他们在我读博和写作的过程中，给予了我无尽的支持和理解，他们的爱和耐心是我前进的动力，让我能够全身心地投入本书的创作中。最后，我要感谢钱文玉以及所有参与本书出版过程的工作人员，他们的专业精神和辛勤付出确保了本书的质量和顺利出版。

并购交易是一项复杂而又充满挑战的工作，需要综合运用各种知识和技能。本书旨在为读者提供一个全面而系统的框架，涵盖并购交易的各个环节，从前期的战略规划到交易的执行和整合。同时，书中也介绍了一些最新的理论和实践成果，以及一些成功和失败的案例，希望能够帮助读者更好地理解和应对并购交易中的各种问题和风险。然而，需要指出的是，并购交易是一个不断变化和发展的领域，新的问题和挑战不断涌现。本书中的观点和建议仅供参考，实际操作中需要根据具体情况进行灵活运用和调整。希望读者在阅读本书的过程中，能够不断思考和探索，结合自己的实践经验，不断提升自己的能力和水平。

希望本书能够成为读者在并购交易领域的得力助手，为各位读者的成功之路增添一份助力；同时，也希望读者能够给予本书宝贵的意见和建议，以便我在未来的修订中不断完善和提高。

滕涛

于即墨甲辰年春

目 录

第一章

并购大时代

第一节　并购简史

　　并购是产业发展和经济周期进行到一定阶段后，产能相对需求过剩的一个必然产物，是经济周期的重要组成部分。从经济周期的角度来看，当经济发展到繁荣期进入衰退期时，投资会导致资产泡沫的发生和产能过剩，而需求跟不上投资的增长，进而进入萧条期，而萧条期是产业并购的最佳时期，资产价格进入低谷且同期政府为了刺激经济，往往会释放宽松货币政策，为了让过剩产能退出市场，以龙头企业为核心的产业资本是开展产业整合的关键。当并购整合完成，且产能压缩到适度范围后，商品价格和企业利润得以提升，从而促使经济进入复苏期。在经济周期运行的过程中，全球央行货币政策的逆周期调节是关键，也是企业获得低成本资金进行产业并购的重要机遇期。

　　从全球经济历史的角度来看，随着西方工业经济的发展经历了五次大的经济周期和并购周期，而中国自改革开放以来，也经历了一些自身的产业并购，但真正并购大时代是随着资本市场的发展而逐步扩张的。

一、美国并购简史

　　美国在 20 世纪共发生了五次并购浪潮。每一阶段都有不同的明显特征，每一次浪潮的掀起都对当时的美国经济乃至世界经济的格局产生了深远的影响。

　　第一次并购浪潮以横向并购为主要特征。19 世纪下半叶，科学技术的巨大进步显著地推动了社会生产力的发展，并掀起了以铁路、冶金、石化、机械等为代表的行业大规模并购浪潮，各行业的许多企业通过资本集中组成了规模巨大的垄断公司。在美国并购高峰时期的 1899 年，公司并购达到 1208 起，是 1896 年的 46 倍，并购资产额达到 22.6 亿美元。在 1895~1904 年的并购高潮中，美国有 75% 的公司因并购而消失。作为工业革命的发源地，英国在此期间的并购活动也大幅增长，有 665 家中小型企业在 1880~1981 年通过兼并组成了 74 家大型企业，垄断着主要的工业部门。在这股并购浪潮中，大企业在各行业的市场份额迅速提高，形成大规模的垄断企业。

　　第二次并购浪潮以纵向并购为主要特征。经济危机前 20 世纪 20 年代发生的第二次并购浪潮使那些在第一次并购浪潮中形成的大型企业继续开展并购活动，并进一步增强其经济实力，扩展和巩固其对市场的垄断地位。在这一时期的并购浪潮中，纵向并购所占比例达到85%，各行业部门将其各个生产环节统一在一个企业联合体内，形成纵向托拉斯行业结构，使各主要工业国家普遍形成了主要经济部门的市场被一家或几家企业垄断的局面。

第三次并购浪潮以混合并购为主要特征。"二战"后，全球出现了第三次科技革命，各主要工业国的经济经过20世纪40年代后期和50年代的逐步恢复，在60年代迎来了经济发展的黄金时期，同时催生了大规模的投资建设活动。随着第三次科技革命兴起，一系列高新科技成就得到广泛的应用，社会生产力实现迅猛发展，并造就以混合并购为主要特征的第三次并购浪潮，并且其规模和速度都超过前两次的并购浪潮。并购特征及时代列表如表1-1所示。

表1-1　并购特征及时代列表

时间	并购动因及特征	代表案例	结果
1870~1900年	公司认为通过并购扩大规模可以降低单位成本，提高效率； 以横向并购为主	美国钢铁公司、卡内基钢铁公司和近800个小钢铁公司合并	促生了杜邦、柯达、通用电气等
1924~1930年	公司认为纵向一体化可以最大程度地提高利润； 《克莱顿法》和《联邦贸易委员会法》导致反垄断法的执行； 以纵向并购为主，出现混业兼并		促生了通用汽车、IBM等
1964~1970年	公司在经济繁荣期的投资信心增加； 《塞勒—基福弗法》加强了反垄断； 出现混业兼并，企业多元化发展	ITT工业集团的多元化扩张	股票市场惩罚了"不相关多元化"的并购思维，随后很多资产又被出售了
1981~1987年	金融资本和战略投资者的兴起，通过买卖公司在股票方面获利； 多为金融获利型的恶意收购	菲利普·莫里斯购买卡夫； 百实美并购施贵宝	反收购方案的出台； 杠杆收购和垃圾债券的产生
1995年至今	互联网科技公司的兴起，公司认为新兴产业及传统产业之间，发达市场与发展中市场之间可创造新的盈利模式及盈利空间； 更加关注并购整合带的协同效应	迪士尼收购大都会	纳斯达克股市的兴起

第四次并购浪潮是20世纪80年代兴起的，以融资并购为主要特征。据统计，1980~1988年企业并购总数达到20000起，其中1985年达到顶峰。多元化

的相关产品间的"战略驱动并购"取代了"混合并购",金融界为并购提供了强有力的融资支持,并购企业范围扩展到国外企业,并出现小企业并购大企业的现象。

第五次并购浪潮是20世纪90年代开始的,主要特征为"强强联合"和"跨国并购"。在经济全球化及20世纪90年代后经济景气的环境下,公司认为新兴产业及传统产业之间或发达市场与发展中市场之间可创造新的盈利模式及盈利空间。

二、国内的产业并购发展

我国的并购是在改革开放之后出现的,1984年至今,并购逐渐为人们所熟悉和接受。我国的并购历史可以分为以下几个阶段:

(1)第一次并购浪潮(1984~1989年),以政府为主导的国企并购重组为主。我国的企业并购的序幕始于1984年7月,保定纺织机械厂和保定市锅炉厂以承担全部债务的形式分别兼并了保定市针织器材厂和保定市鼓风机厂。1987年政府出台了一系列鼓励企业并购重组的政策,由此促成了第一次并购高潮。据有关部门统计,20世纪80年代,全国25个省、自治区、直辖市和13个计划单列市共有6226个企业兼并了6966个企业,共转移资产82.25亿元,减少亏损企业4095户,减少亏损金额5.22亿元。这一时期的并购多数在同行业中进行且并购数量规模较小,主要以承担债务和出资购买的方式进行并购;政府主导并购重组,目的是减少财政亏损的"包袱",提高企业经营活力、优化经济结构发展;局部产权交易市场出现。

(2)第二次并购浪潮(1992~2002年),以国有企业改制为主导,包括外资、民营资本,以及管理层MBO等对国有企业的并购为主,上市公司也开启了并购之路。1992年邓小平同志的"南方谈话"确立了市场经济的改革方向,促进了我国企业并购重组的进程。1993年宝安集团收购延中实业,拉开了我国上市公司并购的序幕。随着产权交易市场和股票市场的发育,上市公司出现,外资并购国企和中国企业的跨国并购不断涌现。1997~2002年,我国市场发生的上市公司并购数达到了577起,但是这些并购活动不是以市场经济为基础,而是以买壳上市或配合国企改革和融资任务的时代要求进行的。这段时间的企业并购的规模进一步扩大,地方产权交易市场普遍兴起,在企业并购重组中发挥了重要作用;上市公司股权收购成为企业并购的重要方式,以资本为纽带的混合式并购也有所发展，通过并购逐步形成一些产业龙头和集团公司；民营企业和外资企业纷纷参与并购，并购的主体不再局限于国有企业。

在这一轮并购浪潮中有一位典型代表人物——黄鸿年，国务院发展研究中心这样形容黄鸿年："他是中国资本运作的第一导师，开创了外商大规模收购改造中国国企的先河，也是带领中国企业家登陆国际资本市场的先驱。他是中国经济改革史上具有示范效应的民间人物之一，黄鸿年对中国资本家的启迪作用，超过了一百本教科书。"1980~1990年，黄鸿年通过不断地并购重组，将新加坡联合工业（UIC）由一个注册资本1700万新币的小公司发展成为资本超过10亿新币的集团，资本增值了近60倍，完成了当时新加坡历史上规模最大的收购战。1991年，黄鸿年收购日资上市公司——红宝石，并将其改名为"香港中国策略投资公司"，以下简称"中策"。他希望运用海外华商的影响力，带动世界华商在资金、技术、管理等方面的优势与中国国有企业合作，参与国有企业的体制改革。中策当时的股东还包括和记黄埔有限公司、摩根士丹利、伊藤忠商事等。而后，中策收购了山西的一家国有企业，即山西太原橡胶厂，中策持股51%，并注入资金，公司的运作很快就使其脱胎换骨，这令黄鸿年增强了信心。随后，中策的阵线扩大到大半个中国，仅用一年多的时间就在中国收购了200多家企业，总投资超过百亿元人民币。1993年，中策将在国内收购的橡胶和轮胎企业，在百慕大注册并在纽约以"中国轮胎公司"挂牌上市，集资1亿美元，再用这些资金收购了重庆、大连、烟台等地的四个轮胎橡胶厂。中策还收购了北京、杭州等多家啤酒厂，并以"中国啤酒控股"在多伦多上市。

（3）第三次并购浪潮（2002年至今），以央企和上市公司为主导。2001年中国正式加入世界贸易组织（World Trade Organization，WTO），既反映了经济全球化的趋势进一步加强，又促进了我国与世界经济的接轨，也标志着我国进入了建立在市场基础上的并购时代。我国政府先后制定了一系列并购法规，如《指导外商投资方向规定》《上市公司重大资产重组管理办法》《利用外资改组国有企业暂行规定》《上市公司股东持股变动信息披露管理办法》《关于向外商转让上市公司国有股和法人股有关问题的通知》《外国投资者并购境内企业暂行规定》等。在这次并购浪潮中，以上市公司控股股东为主体的资本财团出现，以上市公司为核心开展产业并购整合，通过横向并购和纵向并购为主，提升企业在产业中的市场份额和垄断地位，出现了德隆系、涌金系、华润系、中粮系等产业财团，并购成为产业整合的重要手段。

2008 年在全球次贷危机的背景下，大量实体企业出现融资困难，其股权融资渠道受到限制，并购成为许多非上市公司股权融资的渠道。同时期也出现了大量的上市公司+PE 基金的创新性并购模式，并购成为 PE 基金退出的一个重要途径。经过多年的发展，我国各个领域出现行业竞争激烈、行业利润低下等弊端，众多行业出现了产能过剩，通过产业整合，有效地提高了行业利润率和经营利润率。

在跨境并购方面，随着我国资本市场估值的崛起，产业并购中的标的可以在全球中筛选，从而提升企业在全球产业中的地位。2001 年我国加入世界贸易组织后，全球化成为我国企业要面对的市场竞争局面，也要参与其中进行全球化布局，但海外并购占的比例仍然很小，占比为 10%左右，其中还有一些私募股权基金、境外资产的投资者。

2003 年陕西秦川机械发展股份有限公司（以下简称秦川）并购美国 UAI 公司，以 195 万美元收购其 60%的股份，成为 UAI 公司的控股股东。UAI 公司在秦川的协助下，与春兰（集团）公司一次性成交 100 万美元，获取中国市场的"第一单"。秦川借助 UAI 参加了美国芝加哥机床展，获得了美国的第一位用户——福特汽车，也获得了美国其他汽车厂商、卡车厂商及石油机械厂商等下属的零部件公司的市场份额。

2004 年 12 月，联想集团斥资 12.5 亿美元购入美国 IBM 的全部个人计算机（Personal Computer，PC）业务，收购完成后，联想集团在 PC 业务的全球市场份额中由第 9 位跃升至第 3 位，仅次于戴尔和惠普。

2010 年 8 月，吉利控股集团以 15 亿美元的价格对福特汽车公司旗下沃尔沃轿车公司的全部股权进行收购，这是中国汽车行业史上最大的一次海外并购，为中国汽车行业拓展国际市场拿下了更多的技术积累和市场份额。2016 年海尔集团以 55.8 亿美元购买美国通用电气公司（General Electric Company，GE），通过此次并购，海尔在美国市场的份额由 1.1%提升到 15%，是迄今为止中国家电行业最大的一笔海外并购。

中国企业在开展海外并购时，非常看重科技和资源，关键的是核心竞争力。能源、电力等产业基本以央企和国企为主导并购，中国石油、中国石化等央企开展的海外并购中，有 80%是以能源、矿产资源等为主；民营企业开展的海外并购则以高科技行业为主，去海外购买核心技术，促进我国的先进制造业发展和增长。马宇（2003）通过对新兴经济体样本进行测算发现：新兴经济体跨境资本流动与经济增长之间存在双重门槛效应，当资本流动规模小于第一个门槛值时，资本流动对经济增长有显著的负效应；当资本流动规模介于两个门槛值之间时，资本流动对经济增长有显著的正效应；当资本流动规模大于第二个门槛值时，资本流动对经济增长无显著作用。实证结果显示新兴经济体合意的资本流动规模为：一个季度的资本净流出总额占当季 GDP 的比值小于 12.15%，一个季度的资本净流入总额占当季 GDP 的比值小于或等于 23.20%，合意区间为（-0.1215，0.2320]。当资本流动规模位于这一合意区间时，资本流动能显著促进经济增长；当资本流动规模超出这一合意区间时，资本流动不能显著促进经济增长。由此可以看出，中国作为新兴经济体，通过国际资本流动带来的跨国并购交易，对国内的经济增长带来了一定的促进作用。

第二节　并购的逻辑

创业板、科创板设立的定位是打造成新经济、新模式的资本孵化市场，但是我国金融玩家们生生把创业板玩成了并购板。市场并购火爆肯定有它的内在逻辑原因，我们先从基本经济规律的角度看看并购对于企业的利弊。

一、并购的买方逻辑

（1）并购整合带来的产业协同增值和效率提升，包括实现规模经济的横向并购和降低交易成本的纵向并购。

横向并购是指通过同业并购，使规模扩充带来的竞争能力和效率的提升。比如，滴滴和快的的合并，原来双方打价格战打得"头破血流"，现在"一统天下"。纵向并购是基于产业链延伸，或者客户交叉销售所形成协同效应，很多 IT 或者互联网行业的并购都是依照这种逻辑。

在效率提升方面，企业并购能给社会和企业带来潜在的收益，并且对于交易双方来说都能提高各自的效率。并购能够提高产业链的管理协同、经营协同和财务协同能力；公司管理效率的提高能够增加公司的效益；经营协同能够提高企业经营活动效率进而提高企业收益；财务协同是完善会计处理管理以及证券交易等流程而产生的效益，使企业现金流互补、资本成本降低。

（2）一二级资本市场上的并购带来的套利逻辑。

我国资本市场是管制的不完全市场化的证券市场，上市、并购的审批政策，流动性和非流动性股票的估值差异很大，蕴含了中国特殊的并购套利逻辑和投资机会，主要的逻辑是基于管制所带来的一二级市场差价。国内的资本市场对非上市的资产转成上市的股票估值定价是不一样的，如一家市盈率为 50 倍的上市公司并购一家市盈率为 10 倍的非上市公司，这 10 倍的交易资产换成股票其市值大大增加了，这就会有巨大的资产证券化套利空间，也可以理解为流动性带来的资产增值。

近几年的国内 A 股的并购标的市盈率在 10~15 倍（含被并购方股东的业绩承诺），一二级市场的估值套利空间非常明显，所以在 2014~2015 年股市繁荣时，加上证监会对轻资产并购项目审批较为宽松，导致中小创业板的并购项目层出不穷。从股票资产的流动性角度来看，上市公司的股票能够随时卖出，而且在股权质押、融券等方面有各种流动性支持，而非上市公司的股权相对只能在私募领域中进行交易，其流动性较差，所以也可以理解为流动性增值套利。

基于我国特有的市场环境，受 IPO 制度、投资者结构等因素影响，资产证券化套利空间是并购重要的驱动力之一，但这种趋势会随着我国资本市场的进一步开放和注册制改革等而逐渐改变。但是在目前的国情下，短期内还是维持这种状态，这会让我国证券市场带有某种特殊性，也会带来不同的投资与获利逻辑。新三板已经有 4000 多家的公司挂牌，有两三百家的公司业绩非常好，只是新三板的流动性比较差，这些企业的市盈率在 10~40 倍，是非常好的并购套利标的。

（3）并购交易带来的价值发现和成长性分享。

在资本市场上，受金融周期或流动性等因素影响，优质资产可能被低估，可以通过相对低价获得优质的资产，这就是比较划算的投资。比如，某企业遇到个别危机事件，正常市场公允价格为 10 亿元，而受危机事件影响只需 6 亿元就能买到，这个就是并购价值。在美国退市的中概股回归 A 股上市就是典型的例子，其中就包括巨人网络在美国退市，借壳世纪游轮在 A 股上市，市值增长 400%；奇虎 360、迈瑞医疗等也同样如此。

价值发现实质体现的是价值判断能力，当企业的真实市值和潜在价值被市场低估时，它就有可能成为拥有强大资金实力的投资者的收购目标，恶意收购就是如此。在衡量指标上，通常用托宾 Q 的大小衡量企业被并购的可能性，当 Q>1 时，出现并购的可能性较小，而当 Q<1 时，出现并购的可能性较大。托宾比率是企业市场价值对其资产重置成本的比率，反映的是一个企业两种不同价值估计的比值。分子上的价值是企业的价值，是该企业预期自由现金流量以其加权平均资本成本为贴现率折现的现值，分母中的价值是企业的"基本价值"——重置成本，即企业的当前股本（应等于企业的注册资本）。

在并购创新型企业或新经济模式的企业时，由于所并购的企业处于高速成长阶段，能够为并购方带来成长性分享。因为企业是一个动态的经济实体，是可以由小变大的，如果通过并购买到一个标的，在未来五年可以成长为阿里巴巴那样的企业，那么这个并购从投资角度来看一定是成功的。

综上所述，价值发现和分享成长本质上就是投资逻辑，产业协同是价值创造的逻辑，而证券化套利是金融操作所带来的增量。在美国等成熟市场其证券化套利的空间非常小，因为市场化程度比较高所以企业上市与否其估值差异不大，另外金融工具或者衍生品非常发达，所有的套利空间都会被消灭；所以国外成熟市场的并购，利益点多集中在价值发现、成长性分享和产业协同的逻辑上。比如，国外并购基金，首先会进行敌意的袭击式收购，在企业价值被低估的时候收购，这就是价值发现的过程。其次通过替换管理层、改善企业的组织架构、调整战略或者剥离不良资产来提高企业市值，其本质是价值创造的过程。最后通过证券化实现退出，证券化通常只是实现收益变现的路径，赚不到太多的额外收益。中国资本市场证券化套利空间大，导致上市公司在并购时，对产业战略组合的逻辑关注比较少，所以我国目前绝大部分并购都是在证券化套利，产业逻辑仅是个故事。若在并购时能兼顾产业逻辑，便已经具有战略思维和前瞻性了。

二、并购的卖方逻辑

如前文所述，并购的逻辑更多是站在买方角度而言的，那么从卖方的角度来说，通过被并购也依然能够实现商业利益的最大化，即把企业卖掉也是比较划算的买卖，正所谓"没有不卖的东西，只有不卖的价格"。曾经的一个产业并购项目，标的公司的股东创始人每人每年只发放 50 万元的红利，标的公司年利润是3000 万元左右，后来公司以 3 亿元的价格换成上市公司的股份，减持的时候市值翻了 4 倍，每个股东创始人的资产增加至上亿元，人生从此大为不同。

另外，新生代的创业者比较能够接受把企业"养大"之后再卖掉的逻辑，如互联网、影视及游戏行业，创业者在成立企业之日就做好了把企业"养大"再卖掉的准备。还有就是私募股权（Private Equity，PE）股东的退出诉求。刚开始私募股权投资者并未意识到并购退出的好处，后来发现虽然并购的价格没有首次公开募股（Initial Public Offering，IPO）那么高，但是它资金周转效率比较高。于是出现了专门指向并购退出的成长型基金，美其名曰并购基金。

无论是基于市场、政策、买方意愿，还是基于卖方变现退出，并购在产业和资本市场中都有非常理性的动力。

第三节 并购交易的玩家及套路

企业在发展过程中并购资产是优化资本配置，发现价值，提高企业自身生产效率的一种重要途径。在并购的过程中，有各路大神玩家在长袖善舞，各路武林绝学和江湖套路层出不穷，下面我们就来聊一聊这个寂寞的"江湖"。

一、并购交易的玩家介绍

1. 买方：产业资本、金融资本、并购基金、上市公司

产业资本是并购的最大玩家，从并购动因的角度来看，并购是产业整合的必经之路。从产业资本的角度来看，并购是为了实现企业发展和行业垄断地位的战略手段，所以说并购应该是工具而不是目的。产业资本主要通过自身直接并购，或者与金融资本合作成立并购基金，或者依托控股的上市公司来直接并购，并购标的的目的多是为企业在行业整合中发挥战略作用。

金融资本也是在并购交易中扮演着重要角色，多数会通过并购基金的 LP 或控股的上市公司等方式参与或操作并购，并购的目的更多的是基于价值发现和资本套利。

产业资本和金融资本往往更多的是合作关系，你中有我、我中有你的相互嵌套的玩法。但两者也有一些区别，产业资本并购后带有某一个产业集群的上下游联动效应，往往会对被并购方的业务行为改组，而金融资本往往体现在资金拥有者的投资行为，对被并购方的业务参与度低。产业资本相对进入更快速，以产业链为中心来发展，通过协同效应提升企业整体价值和竞争力；而金融资本更多的是提供创新思路和嫁接资源，从而提升被并购企业自身发展的价值。产业资本更倾向于提高企业的竞争力和制定企业的长远规划；金融资本更在乎资本市场的价值，谋取更多的利润。

2. 卖方：被并购企业股东、非上市公司股东、PE 基金、风险投资（VC）基金

被并购企业的股东是卖方的谈判重点，股东如果是创始人和管理层，他们往往有着一定的产业情怀，在并购时更多关注企业并购后，并购双方的协同价值和企业的后续发展；对于经过几轮融资，PE 基金、VC 基金是公司的控股股东时，并购谈判中往往更关注交易对价和资本退出时的价值。对于非上市公司的股东在无法独立上市时，被并购是很好的选项，但是这种套利行为受金融周期和资产泡沫影响很大。

3. 中介方：券商、投资公司、会计审计事务所、律所、区域产权交易所、咨询公司、资产评估公司等

在并购的"江湖"中，券商的投行部是主力"媒婆"和财务顾问，一手了解上市公司的并购战略需求，为其寻找合适的并购标的，也为并购方提供各类并购基金、发行并购债券等财务顾问服务；一手帮助优质的并购标的寻找买家，也对标的的财务估值提供咨询等。还有一些为并购交易提供各类信息的江湖掮客，要促成交易至少要有并购双方中一方的直接资源，如果是多层信息交流往往会被跳单，这需要这类江湖掮客拥有真正的核心资源。

会计审计事务所、律所、区域产权交易所、咨询公司、资产评估公司等，由于其与众多的中小企业服务，所建立起来的企业人脉资源非常广泛，是寻找合适标的的重要合作伙伴。

4. 监管方：证监会、媒体

国内所有的并购交易都需要证监会的审批和过会，证监会也发布了《上市公司重大资产重组管理办法》等法规和相应解释，来规范国内资本市场的并购交易行为。从监管角度看并购，通常会聚焦在国家的政策方针和行政许可层面，保证交易公平和合规等。媒体也是非常重要的监督力量之一，宝万之争时，媒体的舆论就发挥了很大的作用。中国证券监督管理委员会原主席肖钢在蓟门法治金融论坛发表主旨演讲时表示，媒体传递信息、助推情绪的特质使其在股票市场中的作用变得日益重要和复杂，媒体已成为股票定价因素之一，所以媒体宣传也很重要，一定要准确、客观、专业。

决定并购是否成功的核心是商业利益，商业利益更多是市场性因素，比如产业协同的价值及二级市场股价市值变化等。证监会审批制度放松或者国务院的鼓励性政策，对并购的影响不是根本性的，起决定性作用的是市值，是市场参与者的利益。

二、"玩家"的功夫和套路

企业并购过程中最重要的工作是摸清并购双方的实际情况，最核心的环节是

并购交易结构设计。企业并购领域的结构设计，是将一个非标准的、不确定的企业标的转换为一个标准的，可以被大家量化、认知的交易标的。企业不是一个标准品，没有完全一样的两个企业，所以在交易中需要利用财税评估、资产评估等手段，将标的企业非标准化、模糊的部分加以量化，将非标品标准化后，交易各方就对标准品的估值、数量、金额、利率、期限、支付方式等进行谈判即可，最终让交易双方找到利益的平衡点。在各路"玩家"对交易结构的功夫"套路"上，各有千秋，本书整理出以下几种"套路"：

1. 直接购买企业或企业财产

这种模式是企业并购的初级模式，即对企业的买卖，在实际操作中，一般交割企业或交割企业的财产。从法律关系上讲，交割企业，就是将企业的法人权益进行转移。这种转移并不是简单的企业法人财产权的转让，而是相关契约、权利义务的转让，其中就包含债权债务关系。因此，在企业并购过程中，如果购买标的有明显地处于不利地位的合同，在收购的时候，买方就可以要求购买财产权而不是购买企业。同时，购买财产后重新注册一家公司，将所得财产转入新公司实体中，也是规避上述风险的思路之一。

从财税的角度上看，购买企业和购买资产的主要差别在于印花税和企业所得税。如果购买企业，原则上可以享受原来的累计亏损，并对冲利润，减少现期企业所得税支出。在并购过程中，主要注意以下三点：第一，亏损定额。如果采用收购企业的方式，累计亏损要用以后的经营利润进行抵充，不能用买方的利润抵补，所得税方面的好处不用限期兑现。第二，折旧计提基数的起算时间。购买企业后计提折旧是按照原企业账面价值核定计提基数，而购买资产则按照成交价格重新核定折旧基数。第三，从流动资产上看，购买企业由于是全盘接手，一般会包括流动资产，如应收、应付账款、库存、成品、原料等，而购买企业资产一般不包括流动资产。

2. 购买股份

通过购买股份的方式进行兼并是最为常用的方式，买方既可以购买卖方手中现成的股份，也可以通过购买增发的股份实现获得股权的目的。这两种购买方式对买方会造成不同的影响，购买股份可以买控股权，也可以全面收购，而购买新股只能买到控股权，不能全面收购。购买原股东手中的股份，易被大股东接受，而市场和小股东较为欢迎购买新股。

购买上市公司的股权，要注意流通股和非流通股，购买流通股的社会公众股，风险相对较高，容易自己把股价买高，而且达到 5% 时需要公告；购买非流通股可以通过大宗交易等方式，支付方式也比较灵活，但是达到控股股东地位时需要报备证监会。

购买股权的一种特例是吸收兼并，是指合并方（或购买方）通过企业合并取得被合并方（或被购买方）的全部净资产，合并后注销被合并方（或被购买方）的法人资格，被合并方（或被购买方）原持有的资产、负债，在合并后成为合并方（或购买方）的资产、负债。一般在非上市公司之间应用，如果是上市公司就浪费了一个很好的壳资源。

3. 购买部分股份加期权

在并购过程中，如果并购方对被并购标的的业绩预测或政策风险的方面有疑虑，或者短期内难以整合形成协同效应，那么出于稳健原则的考虑，就可以与卖方签订购买部分股权的合同，再订立一份购买期权（约定数量、价格、有效期、实施条件等）的合约。如果情况背离其预期，而最终决定不实施期权，那么收购就变成了参股，控制权拿不到，已买股权又退不掉；尽管如此，这种结构安排毕竟使买方避免了更大的风险。

期权协议可以分为买方期权和卖方期权：买方期权即实施期权的主动权在买方，这种安排对买方十分有利，但很难为卖方接受，除非别无选择或可从期权价格中获得好处。买方期权对买方亦有不利之处：它可能要支付较高的代价获得期权。卖方期权与买方期权相对，卖方期权控制实施的主动权在卖方，换言之，卖方要实施期权时，买方只能接受。尽管此种安排对卖方有利，但若买方认为并购可实现更大的利益亦可采用此种购买结构。在并购交易中，当买卖双方实力相当、地位相近时，单纯的买方期权或卖方期权难以达成交易，此时可选用混合结构。此结构下，双方均有权要求实施期权，当实际条件不能同时满足双方约定的条件时，通常在期权价格中寻找利益平衡点。

4. 购买可转换债券

可转换公司债券（以下简称可转换债券）是公司债的一种，有广义和狭义之分。狭义的可转换公司债券是指债券持有人有权依照约定的条件将所持有的公司债券转换为发行公司股份的公司债。广义的可转换公司债券是指赋予了债券持有人转换为他种证券权利的公司债券，转换对象不限于发行公司的股份。发行可转换债券的目的，通常是发行公司通常是在重大项目建设期或经营调整期，预期将来效益良好或担心未来通货膨胀加剧时，以此防范财务风险。可转换债券的优势：兼备债券的相对安全性和股票的投机性。

在并购过程中，企业通过大量购买一家公司发行的可转换债券实施并购是一种较为保守的做法，前提是卖方必须具有可靠的信誉和较强的偿债能力，当买方决定不实施转换时能够安全收回资金，否则只能看作是一种高风险贷款。在国内资本市场并购实务中，市场上发行的可转换债权（债券）数量有限，难以达到控股的目标，更多的是以交易双方通过一揽子含权债券的协议实现。

5. "分期付款"的购买方式

由于买卖双方所处的交易位置不同，对并购标的企业的现状和未来做出的判断会有很大的分歧，买方出价低，卖方要价高，由此导致买卖双方对企业的价值认定相差甚多。当双方对并购价格和未来预期分歧较大的时候，可以采用"分期付款"的购买方式达成交易，也可以理解为估值调整协议，目前证监会重大资产重组中规定的补偿机制条款即可以理解为这种。

此种结构安排的内容是，双方首先对基础价格达成共识，并于成交时支付这部分款项，对于使用不同假设条件而产生的分歧部分，采用与实际经营业绩挂钩，分期付款的方式。这部分资金的计算基础多采用税前盈利，若企业达到约定的盈利水平，则卖方可分享其中的一定比例，反之则扣除一部分。这部分支付在税务上是比较复杂的问题，买方若将其作为购买价格的一部分，要经过税务局批准，否则只能以税后利润支付。

6. 资本性融资租赁结构

资本性融资租赁结构是一种三方结构，即由银行或其他投资人出资购买目标企业的资产，然后出资人作为租赁方把资产出让给真正的投资者，投资人作为承租方负责经营，并以租赁费形式偿还租金。从法律上讲，在融资租赁所产生的债权债务关系消除之前，租赁方是资产的所有者；租赁费偿清后，承租方才能成为资产所有者。但在实际操作中，承租方从一开始就是资产的实际拥有者，并拟成为最终所有者，甚至租赁方也清楚地知道这一点。

采用租赁结构所带来的好处主要有两个：一是买方可能不具备相应的资金能力，采用这种方式降低现金流压力；二是采用这种方式可以带来税务方面的好处。按照会计记账准则，租赁费于税前支付可计入成本，这相当于税前归还贷款本金，投资人无疑可从中获得很大利益。在国外，此种安排一般也须经税务当局批准，这种结构安排亦可用于政府对某些产业发展的鼓励政策中。

7. 承担债务模式或债转股模式的并购

承担债务模式是我国在处理国有资产重组的标的时，经常采用的一种模式，可以化解小范围的债务连锁反应。这种模式一般适用于已经账面资产不抵债务资产的标的，买方以承担目标企业债务为条件接受该企业资产，卖方全部资产转入买方，法人主体消失。这种购买结构就其本质而言是零价购买企业，其设计的初衷是保障债权人利益，防止企业破产带来的上下游债务连锁暴雷反应，特别是银行债权人和地方经济的风险得以保全。从现实来看，这种结构对买方而言，最关键的是衡量现有资产的价值能否覆盖所承担的债务，包括牌照、专利、储存矿产、土地房产等。以盐湖钾肥为例，其核心资产中的矿业资产价值能否覆盖其银行债务是关键。

债转股式并购指最大债权人在企业无力承担债务时，将债权转换为投资，从而获得企业的控制权。这在我国 20 世纪 90 年代解决"三角债"的过程中，被四大 AMC 大量使用实践，已经成为我国常见的一种并购模式；特别是下游企业或组装企业无法支付上游供货商货款时，债转股就成为上下游一体化、行业整合的利器。

当企业严重资不抵债时，以一定的比例将债权转股权，大多数情况下是债权人被迫接受，往往要承受部分损失，如中国光大国际信托投资公司的债务重组就是在亏损额 10 倍于权益的情况下进行的，债权转成股权时，债权人已损失了大部分本金。债转股模式如果是在行政指令指导下的非市场行为，成交价格以债务为准而非以评估后的企业实际价值为准，因此买卖双方均可能获利亦可能蒙受损失。

承担债务模式和债权转股权模式，都属于特定经济环境下的企业并购重组行为；从发展趋势来看，它们将逐步让位于更规范、更合乎市场经济行为的并购模式。相对而言，当企业出现资不抵债或资大于债但现金流量不足以支付利息时，先进入和解整顿程序，了结债权债务关系后，再由其他企业购买剩余资产，更有利于风险的化解。

第四节　并购与战略

企业在发展的过程中，需要根据自身的资源情况制定战略，而战略能够很好地为企业的发展明确方向。公司战略是通过对企业技术发展方向、行业定位、产业链价值挖掘、商业模式创新等方式，形成企业核心竞争力并转化为竞争优势，进而提升企业价值。

在战略推动的企业发展过程中，有内生式增长和外延并购式增长两类，应该说并购是企业战略发展的一部分。并购是为了实现一些企业战略的目标，这些战略目标多种多样，各不相同，包括促进公司利润增长、为产品增加竞争优势、市场份额的扩大、降低风险等。各种不同形式的并购交易方案取决于公司的战略规划和战略选择，同时还需考虑标的公司的资源情况、估值框架以及并购后的整合等因素的影响。

一、并购的类型与战略选择

并购是并购者为实现某种战略目标的一种手段，是一个企业购买另一个企业的全部或部分资产或产权，从而影响、控制被收购的企业，以增强企业的竞争优势，实现企业经营目标的行为。

1. 并购的类型

并购有多种类型，从不同的角度有不同的分类方法，下面分别从购并双方所处的行业、购并的方式、购并的动机、购并的支付方式进行分类。

基于产业整合的角度，并购可以分为横向购并、纵向性购并和混合购并。横向购并：横向购并是指处于同行业，生产同类产品或生产工艺相似的企业间的购并。这种购并实质上是资本在同一产业和部门内集中，迅速扩大生产规模，提高市场份额，增强企业的竞争能力和盈利能力。纵向购并：是指生产和经营过程相互衔接、紧密联系的企业之间的购并。其实质是通过处于生产同一产品的不同阶段的企业之间的购并，从而实现纵向一体化。纵向购并除了可以扩大生产规模，节约共同费用，还可以促进生产过程中各个环节的密切配合，加速生产流程，缩短生产周期，节约运输、仓储费用和能源。混合购并：是指处于不同产业部门、不同市场，且这些产业部门之间没有特别的生产技术联系的企业之间的购并，它包括三种形态：产品扩张性购并，即生产相关产品的企业间的购并；市场扩张性购并，即一个企业为了扩大竞争地盘而对其他地区的生产同类产品的企业进行的购并；纯粹的购并，即生产和经营彼此毫无关系的产品或服务的若干企业之间的购并。混合购并可以降低一个企业长期从事一个行业所带来的经营风险，另外通过这种方式可以使企业的技术、原材料等各种资源得到充分利用。

基于是否通过第三方中介机构进行划分，企业并购可以分为直接收购和间接收购。直接收购是指收购公司直接向目标公司提出购并要求，双方经过磋商，达成协议，从而完成收购活动。如果收购公司对目标公司的部分所有权提出要求，目标公司可能会允许收购公司取得目标公司新发行的股票；如果是全部所有权的要求，双方可以通过协商，确定所有权的转移方式。由于在直接收购的条件下，双方可以密切配合，因此相对成本较低，成功的可能性较大。间接收购指收购公司直接在证券市场上收购目标公司的股票，从而控制目标公司。由于间接收购方式很容易引起股价的剧烈上涨，同时可能会引起目标公司的激烈反应，因此会提高收购的成本，增加收购的难度。

基于并购过程中与被并购方的沟通情况和动机划分，可以分为善意购并和恶意购并。善意购并：收购公司提出收购条件后，如果目标公司接受收购条件，那么这种购并被称为善意购并。在善意购并下，收购条件、价格、方式等可以由双方高层管理者协商进行并经董事会批准。由于双方都有合并的愿望，因此，这种方式的成功率较高。恶意购并：如果收购公司提出收购要求和条件后，目标公司不同意，收购公司只有在证券市场上强行收购，这种方式被称为恶意收购。在恶意收购下，目标公司通常会采取各种措施对收购进行抵制，证券市场也会迅速做出反应，股价迅速提高，因此在恶意收购中，除非收购公司有雄厚的实力，否则很难成功。

基于购并过程按支付方式的不同可以分为：现金收购、股票收购、综合证券收购。现金收购：指收购公司向目标公司的股东支付一定数量的现金而获得目标公司的所有权。现金收购存在资本所得税的问题，这可能会增加收购公司的成本，因此在采用这一方式的时候，必须考虑这项收购是否免税。另外，现金收购会对收购公司的流动性、资产结构、负债等产生影响，所以应该综合进行权衡。股票收购：指收购公司通过增发股票的方式获得目标公司的所有权。这种方式，公司不需要对外付出现金，因此不至于对公司的财务状况产生影响，但是增加股票，会影响公司的股权结构，原有股东的控制权会受到冲击。综合证券收购：指在收购过程中，收购公司支付的不仅有现金、股票，而且还有认股权证、可转换债券等多种方式的混合。这种兼并方式具有现金收购和股票收购的特点，收购公司既可以避免支付过多的现金，保持良好的财务状况，又可以防止控制权的转移。

2. 并购的战略选择

实施并购战略可以产生协同效应，加强对市场的控制能力。企业往往可以通过横向并购获取竞争对手的市场份额，迅速扩大市场占有率，增强其在市场上的竞争能力。不仅如此，由于减少了一个竞争对手，尤其是在市场竞争者不多的情况下，就可以增加其市场垄断力。因此，企业可以以更低的成本、更高的价格向市场销售产品或服务，进一步扩大企业的盈利水平。协同效应方面，购并后两个企业的协同效应主要体现在：生产协同、经营协同、财务协同、人才与技术协同。

实施并购战略可以实现价值发现，获取价值被低估公司的控制权或收益。在证券市场中，理论上公司的股票市价总额应当等同于公司的实际价值。但是由于环境、信息不对称和未来市场的不确定性等方面的影响，上市公司的价值经常会被低估。如果这时某企业认为自己可以比原有公司的经营者做得更好，那么该企业可以通过收购这家公司，对其经营获取更多的收益。当然，有时出于投机的目的，该企业也可以将目标公司收购后再次出售，从而在短期内获得巨额收益。

实施并购战略可以合理避税。各国公司法中一般都有规定，一个企业的亏损可以用今后若干年度的利润进行抵补，抵补后再缴纳所得税。因此，如果一个公司历史上存在着未抵补完的正额亏损，有些企业就可以低价收购获取这一块"肥肉"的控制权，利用其亏损进行避税。

二、我国国有企业并购的"特色困境"

《中共中央关于制定国民经济和社会发展第十个五年计划的建议》中把经济结构调整提高到前所未有的高度，提出"实现国民经济快速健康发展，必须以提高经济效益为中心，对经济结构进行战略性调整。"国民经济结构的战略性调整是包括产业结构、地区结构和城乡结构在内的，以提高经济的整体素质和竞争力、实现可持续发展为目标的全面调整。

战略并购作为最具市场化特征的工具和手段，在国民经济结构调整过程中得到了广泛的应用。战略并购为国民经济战略调整提供了方式和渠道，中国企业需要并购，尤其需要以提高企业核心竞争力的战略并购。

在国有企业的战略并购中，政府干预和内部人控制相结合，使企业面临两难选择，使企业难以进行高效的战略并购决策。并购过程中，特别是业绩稳健的国有企业，往往会面临着标的企业职业经理人和地方国资委的一些阻碍，经理人基于自身利益的考量还通过游说地方政府和国资委来阻碍外部产业龙头的战略并购活动。同时存在的另一种现象是：地方政府为了使亏损企业脱困，动用行政力量进行"拉郎配"式并购，由政府出面让优质企业兼并困境的企业，导致了一些无效率或低效率并购的发生。

从深层次上来看，这种障碍是由国有企业本身的产权制度和激励约束机制导致的。从产权制度安排方面，由于国有企业产权属于全体人民，但实际上是所有者缺位，形成地方国资委和企业管理层代理机制；这就会导致国资委和企业管理层基于自身利益考量大于所有者利益考量；也就会形成两种现象：一种现象是行政干预下的"政企不分"，另一种现象是充分放权下形成的"内部人控制"。因为政府代表全体人民行使所有权，选择企业的经营者，即如果强调所有者权利，则就会形成政府对企业干预过分，企业成为政府机构的"附属物"。如果充分过度放权，由于所有者缺位，企业法人治理结构不健全，就会形成"内部人控制"。

国有企业企业家激励约束机制尚未形成，企业家的名义报酬普遍偏低，因而授予企业家经营控制权几乎成为唯一有效的激励机制，使"内部人控制"的进一步强化。企业收益可分解为控制权收益和货币收益两部分。在公有制下，控制权收益由在职经理人或相关的政府官员占有，而在法律意义上，货币收益归"全体人民"，尽管在职经理人和官员对货币收益拥有相当大的事实上的占有权，但这种事实上的占有只能通过控制权来实现，失去了控制权就失去了一切，而不仅是失去控制权收益。所以除非是特殊情况，国有企业的现有经理人、控制权人总是反对被并购的，哪怕并购可以使企业的价值最大化。

企业管理层中的职业经理人，基于自身利益考虑，往往会偏离所有者利益最大优化的要求，国有资产流失严重。战略并购中没有形成经理人控制权损失的补偿机制，而民营股份公司可以通过并购后补偿机制来缓解管理层对并购交易的抵抗，所以国有企业的战略并购更难达成。2017年国务院国资委提出的混合所有制改革，就是通过外部资本的监督力量来约束企业管理层的行为，将其引导向有利于所有人利益的方向做出企业决策。

三、价值驱动的并购标的选择

并购战略的实施需要以战略性和协同性为核心,战略性能够为公司带来不断增长的市场份额和主导地位;协同性能够取得可确定的超额利润;所以在对并购标的的选择上需要基于价值驱动来考量。

1. 审查战略匹配

在并购前须明确本企业的发展战略,在此基础上对标的企业运营业务、资源状况等进行调查,如果并购后其能够与企业的战略配合,从而增强企业的实力和系统的运营效率,最终形成行业的竞争优势,则对企业来说是优质资产的有效收购。反之即使标的企业十分便宜,也应该慎重考虑,因为其会分散企业的资源和力量,降低整体竞争力,最终导致并购失败。

在尽调和考量标的企业的过程中,可以先从外部的合作机构及上下游产业链了解有关标的公司的信息,然后与标的公司进行接触,如果能够得到目标公司的配合,可以得到目标公司的详细资料,对其进行周密分析,分析的重点一般包括产业、法律、运营、财务等方面。

2. 产业周期分析

公司所处的产业增长与萎缩,对其经营与发展影响巨大。通过对标的公司所处的产业状况分析,可以判断对目标公司的并购是否与公司的整体发展战略相符。在对产业分析时,重点考量产业总体状况、产业壁垒及竞争格局等。

产业总体状况,包括产业所处生命周期的阶段和其在国民经济中的地位、国家对该产业的政策等。大部分产业在发展过程中都要经历一个由产生、成长、成熟到衰退的周期,处于不同生命周期阶段的各个产业发展状况是不同的,这也决定于该产业的公司的发展。如果一个公司处于一个成长阶段的产业,则这个公司的市场发展前景就较好;反之,若一个企业处于衰退期的产业,其发展就会受到相应的限制。

产业结构状况,可以理解为产业壁垒和格局。根据波特五力模型分析:潜在进入者、替代品生产者、供应者、购买者和行业现有竞争力量来进行分析,五种竞争力量组成了产业结构的状况。公司所处的行业结构状况对公司的经营有着重要影响,如果一个公司所处的行业结构不好,即使经营者付出很大努力,也很难获得一个好的回报。

产业内各竞争者可以按照不同的战略地位划分为不同的战略集团,一个产业中各个竞争战略集团的位置、战略集团之间的相互关系对产业内企业的竞争有着很大的影响。如果一个产业内各战略集团分布合理，公司处于有利的战略集团的有利位置，对公司经营十分重要。

3. 法律分析

对标的公司的法律分析，更多的是基于并购风险，主要审核以下几个方面：

审查标的公司的组织章程。在对公司的组织章程的审查过程中，应该注意对收购、兼并、资产出售等方面的认可，并在购并中经过百分之几以上的投票认可方能进行的规定；公司章程和组织中有无特别投票权和限制。另外，对公司董事会会议记录也应当进行审查。

审查标的公司的对外书面合约、外界商标、专利权，或授权他人使用的约定，以及租赁、代理、借贷、技术授权等重要契约进行审查，注意在目标公司控制权转移之后这些合约还是否有效。

审查标的公司的债务和对外担保等，注意其偿还期限、利率及债权人对其是否有限制，例如：是否规定了公司的控制权发生转移时，债务是否立即到期；还有以公司名义进行的担保行为。审查标的公司对财产的所有权以及投保状况，对租赁资产应看其契约条件是否有利。对公司的过去诉讼案件或现有诉讼进行审查，看是否有对公司经营有重大影响的诉讼案件。

4. 运营分析

对目标公司的经营分析，主要包括目标公司运营状况、管理状况和重要资源等。通过对目标公司近几年的经营状况的了解，分析其利润、销售额、市场占有率等指标的变化趋势，对今后的运营状况作大致的预测，同时找出问题所在，为购并后的管理提供基础。调查分析目标公司的管理风格、管理制度、管理能力、营销能力，分析购并后是否能与母公司的管理相融合。通过分析目标公司的人才、技术、设备、无形资产，以备在并购后充分保护和发挥这些资源的作用，促进整个公司的发展。

5. 财务分析

对目标公司的财务分析十分重要，主要是为了确定目标公司所提供的财务报表是否真实地反映了其财务状况。这一工作可以委托会计师事务所进行，审查的重点主要包括资产、负债和税款。审查资产使用注意各项资产的所有权是否为目标公司所有；资产的计价是否合理；应收账款的可收回性，有无提取足额的坏账准备；存货的损耗状况；无形资产价值评估是否合理等。对债务的审查主要集中在查明有无漏列的负债，如有应提请公司调整。另外，应查明以前各期税款是否足额及时缴纳，防止并购后未缴纳的税款被税务部门罚款。

6. 协同效应考量

在考量协同效应方面，重点考量经营协同效应和管理协调效应。企业并购后通过经营协同的整合，能否达到规模经济效应、市场份额扩大、竞争成本的降低、节约交易成本等目标是重要的考量因素，经营协同往往取决于各种资源的共享程度，比如资金、设施、销售渠道、管理和研发人员、客户。在管理协同过程中，较高效率的公司通过技能转移方式提高较低效率的公司的研发技术水平和管理水平，使经营成本下降和收入增加，从而提高整体收益。例如，中国平安并购深发展，在并购之后，管理协同效应体现在双方公司的治理结构、管理文化的融合与协调。

<h1 style="text-align:center">第五节　恶意并购</h1>

中国证监会公布的《上市公司收购管理办法》中强调，要遵守鼓励上市公司收购立法精神的原则，并对上市公司收购制度做出重大调整，"将强制性全面要约收购制度，调整为强制性要约方式，收购人可以根据自己的经营决策自行选择向公司所有股东发出收购其全部股份的全面要约，也可以通过主动的部分要约方式取得公司控制权"。这一举措将大大降低收购成本，并在政策法规层面给恶意并购留出了更大空间，在此基础上恶意并购将会更加活跃。此外，在并购方式上，《中华人民共和国公司法》允许设立一人公司、一元公司，降低了强制性注册资本额要求，取消了公司对外投资不得超过公司净资产的50%的限制。这使小公司通过融资实现收购大公司，为可能成为杠杆收购、管理层收购的发展创造了条件。

恶意并购会促进产业整合，优胜劣汰，提高产业效率，因此恶意并购也有其积极的一面。美国第一轮并购潮所处的环境与目前我国情况相似，而其并购的结果是造就了ATT、洛克菲勒等巨型公司。同美国发展的过程相类比，我国目前重点需要的是"强吃弱"的并购，并购掉那些效率低下、消耗大、成本高、产品质量低的企业，合并组建成有一定规模经济的大企业，在原材料采购上有一定议价能力、在产品销售上有一定程度的稳定的销售渠道、在产量生产上有一定的调节能力、可面对供需情况快速做出调节的高效企业。

2015～2016年资本市场最大的热门应该是"宝万之争"了，中国资本市场上这场股权之战的争夺，在收购与反收购大潮中拉开了序幕。自从"宝万之争"以来，从监管机构到普通股民，从网络大咖到学界精英，可谓百家争鸣，观点齐放。下面我们先来梳理一下"宝万之争"的全流程。

一、"宝万之争"

2015年7月10日，姚振华宝能系首次举牌万科，通过前海人寿在二级市场耗资80亿元买入万科A约5.52亿股，占万科A总股本的约5%，达到监管要求的披露红线，此后又通过前海人寿及其一致行动人钜盛华持续买入，于当年8月

26 日持股达到 15.04%，超过华润 0.15%成为第一大股东。紧接着，万科、宝能、华润三方开始在二级市场逐力厮杀，王石代表董事会宣布不欢迎宝能系，"门口的野蛮人"坐实了宝能的敌意收购性质。

（1）"野蛮人姚员外"：深圳市宝能投资集团有限公司（以下简称宝能集团）成立于 2000 年 3 月，注册资本 3 亿元，总部在深圳，姚振华是其唯一股东。宝能集团旗下包括综合物业开发、金融、现代物流、文化旅游、民生产业五大板块，下辖宝能地产、前海人寿、钜盛华、广东云信资信评估、粤商小额贷款、深业物流、创邦集团、深圳建业、深圳宝时惠电子商务、深圳民鲜农产品等多家子公司。这次涉及宝万之争的子公司主要是深圳市钜盛华股份有限公司（以下简称钜盛华）和前海人寿保险股份有限公司（以下简称前海人寿）。钜盛华成立于 2002 年，由深圳宝源物流有限公司、深圳市浙商宝能产业投资合伙企业（有限合伙）、深圳市宝能创赢投资企业（有限合伙）和宝能集团四家股东共同投资，实缴资本 163.04 亿元，其中宝能集团占股 67.4%。前海人寿成立于 2012 年 2 月，注册资本 85 亿元，钜盛华占股 51%，负责人为姚振华。

（2）"香饽饽"核心资产万科 A：万科企业股份有限公司成立于 1984 年，1988 年进入房地产行业，1991 年成为深圳证券交易所第二家上市公司。经过 20 多年的发展，成为国内最大的住宅开发企业。公司在发展过程中先后入选《福布斯》"全球 200 家最佳中小企业""亚洲最佳小企业 200 强"，多次获得《投资者关系》等国际权威媒体评出的最佳公司治理、最佳投资者关系等奖项，连续八次获得"中国最受尊敬企业"称号，确立了其在住宅行业的竞争优势。在万科上市以后，华润集团作为万科第一大股东，在长达 15 年的合作中，不参与经营管理、管理层主导企业发展的模式，一直被业内看作企业治理的典范。据 Wind 资讯，当前万科总股本为 11039152001，其中 A 股发行总量为 9724196533，流通市值为 192539 亿元人民币；香港 H 股当前发行数为 1314955468，流通市值为 217.76 亿港元。万科作为上市企业，股权分散，前十大股东占股比为 55.41%，管理层占股为 0.19%。

（3）股权大战：分散的股权结构和被低估的优质资产价格，给了姚振华在资本市场敲开万科 A 大门的机会。宝能集团正是瞄准了万科股权分散的情况，通过"2+7"的模式，分三个阶段，成为万科第一大股东，其间引发各种口水战和现实版股权大战。

第一阶段，主要是用前海人寿的保险资金购买，共斥资 104.22 亿元，其中包括万能险账户保费资金 79.6 亿元和传统保费资金 24.62 亿元。

第二阶段,通过钜盛华大举买入万科。这一阶段钜盛华以自有资金约 39 亿元,以 1∶2 的杠杆撬动券商资金约 78 亿元。这期间的杠杆主要是通过与中信、国信、银河等券商开展融资融券和收益互换实现的。至此,前海人寿和钜盛华持股万科比例合计超过 15%。

第三阶段,是在 2015 年 9 月以后,宝能的"金主"从保险和证券变成了银行。这一阶段,银行理财资金通过两种方式成为宝能购买万科股票的主要来源。一方面,银行理财资金转换券商资金。宝能引入建设银行理财资金约 78 亿元替换前期的券商收益互换等带来的资金。另一方面,银行理财资金成立投资公司间接增持万科。截至 2016 年 7 月 7 日,宝能集团旗下钜盛华及其一致行动人合计持有万科公司总股本的 25%。其中,宝能系自有资金 62 亿元,杠杆撬动资金 262 亿元,杠杆倍数 4.19,总耗资约 430 亿元。

在姚振华举牌之后,作为管理层的代表王石与股东之间的有效沟通不畅,利益难以达成一致。在宝能系举牌万科,王石和姚振华深谈后,王石在微博中坦言"宝能是强行入室的野蛮人",明确表示不欢迎宝能投资万科;王石在内部讲话中提到:"宝能曾经以高于底价 10 倍的价格和万科抢地,而且地块到手后,宝能并不开发,一直处于闲置状态。"这种地产运作风格和豪赌的价值观很难与奉行"超过 25% 利润的生意不做"原则的王石合作。王石和华润新任董事长傅育宁之间的沟通也不畅通,王石没有得到后者的认可。从而导致王石失去了第一股东和第二股东的有力支持。

(4)结局。

在宝能系举牌万科之后,万科管理层为了摆脱困境,在沟通无效的前提下,王石找到了白马骑士深圳地铁。通过董事会决议,万科拟通过定向增发股票的形式支付对价(发行价 15.88 元,发行股票 2872355163 股,总价约 456.13 亿元),购买深圳市地铁集团有限公司(以下简称深圳地铁)持有的深圳地铁前海国际发展有限公司 100% 的股权。通过定向增发,深圳地铁将持有万科股份的 20.65%。2017 年初,华润退出,深铁接盘;2017 年 6 月,王石退位,郁亮接任,这场乱斗终于结束。万科的防御和反击不仅提供了真实宝贵的兼并收购案例,更为公司股权治理提供了借鉴。

二、恶意收购的逻辑

从上述案例可以看出,恶意收购的本质是并购价值的发现,只有当标的资产价格低于其内在价值时才会引来野蛮人的收购。恶意并购（Hostile Takeover）是指收购人的收购行动虽遭到目标公司经营者的抵抗，但仍强行实施，或者没有先与目标公司经营者商议而提出公开出价收购要约。这种方式最早起源于 20 世纪 60 年代的英国和美国，并在 80 年代初之后在全世界逐渐发展流行开来。我国资本市场在发展的短短 20 余年间也出现并经历了恶意并购，如宝延风波、申华事件、胜利股份股权之争等。截至 2005 年我国共发生举牌并购事件 30 余起，大有频率加快之势。

在以争夺控制权为目标的全流通资本市场上，恶意并购将会更加活跃，如宝钢集团举牌邯钢、申能集团举牌大众公用，都体现了恶意并购的活跃度。由于我国公布的《上市公司收购管理办法》要求流通股的要约价格与市价挂钩，将要约提示性公告前 30 个交易日均价作为要约价格的底线，所以恶意并购对那些具有优势资源，但市值被低估的公司威胁最大，在全流通背景下，公司市值管理不善的上市企业将要随时面临被并购的危险。我国目前已经具备了恶意并购剧烈发生的制度基础和法律、经济环境，对于产业整合而言，恶意并购又有其强烈的内在动因，可以预见今后我国的资本市场上将会出现比现在更多的恶意并购案例。与此同时，对抗恶意并购的反并购事件也会相应增多。

我国目前已经具备了市场化恶意并购的法制基础和内在动力，与以前的情况相比，恶意并购发生的条件限制更加宽松。在市值低估、产业整合、战略发展等因素的推动下，今后恶意并购将会更加活跃，也会在将来发挥其重要的积极作用。恶意并购在全流通背景下具备了制度基础，相关法律法规的修改也放宽了对恶意并购的限制。全流通条件下恶意并购将会表现出收购方主动性增强、并购动因理性化、并购方式市场化、支付方式多样化等新的特征。对于目标公司而言，恶意并购会促进其加强市值管理，并制定相应的反并购措施。对于收购方而言，收购方要关心并购后的协同效应，以达到成功的并购。对于监管方而言，要对恶意并购过程中的投机性行为进行严格监控，以防其对市场造成混乱，损害中小投资者利益；同时还要对不当的反并购措施进行监管，防止其因维护既得利益而造成资本市场资源配置的低效。

三、反恶意收购战术大全

对于敌意并购，在信息不对称的情况下，为经营管理者提供保护，采取一定的反并购措施非常有必要。反收购是指目标公司管理层为了防止公司控制权转移而采取的、旨在预防或挫败敌意收购的行为，其目的是对抗收购者的收购行为，维护目标公司原有利益格局，防止发生收购者与目标公司的股东、管理者以及其他利益相关人的利益的矛盾和冲突，阻挠收购者收购目的实现，将目标公司的控制权掌握在自己手中，防止对目标公司产生实质性的影响。当然，有恶意收购就有反恶意收购的绝招，下面我们一起来聊聊反恶意收购的"套路"战术：

1. 毒丸战术："宰死"这个冤大头

毒丸战术不算复杂，就是由目标公司向普通股股东发行优先股，一旦公司被收购，股东持有的优先股就可以转换为一定数额的股票；一旦目标公司 10% ~ 20% 的股份被恶意收购，毒丸计划就会启动，然后新股就会充斥市场；那么，原先那些拿到优先股的股东就会有机会以低价买进新股，这样将大大稀释收购方的股权，使收购代价变得很高昂。

有一个非常著名的毒丸战术案例，是当年新浪的反收购保卫战：2005 年，盛大忽然宣布已经拿下新浪 19.5% 的股权，并希望获得控制权。为防止恶意收购，新浪迅速启动毒丸计划：当盛大持股权超过 20% 时，每位当前的新浪股东都能半价购买新增发的新浪股票。最终盛大选择减持新浪，持股比例减少到 11.4%。

案例：遭"毒丸"阻击的盛大收购

2005 年 2 月 19 日，盛大网络（NASDAQ：SNDA）宣布，截至 2005 年 2 月 10 日，公司与其控股股东 Skyline Media Limited 通过在纳斯达克二级市场交易获得了新浪网（NASDAQ：SINA）全部股份的 983.3 万股，占大约 19.5% 的股份，成为新浪第一大股东。股票收购是在 1 月 12 日到 2 月 10 日完成的，交易的股票数额已经达到 2.304 亿美元。

2 月 22 日，新浪抛出"毒丸计划"以遏制盛大进一步控制新浪的企图，按照该计划，如果盛大或者其他外来公司继续增持新浪或者准备收购新浪公司，该计划将被触发。新浪所有的权益持有者将有权以半价购买新浪的普通股，每一份购买股权的行使价格是 150 美元。以此增加流通股数量，扩大总股本。这样大大地稀释了收购方在新浪中的股权比例，如果盛大坚持继续收购以获取控股权，就会使收购代价变得极其高昂。盛大遭到这一计划的阻击，最终未继续收购新浪。

这次盛大闪电般控股新浪，在互联网业界产生了极大的轰动，被称为一次"被袭击的珍珠港"事件。对于新浪而言，其较为分散的股权成为风险暴露的最大隐患，给了盛大可乘之机。在盛大动手之前，新浪最大的单一股东四通集团持股比例也不过10%而已。在业界看来，新浪如此薄弱的股权结构早晚会被人突破。而对于盛大，并购过程中遭遇反并购，则充分显示其对反并购手段设置防范不足。事实上，对于上市公司并购双方来说，企业建立良好的股权结构控制、完善的法人治理机构、并购与反并购策略、精心的手段筹划将有利于抵御并购尤其是恶意并购，同时将被并购方实施反并购的法律风险降到最低。

资料来源：笔者根据网易新闻整理。

2. 牛卡计划：你的股票表决权，只是我的十分之一

"牛卡计划"虽然本质上也是提高恶意收购方的收购成本，但是与"毒丸计划"不完全一样，它是"不同表决权股份结构"。这种计划的要点在于，你在上市的时候就已经预先想好了后路！中国第一家推出"牛卡计划"的，是已经在美国上市的百度公司。其方法为，将上市后的百度股份分为A类、B类股票。是不是很熟悉？阿里巴巴当初没有去中国香港而是转战纽约，也是因为股东们不肯放弃这种分层安排。这个计划的关键在给予每股的表决权上：流通股每股为1票，而创始人所持股份为B类股票，其表决权每股为10票。但这两类股票的投资回报率是完全一样的，只有在表决的时候，B类股票的表决权才会乘以10倍。这样一来，原始股东在股东会表决公司重大事务的时候将具有极大的表决权和影响力。凭借"牛卡计划"，李彦宏就可以把百度牢牢地控制在自己手中。

3. 白马骑士：我找了护花使者，你俩慢慢打吧

还有一种抵抗恶意收购者的办法，叫作组团。如果自己已经黔驴技穷，不如试着找个小伙伴来一起面对强敌。"白衣骑士"说的就是目标公司主动寻找第三方，以更高的价格来对付敌意并购，形成第三方与敌意并购者竞价并购目标企业的局面。在有白衣骑士的情况下，敌意并购者要么提高并购价格，要么放弃并购。俗话说："天下没有免费的午餐"，为了吸引白衣骑士，当然也要付出一定代价。比方说给予白衣骑士一些优惠条件，以便购买目标公司的资产或股份。宝万之争就是由深圳地铁这个白衣骑士来拯救而结束的。

案例：融创—绿城的百日联姻事件

2014年5月22日，融创中国发布公告，宣布将以约63亿元港币的代价收购绿城中国24.313%的股份。收购完成后，融创中国将与九龙仓并列成为绿城中国

最大股东。然而收购仅仅半年，宋卫平就重回绿城，并引入"白衣骑士"中国交通建设集团有限公司，最终融创被赶走，中交集团成为绿城第一大股东。

资料来源：新华网。

4. 降落伞计划：你或许买得起我，但高攀不起我的员工

这个战术听上去就是把员工当成了"保护伞"。降落伞计划最精华的地方在于提高企业员工的更换费，让恶意收购方"高攀"不起。具体的情境可能是这样的：当目标企业被并购后，如果发生管理层更换和公司裁员等情况，收购方将为目标公司员工支付巨额的解聘费用。这项计划具体包括三种形式：金降落伞、灰色降落伞和锡降落伞，分别对应高管、中层干部和普通员工。简单来说就是，你想买我的公司可以，但你不能动我的人，这应该足够让收购者知难而退了吧。这个战术，本质上也是提高了对方的收购成本，只不过是未来可能的机会成本。

5. 驱鲨剂：得到我的人，得不到我的心

这算是一种比较温和的反恶意收购战术，主要就是在公司章程中设立一些条款，增加收购者获得公司控制权的难度。比如设置交错选举董事条款，防止收购方持股占优势时对董事会的"大换血"行动，保持对公司的控制权。又或者设立董事任职资格条款，增加收购方提出合适的董事候选人的难度。当然这也是一把"双刃剑"，同样也增加了现有控股股东的提案难度。不过这个办法在阻止收购这个行为上本身的力度比较弱。

6. 焦土战术：即使两败俱伤，也不让你得逞

怎么才能让那些收购者主动退缩呢？还有一个颇为激烈的办法叫作让自己变差，焦土战术就是这么个意思。焦土战术主要包括出售"皇冠之珠"和"虚胖战术"：出售"皇冠之珠"指的就是出售公司最有价值之核心资产，让收购者失去兴趣。虚胖战术也很好理解，就是大量收购没有意义之"垃圾资产"，让自己变得"臃肿"，从而使收购者退缩。但这是一个"玉石俱焚"的防御措施，往往会损伤股东的利益，不到最后还是不要使用了。

7. 帕克曼防御术：反守为攻，我也来收了你

另外还有一招绝杀，就是化被动为主动。帕克曼防御术讲究的是目标企业通过反收购来威胁收购方，并开始购买收购者的普通股，以达到保卫自己的目的。这样的情况下，会使攻守双方角色颠倒，致对方于被动局面。更绝的是，目标公司还可以出让本企业的部分利益，找来小伙伴一起收购并购方股份，来达到围魏

救赵的效果。不过这一招还是有很多限制条件的，比如恶意收购方本身要有被收购的可能性，还有目标企业要有钱或者融资能力，才能拉着小伙伴一起去冒这个险，不然很容易被乘虚而入。

大众与保时捷的并购案例中，大众也正是成功运用帕克曼防御术，最终反被动为主动，收购保时捷公司。2005 年保时捷对大众发起猛烈"攻势"，到 2009 年 1 月保时捷已经持有大众公司 51% 的股权。但是真是不巧，金融危机让保时捷现金流告急，给了大众喘息的机会。后来的故事是，大众展开了旋风式的反收购。2009 年大众出资 49 亿美元获得保时捷 49.9% 的股权，最终这笔交易在 2014 年 8 月完成。

第六节　案例：Air Products 公司并购 Air gas 公司

唐僧肉标的 Air gas 公司：Air gas 是 Mc Causland 先生于 1982 年成立的一家分装、销售罐装气体的企业。在这位前律师的经营执掌之下，Air gas 迅速得到发展壮大，并于 1986 年在纽约交易所上市。在其成立后的 27 年间，公司总计进行了 400 余次收购，借此发展成为全美最大的工业用和医用特殊气体供应商。2009 年 9 月，Air gas 正式成为标普 500 指数成份股。在 2007~2008 年的金融危机中，Air gas 的业绩一度受到严重影响，股价从每股 40~50 美元一举跌落到每股 27 美元。此后，Air gas 的业绩虽然有所反弹，股价恢复到每股 45 美元左右，但与同行业的其他公司相比，Air gas 的股价回升势头乏力，这便引来了意图吞并 Air gas 的野蛮人。

野蛮人 Air Products 公司：同样是罐装气体行业的龙头企业，论规模还比 Air gas 略胜一筹，论历史更比它长 40 年。最关键的是，Air Products 在金融危机之后股价回升迅速，一举超过了竞争对手 Air gas，这便诱发了前者心存已久的念头——吞并 Air gas。2009 年 10 月 15 日，利用自己相对高企的股价，Air Products 的董事长兼 CEO Mc Glade 向时任 Air gas 董事长兼 CEO 的 Mc Causland 发出收购要约，表示希望以每股 60 美元的价格，换股收购 Air gas 的全部股份——看准自家股价上扬而对方股价一时被抑制的时机发起换股收购邀约，可谓并购市场上的老套路了。

毒丸计划与 Unocal 双叉测试标准：要啃下 Air gas 这块硬骨头却并不容易，因为这家公司早对敌意收购做好了严密的抵御准备。除了抵御收购的镇山之宝"毒丸"之外，Air gas 更设置了错层董事会，也就是说，每次董事会改选只能替换 1/3 的董事。由于董事会握有回赎"毒丸"、撤除收购抵御的大权，因此，如果敌意收购方能控制住董事会，就能令"毒丸"失去效力。而错层董事会则为替换董事设下障碍，收购方至少要经过两轮董事会改选才能控制董事会，这样至少要等上两年。在瞬息万变的资本市场上，两年的光阴意味着风险。于是，面对"毒丸"与错层董事会组合的立体防御工事，收购者十之八九要打退堂鼓。为此，这两者的组合赢得了"强力收购防御机制"的美名。

在美国资本市场上，有毒丸就有反毒丸的措施，那就是 Unocal 双叉测试标准。防守再严密的公司也会有人试图去攻击，若问攻击者的勇气源自何处，而抵御者的小心又出自何方，那便是特拉华法院给公司掌门人套上的一道紧箍咒——忠慎义务。忠就是要忠实于股东的利益，慎就是要谨慎对公司事务作出决策。在抵御收购的过程中，法律对目标公司董事会的忠慎义务要求更为严格，这是因为收购抵御几乎天生会在董事和股东之间引发利益冲突，明明对股东有利的高价收购方案，却可能因为董事们担心公司被收购之后丢掉饭碗而遭遇抵御。因此，从20世纪80年代起特拉华法院就对董事会抵御收购的决策另眼看待，以更加高的标准来审查董事们是否尽到了忠慎义务①。这条标准就是美国公司法上有名的Unocal 双叉测试标准。

在这一标准下，法院会着重从三方面考察目标公司作出的抵御决定。首先是董事本身的独立性。尽管抵御收购本身天然具有利益冲突的倾向，但是与 CEO、CFO 等公司的直接管理者相比，董事职位本身带来的收益并不那么大；特拉华法院对于由独立董事占多数的董事会作出的收购抵御决策会更为尊重。其次，要考察董事会作出收购决策的过程是否诚信和是否掌握充分的信息。所谓诚信，实质是要从董事会决策行事的细节中体察抵御的动机——究竟是为股东谋福利，还是替自身保职位？而所谓掌握充分信息，就是要充分依靠投行、律师等专业人士的专业分析意见来决定是接受收购方案，还是组织抵御。Unocal 规则要求，董事会只有在合理认定收购方案会对公司造成实际威胁的情况下，才可以选择抵御收购。最后，即便对于具有实际威胁的收购要约，法院还要求抵御不能过度。所谓过度，一是不许董事会将自己为应对收购作出的资产重组、经营政策调整等措施强加给股东，而不许股东选择接受收购。二是不许抵御措施如铁板一块，让股东无法借助委托表决权争夺战改选董事从而撤除这些措施。三是抵御与威胁要成比例。

变局：Air gas 董事会作出抵御 Air Products 收购的决定，正是在这些法律规则的指引下作出的。Air gas 的董事会中，除了 Mc Causland 一人之外，其余董事全部是独立董事，人员构成可谓纯净无瑕。董事会聘请的财务顾问和法律顾问一再发表了专业意见，所有意见都建议董事会抵御收购。值得一提的是，Air gas 聘请的财务顾问不是一家、两家，而是三家，聘请的法律顾问也有两家。并且，这些顾问都具有业界一流水准，三家财务顾问分别是高盛、美银美林和瑞信，两家

---

① 美国超半数上市公司的注册地为特拉华州，其公司法是全美最为重要的。因而，提到美国公司法，基本就是指特拉华州公司法。

法律顾问则是 WLRK 与世达律师所。在顾问们的建议下，Air gas 的董事会认定 Air Products 的出价过低。假如股东们对公司真正的价值认识不清，被表面的溢价迷惑而贸然接受收购要约，那么，非但这些股东自身的利益会遭受损失，公司更会因为被收购而不得不放弃既定的长期经营战略。在 Air Products 的收购计划公开之后，已经有接近 50% 的 Air gas 股票转手给了并购套利者，所以公司的长期战略泡汤、真实价值消亡是一个实实在在的威胁。

在最初每股 60 美元的全部股票要约遭到断然拒绝之后，Air Products 又"挤牙膏式"地把价格抬到每股 62 美元，并愿意支付一半的现金，不过，Air gas 的董事会依然认为价格差得太多，而且对方一时虚涨的股票更不值钱。再次遭到拒绝之后，2010 年 2 月 11 日，Air Products 正式向 Air gas 的全体股东发出了收购要约，价格又回到每股 60 美元，但全部以现金支付。Air Products 承诺在第一步收购获得半数以上的股票之后，会迅速以相同价格完成第二步并购。2010 年 7 月 8 日，Air Products 又将要约价格提高到每股 63.50 美元，9 月 6 日要约价格进一步提高到每股 65.50 美元。

与此同时，Air Products 也展开了委托表决权争夺战。2010 年 3 月 13 日，Air Products 针对 2010 年改选的三个 Air gas 董事席位提名了三位候选人：世界最大船运公司马士基的名誉董事长 John Clancey、世界最大的非上市公司 Cargill 的前 CFO 兼副董事长 Robert Lumpkins 以及市值超过百亿美元的无线通讯公司 Crown Castle 的创始人 Ted Miller。Air Products 反复强调其提名的这三位董事人选的独立性与公正性，声称他们专业经验丰富，"与 Air gas 从无瓜葛""会在董事会内直率发声""不偏不倚地考虑收购要约"。2010 年 9 月 23 日及 11 月 1 日，Air gas 分别为这三位新董事举行了情况说明会，将公司的经营状况、今后五年的业绩预测，以及公司正着手实施的 SAP 智能化管理系统的情况进行了详细说明。Air gas 原来的管理层对待由对手提名入选董事会的新董事的态度可谓仁至义尽，双方合作也是紧密有序。

除了利用委托投票权争夺战提名自己的董事人选，Air Products 还动议修改 Air gas 的公司章程细则，将下一次年度股东大会的召开时间由原先的 2011 年 9、10 月提前到 2011 年 1 月。这样一来，从 2010 年 9 月到 2011 年 1 月短短 4 个月时间内，Air gas 将连续召开两次股东大会，Air Products 也就有两次提名改选董事会的机会，以便其改变董事会构成，撤除抵御收购的"毒丸"。股东们最终还是以多数票通过了这一提案，这样一来，Air Products 得以连续两次进攻，就可能攻破 Air gas 的抵御防线。

在股东大会投票表决结果初步统计完成之后，Air gas 就迅速向特拉华衡平法院提起诉讼，要求确认此项章程细则修改结果无效。衡平法院旋即判决 Air gas 股东大会作出的修改章程细则决议有效。衡平法院的理由是，Air gas 章程对于股东大会每年召开的"每年"这个词定义不明。既可以像 Air Products 主张的那样，指在一个自然年份之中，可以放在任何一天召开；也可以像 Air gas 主张的那样，指董事一个完整任期届满的年度。衡平法院此判决一出，几乎等于宣告了错层董事会的失败。Air gas 自然更不能坐以待毙，马上向特拉华最高法院提起上诉，特拉华最高法院推翻了一审判决，认为虽然章程用词确有模棱两可之处，但合同解释的规则不应径直推定不利于起草人的含义，而是应当借助外部证据考察当事人的合理意旨。

Air Products 企图修改章程细则，缩短股东大会的间隔，以此绕开错层董事会，进而卸除"毒丸"的目的落空之后，就只能转而起诉要求法院强制命令 Air gas 董事会回赎"毒丸"。

2010 年 12 月 9 日，在法院的敦促下，Air Products 将要约价格提高到每股 70 美元，并向法院确认这是其"最高和最后"（best and final）出价。后来到了诉讼阶段，由收购方 Air Products 提名进入 Air gas 董事会的三名董事竟然一致向法庭作证：第一，他们不相信 Air gas 董事会有任何违反忠慎义务之处；第二，即便一年多的并购争夺已经让股东们有充分机会了解相关信息，但他们依然认为 Air gas 的管理层才是最了解公司真实价值的；第三，如果他们三个人不是由 Air Products 提名，而是 Air gas 的老董事，他们也会同样作出坚持抵御的决定。至此，Air Products 要求法院强制回赎"毒丸"的诉讼已失败。

结局：

此后，Air gas 的股价果真如其董事会所料一路飙升，很快就突破了每股 78 美元。2015 年，Air gas 遭遇积极股东的 Elliott Management 的挑战，再次对董事会施压，要求将公司出售给 Air Products。为避免陷入困境，Mc Caus land 决定主动出击，和包括中国化工在内的诸多买家进行谈判。最终在 2016 年 5 月以每股 143 美元的价格将公司出售给了法国气体化工行业的巨头 Air Liquide。2016 年 Air gas 最后一天公开交易的股价定格在了 142.96 美元，对于一位于 1986 年 IPO 时购入 Air gas 的股东而言，这 30 年间实现的投资回报率高达 130 倍。

资料来源：新华网。

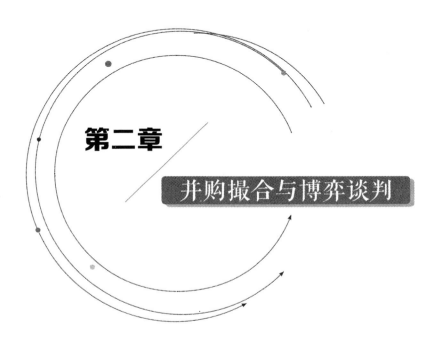

第二章

并购撮合与博弈谈判

从企业战略发展的角度来看，打造产业链闭环变得非常重要，但是同时，企业所面临的困境是一级市场中拥有核心技术和优厚利润的优质标的越来越少，以形成垄断增厚利润为主的同业并购难度也更高。企业并购一般程序及内容如表2-1所示。

表 2-1　企业并购一般程序及内容

第一阶段	第二阶段	第三阶段	第四阶段
并购前的调查准备	并购价值评估	并购实施	并购整合
明确并购目的 制定并购策略 选定目标企业	选择价值评估方法 评估企业价值	明确支付方式 协商签约 实施并购协议	执行并购整合策略 创造协同效应

并购就像是"做媒"，双方从来没见过对方，要想通过几次简单的接触就去领结婚证并一起过日子，这需要中介机构的大量工作才能完成。有时候两个实业的老板在一起谈并购更纠结，和轻资产企业不一样，双方都是搭上了自己辛苦一辈子的事业，成本太大。但是，并购和结婚是区别的。结婚后如果过不到一起去，可以离婚，而且还能把财产分清楚。并购后，两人过不下去了怎么"离婚"？把资产退回去？抱歉，退不了！打了架都得过下去。所以说，并购的结果是要么共赢、要么共亡。还有，做并购要调整好心态。有时候硬性条件谈好了，但是由于双方大股东脾气不合适、其中交易一方家人朋友的影响、市场的波动等，造成分手告吹，这样的情况实在太多了。可以说，100个项目中，最后能成的也就那么两三个，真不为过。

第一节　并购全流程

在进行并购交易时，需要先对并购的流程做个梳理。从操作流程而言，并购过程涵盖了并购战略规划和标的筛选阶段、交易谈判博弈达成协议阶段和并购后整合阶段三大阶段。在这三大阶段中，又有很多小的细节，任何一处小的细节出了问题都会导致整个并购交易的失败。

一、并购战略规划和标的筛选阶段

并购是企业战略的实现手段，企业在实施并购之前，要从宏观上考量自身的情况，如资金、设备等资源；企业可以横向扩大规模、纵向延伸产业链，或者利用自身优势开展业务多元化拓展和转型，目前上市公司中利用并购做转型甚至重组的案例有很多，比如世纪游轮做游轮生意的去并购游戏等；还有达能集团20世纪60年代主营业务并不是食品而是玻璃，它也是通过并购实现产业转型的成功案例。

1. 制定并购战略规划

并购只是企业拓展规模、渠道以及抢占市场份额的一种形式，并购并不是所有公司在发展过程中的一个必经环节，是否并购由企业自身的实力决定。因此，通过与券商等财务顾问合作，根据企业行业状况、自身资产、经营状况和发展战略确定自身的定位，制订详细的发展规划，确保能够顺利实施并购和价值的提升。要明确并购动因，并结合企业发展战略和自身实际情况，制订并购战略规划。企业有关部门应当根据并购战略规划，通过详细的信息收集和调研，为决策层提供可并购对象。并购战略规划的内容包括企业并购需求分析、并购目标的特征、并购支付方式和资金来源规划、并购风险分析等。

2. 选择并购对象

企业在制定了长远的发展战略以及评估并购对象的标准之后，就需要识别和筛选潜在的收购对象，并针对每个潜在对象的特点建立独特的并购计划，对其进行追踪，及时获取目标对象的新动态，并完成对潜在对象的筛选。实现这一阶段一般会通过第三方机构完成，包括券商、会计师事务所、律师事务所、产业并购基金等，凭借其专业的素养、行业研究能力以及并购的经验，实时追踪目标对象，完成识别和筛选。

（1）结合自身企业并购目的，从企业的纵向和横向考虑。如果是实施横向一体化战略的企业，往往把同业中企业作为潜在并购对象，企业与该并购对象可能是存在竞争关系的。如果是实施纵向一体化战略的企业，其并购对象往往是与并购企业存在上下游协同关系的企业。虽然并购的目的是达到强强联合的效果，但我们在并购中应该首先考虑的是并购后的风险问题，是不是真的可以抵御可能出现的负面效应。

（2）结合自身企业并购目的，从价值链方面考虑。并购企业与目标企业在价值链上往往是互补的，目标企业往往是并购企业的主要资金来源，并购企业对并购对象的选择要以提升企业价值链竞争能力为依据。企业要想通过并购获得竞争优势，就要提高价值活动本身或者优化价值活动之间的联系。所以企业在做并购前，要分析并购双方的优势与不足，包括财务经济、市场营销能力、市场分布状况、生产能力、产品质量、产品销售量、技术潜力等。

（3）结合自身企业并购目的，从并购企业自身资金流考虑，实施并购的企业的资源情况和能够达成协同效应。我们需要考虑并购目标企业的人力资源、财务状况、资源状况、团队管理水平，以及企业所拥有的核心资源或核心竞争能力，这些软资源和能力是实现并购后整合的关键资源，也是企业并购后协同效应的源泉。

3. 发出并购意向书

并购意向书是并购当事人双方或多方之间，在对某项事物正式签订条约、达成协议之前，表达初步设想的意向性文书。并购意向书是双方或多方充分接触的开始，意向书必须由专业律师把关。一份意向书一般包含以下条款：买卖标的、对价、时间表、先决条件、担保和补偿、限制性的保证、雇员问题和退休金、排他性交易、公告与保密内容、费用支出、没有法律约束力等；其中，排他性交易及公告与保密内容的规定有时具有法律的约束力。

二、交易谈判博弈达成协议阶段

由于国有企业的资本结构和政治体制特点，在并购前并购企业需要与地方政府进行沟通以获得支持，这对于能否成功地以低成本来并购是非常关键的；如果是民营企业，政府的影响会小得多。国有企业在被并购前涉及并购审批方面，可能需要国资监管审批、证监会行政许可等，涉及外资跨国并购的还需要商务部审批等；对于资产的评估需要专业的第三方机构，还需要在区域产权市场挂牌。

1. 尽职调查

尽职调查是并购谈判的起点，也是了解卖方意图和实际情况的最关键要素。

上市公司的并购调查多数是由第三方中介机构（会计师事务所、律师事务所、券商等）和并购方管理团队在标的企业的配合下，对标的企业的历史数据和文档、管理人员背景、市场风险、财务税务情况、管理风险、法律诉讼情况、债权债务情况、抵押担保情况、雇员情况、技术风险和资金风险做全面深入的调查；也需要通过标的企业的上下游企业数据、税务数据等第三方数据与企业自身提供的数据进行比对。有关尽职调查的内容和难点会在后文详细与大家分享。

2. 企业内在价值的评估

对企业内在价值的评估是并购交易中最核心的谈判要点。企业价值评估一般会委托第三方资产评估公司进行，对评估基准日特定目的下企业整体价值、股东全部权益价值或部分权益价值进行分析、估算并发表专业意见以及撰写报告书。企业价值评估是将一个企业作为一个有机整体，依据其拥有或占有的全部资产状况和整体获利能力，充分考虑影响企业获利能力的各种因素，结合企业所处的宏观经济环境及行业背景，对企业整体公允市场价值进行综合的评估。通常来说，国际上主要运用基础资产法、市场法、现金流收益模型以及其他一些计量模型来评估公司的价值，包括 DCF 模型、EVA（经济增加值）模型等。在国内 A 股上市公司的并购中，需要具有证券业务资质的资产评估机构根据并购标的企业历史盈利状况、现有经营条件、新增经营要素、未来发展规划以及行业发展趋势，对并购标的企业未来营业收入、净利润、现金流进行预测，采用包括收益法在内的两种评估方法对并购标的企业进行资产价值评估，得出并购标的企业净资产评估值，并出具资产价值评估报告，作为并购定价依据；同时，需要具有证券业务资质的会计师事务所出具经审核的并购标的企业、上市公司的盈利预测报告。有关企业估值的策略和方法，会在后文详细与大家分享。

3. 谈判博弈

谈判协商是各方利益争取达到一致的行为过程，也是一个漫长的过程，谈判各方要沉得住气，也是交易对手之间的心理暗战。在尽职调查结果和企业内部价值评估的基础上，对各种资料进行深入分析和综合考量，设计出对应的交易结构和合同细节并进行谈判。谈判主要涉及并购的股权比例、资产价格、支付方式与期限、交接时间与方式、人力资源的整合、附加条件、有关手续的办理与配合、整个并购活动进程的安排、各方应做的工作与义务等重大问题，也是对意向书内容的进一步具体化，形成待签订的合同文本。

在整个并购谈判过程中，往往是由上市公司、并购标的企业股东、并购标的企业管理层、券商中介机构等相关方共同商定并购交易方案和盈利补偿条款等。并购交易价格由并购双方以第三方资产评估报告为基础协商确定，但往往会由双方实控人私下交流妥协达成。在并购谈判过程中，除了估值相关的谈判，还会涉及控制权、流动性、协同效应、支付方式等要素。对控制权的争夺，是股份制公司治理的核心所在，包括董事会席位、监事会席位、财务监管、总经理人选等多个方面。对于缺少流动性的非上市公司股权，由于该股权在转换为现金的能力方面稍差，因此较之上市公司的股票存在折价，但折价幅度和比例是谈判的关键，特别是在换股并购的交易方案中更是谈判重点。并购能使买方获得协同效应，对协同效应的评估和衡量，也是买方能够给予的标的估值的上限；而净资产价格是卖方的谈判下限。上市公司通过股份的方式支付，相比于现金支付，对目标企业的定价更容易偏高，尤其是上市公司自身估值偏高的情况下更是如此，所以在支付方式、支付时间等方面谈判也非常重要。

并购双方就并购的分歧方面，可以通过进行反复谈判或对赌部分条款来平衡双方分歧，以促成谈判合同签约。如果涉及海外标的企业并购，签署后的合同还将根据中国和外国的相关法律进行公证或审批，有些并购项目还需外国或国际组织反垄断机构的审批。有关支付方式和对赌协议等，会在后文详细与大家分享。

4. 决策与实施

谈判达成一致意见且形成合同文本后，就需要依法召开并购双方董事会，形成决议。决议的主要内容包括：拟订进行并购公司的名称、并购的条款和条件、关于因并购引起存续公司的公司章程的任何更改的声明、有关并购所必需的或合适的其他条款。形成决议后，董事会还应将该决议提交股东大会讨论，由股东大会予以批准。在股份公司的情况下，经出席会议的股东所持表决权的 2/3 以上股东同意，可以形成决议；在私有企业中外商投资企业的情况下，该企业董事会只要满足其他企业章程规定的要求，即可形成决议；在集体企业的情况下，则由职工代表大会讨论通过。

企业通过并购决议，同时也会授权法人代表代表企业签订并购合同。在标的企业是私人企业、股份制企业的情况下，只要签署盖章，就发生法律效力；在标的企业是国有企业的情况下，双方签署后还须经国有企业的上一级人民政府审核批准后方能生效。

并购合同签订后，并购双方就要依据协议中的约定进入实施交接阶段，包括产权交接、财务交接、工商变更、登记公司新股、管理权交接、变更登记、发布公告等事宜。

三、并购后整合阶段

并购后整合是比较漫长的，从产业逻辑的角度来看，整合才是并购真正的开始，整合的层面也很多，包括战略统一、文化整合、产业链梳理、产品互补、销售渠道共享、管理层激励、财务和纳税系统协调、IT 信息系统及管理统筹安排等。对标的企业的资源进行成功的整合和充分调动，特别是对人员的整合和调动，是产业协同效应的关键；对于并购标的企业的管理层，如果留用的话，需要通过建立绩效指标 KPI 体系对其进行考核和激励，以促进其与公司整体的融合。有关并购后整合的相关问题，会在后文详细与大家分享。

第二节　尽职调查中的盲点

尽职调查的深度和信息的可靠性，对并购估值的影响巨大，需要从财务、市场、经营、环保、法律、IT、税务和人力资源等方面对标的公司进行深度调研，其中对各环节的数据逻辑和商业逻辑要有理性判断。这些调查通常委托律师、会计师和财务分析师等独立的专业人士进行，从而决定是否实施收购。一般来讲，专业机构所做的尽职调查包括财务与税务尽职调查、业务尽职调查和法务尽职调查等。

一、尽职调查的原则及前期准备

买卖双方对尽职调查的期望不同：买方希望更彻底地了解目标企业的状况，尤其是发现存在的和潜在的风险；卖方则期望买方的尽职调查是在发现企业的价值所在。因此，买方总是希望卖方尽可能地配合尽职调查的完成；而卖方出于谨慎的考虑，一般不愿意买家过多了解企业内部的情况，总是试图有所保留。此外，如果不注意沟通，买方对目标企业的尽职调查常会引起目标企业管理人员的疑虑和猜疑，从而对交易产生不良的影响。买方应该认识到尽职调查并不能保证交易的最终完成，完全的、彻底的尽职调查常是导致最终交易失败的主要原因。因此，尽职调查实际上是一门艺术，对买方来说尤其如此。

买方通过对目标企业的设立及存续、行业发展趋势、市场竞争能力、公司治理、经营管理、技术研发、资产、负债、财务状况、盈利能力、税务事项、质量控制、环境保护、职工健康及安全生产等的综合性审查，准确描述目标企业的现状，全面揭示目标企业存在的风险。这有助于买方在确定并购范围、进行并购谈判、制订并购协议时有意识地进行规避。根据尽职调查结果，可对前期制订的并购方案、计划进行确认或修正，确定估值的基本假设和估值模型。尽职调查结果也是设计交易路径及交易结构方案、制订整合方案的重要依据。

尽职调查贯穿于整个并购过程，有时持续几周，有时则持续 12 个月或更久。为了使尽职调查能够顺利进行，一般买卖双方在开始时需要签署一份《收购意向协议》（以下简称意向书）。意向书是一种收购双方有预先约定的书面文件，用于说明双方关于进行合约谈判的初步意见。大多数意向书在法律上并不具有约束力，只是包含了某些约束性条款。意向书对尽职调查的时间、卖方能提供的信息资料和便利条件等均有明确的规定。

尽职调查是由买方或卖方自己来做，还是请中介机构来做呢？这个问题主要取决于尽职调查的复杂程度以及买方或卖方的经验。当买方或卖方缺乏经验或对于某些行业如金融行业的尽职调查工作量非常大时，则会聘请专门的中介机构完成尽职调查的主要工作；尽管如此，尽职调查的最终结果仍然需要买卖双方自己判断，中介机构的意见仅是一个参考而已。在一个复杂的并购交易中，不仅需要会计师、律师的帮助，有时还需要专门的工程师、IT 专业人员以及环境问题的专家来协助对某些问题进行调查。

聘请中介机构的费用差别很大，有些银行、会计师事务所或律师事务所甚至是不收费的，因为它们希望提供的是包括其他收费事项的套餐服务。一般来说，收费并无绝对的标准，而是双方协商的结果。名气大的咨询机构的收费较高，投资银行的收费明显地高于其他中介机构。在国外，中介机构的成本常参照雷曼公式：购买价格的第一个 100 万美元的 5%，第二个 100 万美元的 4%，第三个 100 万美元的 3%，第四个 100 万美元的 2%，第五个直至第二十个（含第二十个）100 万美元的 1%；对于交易额较大的，例如超过 1 亿美元的交易，一般采用的费率为 0.5%～1%。

二、尽职调查的核心内容

尽职调查的内容因行业、公司规模等的不同有很大不同，从交易立场的角度，尽职调查也是双方的行为，可以分为卖方调查和买方调查。

1. 卖方尽职调查

在企业并购交易中买卖双方的目的是不同的，卖方可能关心买方购买目标公司的目的、买方以前参与并购交易的情况、买方对目标公司的战略规划、买方股东和高层管理人员的素质等内容，因此卖方尽职调查的范围包括但不局限于以下几个方面：

（1）买方的经济实力。价格是并购中重要的因素之一，虽然最好的买主可能不是最高的出价者，但买方的经济实力经常对一笔并购交易起决定作用。有实力的购买者经常自己投资购买，而小企业则经常从外部融资购买，也就是所谓的"杠杆收购"。"杠杆收购"是指某公司用借来的资金收购其他公司的股份和资产，导致公司新的资本结构呈现为高度负债。一般来说，购买方都是先创立一个新的"壳公司"，然后以"壳公司"的名义购买目标公司的股份，随后立即将"壳公司"与目标公司合并以便使用被收购公司的资产来偿还债务。由于"杠杆收购"经常使并购企业在并购后处于高负债的状况，因此，卖方倾向于避免"杠杆收购"方式或增加其他的限制性条款来保护自己。

（2）买方购买目标公司的动机。价格虽然是一个重要的因素，但并不是唯一的因素，买方购买目标公司的动机经常决定着目标公司未来的发展方向。购买者可能是在为追求企业多元化经营而涉入一个新的领域，也可能是希望在单一行业中继续发展壮大自己，一般来说前者意味着较大的经营风险，当然这也要视具体情况而定。

（3）买方以前参与并购交易的案例。买方以前参与并购交易的案例之所以重要，是因为卖方由此可以检验买方在并购方面的实力和经验，并推测买方本次交易的真实目的。有些买家并不想长期投资一家企业，它们一般只关心企业的短期利益，因而很有可能损害股东的长期利益；而有些买方虽然有长期投资的设想，但缺乏成功的并购经验，无法带领企业取得成功。因此，研究买家过往的并购案例是卖方了解买家的一条重要途径。

2. 买方尽职调查

一般来说，买方对目标公司的尽职调查要比卖方对买方的尽职调查复杂，虽然尽职调查的范围因不同需要而有相当的灵活性，但是尽职调查应包括以下内容：

（1）财务方面尽职调查。主要对财务报表的真实性进行审查，其中可变现证券、应收账款、不动产、长短期负债、对股东或关联企业借款以及股东担保等或有负债事项的分析均是尽职调查的重点。

主要资产形成方面的文件：需要提供主要资产的合同、权属证明或租赁协议。提供主要资产有关的知识产权方面的文件，包括任何专利、商标、著作权或专有技术的权属证明、买卖合同、许可使用合同或其他相关文件。明确主要资产是否附有任何抵押、质押、留质或其他第三方权利。

公司财务结构分析：明确公司非经常性损益占利润总额的比例。明确公司存货的主要构成，包括库存商品的名称、生产日期、库存原因及市场最低价格。明确有无为其他机构或个人提供担保而存在的或有负债。

公司财务资料：需要提供总账科目余额表、货币资金余额明细表、各账户银行存款对账单及余额调节表。提供应收、应付余额明细表，应收及库存存货账龄分析表。提供长期投资余额明细表，本期新增或变更的长期股权投资的相关协议，被投资单位的营业执照、章程、验资报告等法律文件，被投资单位年度会计报表及审计报告。提供固定、无形资产余额及折旧明细表；若原始价值是以评估值作为入账依据的，对评估机构及评估方法作出说明。提供长、短期借款余额明细表，借款借据及相关文件。提供主营业务收入、主营业务成本、其他业务利润明细表、收入确认的原则说明，大额收入入账的依据，成本的核算方法，损益类项目变动幅度较大的原因，投资收益明细表，营业外收入、营业外支出明细表。提供股本、资本公积、盈余公积、利润分配余额明细表及相关文件。提供公司近三年（审计）财务报告。提供公司近三年及最近一期的利润表、利润分配表、资产负债表、现金流量表。

公司所涉及的税收文件：提供公司使用的税率（各个税种）及任何税收优惠的批文。提供公司使用的税收方面的法规和政策性文件。公司欠税或其他税务纠纷的说明与有关文件。说明税务机关是否对公司进行过稽查及详细情况。

公司与股东和股东控制的企业发生的关联交易和同业竞争情况：明确公司与关联企业之间是否存在关联交易，需要提供主要关联交易合同，并提供有关批准文件。针对上述关联交易，需要详细说明关联交易的内容、数量、单价、总金额、占同类业务的比例、定价政策及其决策依据。

（2）经营管理尽职调查。主要是对目标公司所处的竞争环境及行业地位、经营效率、企业文化、人力资源管理情况、市场营销体系及渠道、风险控制系统、重大关联方的经营状况、管理层的管理能力、公司组织架构、技术与研发等多个方面进行审查和分析，重点关注存在的风险问题。

公司的主要业务经营：相关的主要业务的书面说明，并说明是否发生过变更及变更涉及的政府批准文件。经销商、代理商、业务团队、用户等的访谈。公司正在执行的产品质量标准、质量控制和检验措施、公司产品的质量认证文件，以及公司的产品售后服务承诺及质量服务体系。

除此之外，还要说明公司的生产经营活动是否涉及环保问题，是否存在可能给环境造成污染的情况，并提供公司在环境保护方面所采取的措施的有关文件或书面说明。

公司对外投资：提供公司对外投资的有关协议、批准文件，投资项目或投资公司的基本情况。取得报告期公司购买或出售被投资公司股权时的财务报告、审计报告及评估报告，分析交易的公允性和会计处理的合理性；查阅公司交易性投资相关资料，了解重大交易性投资会计处理的合理性；取得重大委托理财的相关合同及公司内部的批准文件，分析该委托理财是否存在违法违规行为；取得重大项目的投资合同及公司内部的批准文件，核查其合法性、有效性，结合项目进度情况，分析项目进度情况影响及会计处理合理性；了解集团内部关联企业相互投资，以及间接持股的情况。

通过计算公司各年度资产周转率、存货周转率和应收账款周转率等，结合市场发展、行业竞争状况、公司生产模式及物流管理、销售模式及赊销政策等情况，分析公司各年度营运能力及其变动情况，判断公司经营风险和持续经营能力。

（3）法律方面尽职调查。主要对目标公司的合同、财产的权属、现在或潜在的法律诉讼（包括对并购可能遇到的有关法律问题进行分析）、劳务合同及员工福利等，以及并购行为可能引起的法律纠纷进行调查。尽调人员关注的重点是那些败诉可能对目标公司经营活动产生重大影响的案件。

公司的重大债权债务：需要提供公司应收款和应付款的清单（包括但不限于对方当事人姓名、债权债务数额、有无担保、账期、是否追索等），并提供金额较大的应收款和应付款的合同、入账凭证等。详细列明公司是否存在与关联企业之间的应收款、应付款，并提供有关协议。详细列明公司是否存在与个人之间的应收款、应付款，并提供有关协议。

公司的担保：详细提供公司就其自身债务及他人（包括关联企业）债务向有关债权人提供担保（保证、抵押、质押、留置）或反担保的文件（包括主债务合同、担保合同、反担保合同和担保登记文件等）。提供公司接受他人（包括关联企业）提供的担保的相关所有文件资料。

公司重大经营合同：提供公司将要或正在履行的重大合同（包括银行借款合同、采购及销售合同、知识产权开发或转让合同、重大资产的租赁等）。

公司诉讼、仲裁及潜在的争议纠纷：提供近两年来与公司有关的诉讼、仲裁或者行政处罚案件的有关文件，包括起诉书、案件受理通知书、答辩状、判决书、行政处罚通知书及决定书等。提供公司因环境保护、知识产权、产品质量、安全卫生、人身权、土地等方面招致（或可能招致）诉讼的有关文件或有关请求文件。提供公司可能面临的有关诉讼、仲裁或者行政处罚案件的有关文件。

劳动合同情况：提供公司与员工签署的劳动合同书样本。说明公司是否与员工签订保密协议、不竞争协议、培训协议。说明公司是否与所有员工签订劳动合同，并提供劳动合同签订明细表，内容应包括员工劳动合同起止时间、用工方式（固定、临时）。说明公司有无劳动仲裁或劳动纠纷案件。提供员工手册，包括但不限于员工奖惩、考勤、休假、薪酬、福利、培训、绩效考核、晋升、离职等有关员工管理的规章制度。

以上三方面的调查不是相互孤立的，同一个事项需要各专业调查组分别从不同的角度予以关注，因此需要各专业调查组相互配合、相互验证，实现对目标公司的全方位评价。上述内容只是专业调查组开展工作的主要方向，在具体工作时还需要进一步细化；企业并购的最终目的是获取企业发展所需的资源和能力，但具体到项目，每一个实施收购的企业想要获取的资源和能力都是不同的，目标公司的情况也各具特殊性，因此要针对收购方的并购目的、目标公司的具体情况确定尽职调查的工作重点。在尽职调查实施过程中，应根据了解到的新情况对调查重点及时做出修正。

第三节 撮合交易的技巧与博弈

并购交易在撮合的过程中，更像是婚姻介绍。一方是产业资本、金融资本、并购基金、上市公司等；另一方是被并购企业，需要财务利润或市场份额非常漂亮；券商，各类投资公司和掮客，还有审计事务所和法律事务所等提供婚庆服务。

一、撮合是门技术活

从投行的角度来撮合并购交易，就是人与人之间的博弈，会涉及人性以及心理层面。并购交易对人的素质要求非常高，专业性上要提出能够双方共赢的交易方案，人格上要做个心里有数的、聪明的老实人，这个平衡其实是特别不好把握的。

并购失败率非常高，所以对并购业务一定是心存敬畏，你觉得双方可能会彼此感兴趣，但是双方就是看不对眼也很正常；双方感兴趣了，往往因为利益又谈不拢。尽管有人说，世界 500 强企业都是并购的产物，但是并不是每单并购最终都能成功。

在国内做并购的有两类人：一类是体制内的牌照业务下的投行人，认为并购我不用参与交易，你们谈好了我做材料就可以了；另一类是江湖派的掮客，习惯简单地拿供求信息去碰，只要有买的、有卖的，就介绍到一块。其实供求信息是交易的前提，离交易的达成还有十万八千里，即便谈成了，你在里边所起到的作用仅是信息传递的作用。所以说，在并购过程中的价值体现的是需要参与者来判定的。

一个好的撮合交易者需要具备三个方面的素质：第一，需要有对行业的认知所带来的初步价值判断能力，这个一定要聚焦行业，因为没有人是通才；第二，通过撮合，能够平衡双方利益，将交易双方引向共赢，要做好媒人的职责而不是观众；第三，要有资源配置的能力，需要钱可以引进来钱，需要政府通关可以协调组织，最终才能够在里边拿到你合适的商业利益。这个世界是公平的，所有的所得一定是付出和优势的最终变现。

在并购交易里边，"人精"之间的博弈，怎样能让双方最大可能成就交易，这里一定是需要技巧的。在收购与并购中细节上的"心理战"有时候更为关键。这个过程等同于两队高手过招的过程，甚至跟目标公司谈判过程是一个博弈的过程。这需要交易各方有非常扎实的各种技术技巧及强大的心理来把控、判断整个谈判节奏。

在交易里边可以设置一些困难，让交易变得焦灼，反而会带来结果的稳定性。购买东西时通常都会有激烈的讨价还价的过程，耗时不短，气氛紧张。交易在什么时候能够达成？你说不买了，走到拐角处叫不叫你回来！博弈的过程会形成双方心理上的安全感。所以并购撮合不但需要专业，有的时候需要对人心理有把握。例如，在撮合交易谈判时，往往喜欢安排在晚上十点谈，一直谈到第二天早晨六点，中间连吵架带摔杯。最后大家说就这样吧，结果实在是来之不易，最后签个协议之后都去睡觉了。大家会认为这个交易经过了如此剧烈的博弈，一定是谈到底了，其实就是熬夜困了，会形成心理暗示认为结果艰难而稳定。

投行提供并购业务服务，不是服务于单方利益最大化，而是服务于长、短期利益和战略平衡。总之，一个好的投顾，业务能力占三四成，人品价值观和思维方式是要占六七成的，只有这样，在中国复杂的市场里边，才能相对比较长久地生存下去。

二、并购谈判

谈判的战术因谈判的目的、人员、战况的不同而不同，没有一定之规。一般来说，当收购和出让双方都想用最小的代价来获取其最大的利益时，双方就会产生利益冲突，而解决利益冲突的方法之一就是妥协，用一个较好的表达方式就是达成一个共赢的解决方案。当然，绝对的共赢是不存在的。为了通过谈判达到一个对己方更有利的解决方案，谈判一方必须做到以下几点：

（1）谈判团队：谈判团队中应当有人能够对财务问题及时作出判断；应当有人了解法律并能就法律问题提出建议和解决方案；应当有人有权在谈判底线之上拍板。团队领导应当做好内部分工，制订谈判计划。主谈人员要引导谈判的进程和步骤，对让步的条款幅度做出决策，做好与本方上级的请示与汇报；其他谈判人员应做好自己的分内工作，及时发现问题并以合适的方式告诉己方的主谈人员。

（2）协商和沟通：无论一个谈判参与者的谈判风格是强势的还是温和的，

协商和沟通是谈判的核心。换言之，在谈判中应当注意商业礼仪，而倾听和耐心是关键，切忌把谈判变成一场辩论会。参加谈判的人员一方面应当有坚韧的性格，另一方面也要注意谈判的节奏，做到劳逸结合。

（3）注意文化差异：协商和沟通还要考虑到文化差异，从而减少不必要的摩擦和误解。只要是谈判，那就存在着僵局；出现僵局后，谈判各方在内部要进行协商和沟通，必要时要与自己的上级及时协商与沟通。当然不是所有的僵局都能解决，就如不是所有的谈判都能全部圆满完成，如果在充分协商和沟通后，还存在着不能解决的僵局，那么双方起码能够更加充分地理解对方的立场和彼此的分歧所在。

第四节 并购谈判的几个难点及解决措施

并购协议的谈判是一个漫长的过程，并购交易谈判的焦点问题是并购的价格和并购条件。并购协议包括并购价款和支付方式、陈述与保证条款（陈述与保证条款通常是并购合同中的最长条款，该条款是约束目标公司的条款，目标公司应保证有关的公司文件、会计账册、营业与资产状况的报表与资料的真实性）、合同生效条件、交割条件和支付条件、并购合同的履行条件、资产交割的步骤和程序、违约赔偿条款、税负、并购费用等其他条款。下面介绍谈判中需要注意的几个难点及对应的解决措施：

一、目标公司的非主业资产的剥离问题

在股权并购的情况下，投资公司是借助目标公司这个企业平台实现投资的，不将非业主资产和业务从目标公司剥离出去，并购就不符合投资公司、法律或出让方的要求或规定。

转让剥离是指通过目标公司出让需要剥离的资产和业务的行为，将目标公司需要剥离的各种资产和业务出售给第三方，使目标公司的剥离资产转变为货币资产，从而使目标公司符合并购的要求。在转让剥离的情况下，如果转让价格等于转让资产在目标公司财务账上的净值，则不会引发目标公司权益的变化；如果转让价格不等于转让资产在目标公司财务账上的净值，就会使目标公司的股东权益发生变化。投资公司在谈判并购价格时也应当对此给予充分的关注。

划拨剥离指国有企业通过国家划拨的方式将目标公司需要剥离的资产和业务调离目标公司，使目标公司符合并购的要求。

剥离的实施可以在双方达成一致意见之后，可以在并购协议签署以后，也可以在目标公司管理权移交之后完成，但是出于法律限制，剥离必须在申报并购协议或进行工商变更之前完成，采用目标公司分立方法剥离的应当在股权并购工商登记前完成。投资公司可以并购分立中存续的公司，也可以并购分立中新设的公司，这要看剥离资产和投资业务占目标公司全部资产和业务的比重，如果需要剥离的比重大，则采取反向剥离，即将剥离的资产留在存续公司，而将其他资产剥

离到新公司,由投资公司并购新公司。但是不管怎样,交易双方必须在谈判阶段协商一致,并依约实施。

二、目标公司其他股东的优先购买权问题

从公司法和民法的角度看,公司章程规定的优先购买权对全体股东有效,特别协议约定的优先权仅对签署者有效。投资公司应对优先权的方法大致有以下三种:

1. 价格对抗法

通知其他股东征求其是否在同等价格下行使优先权。有关通知应当发给其他股东,由其他股东分别作出表示。如果其他股东在期间通知出让方放弃优先权,出让方应当将其他股东放弃的书面文件提供给投资公司并将其作为合同附件;如果其他股东在公司章程约定的期限内没有出具放弃优先权的书面文件,则可视为优先权消灭。从企业并购的实践看,关于优先权的通知最好在投资公司与出让方就股权转让达成一致意见并签署协议之后再通知其他股东,这样有利于顺畅交易、规避风险。在这种情况下,投资公司和股权出让者是不能阻止其他股东在同等条件下行使优先权的,唯一能做的就是看其他股东如何认识投资公司与出让方议定的股权转让价格,所以我们称这种方法为价格对抗法。

2. 用间接购买的方法避开优先购买权

所谓间接并购就是投资公司不直接与目标公司的股东进行交易,而是与目标公司的股东公司进行交易,将目标公司的母公司买下来,从而间接持有目标公司的股权。这种方法使目标公司的其他股东没有行使优先权的机会,投资公司稳操胜券,但缺点是投资公司可能需要对目标公司的股东公司进行整合,有时还需要对目标公司的股东公司进行剥离。

3. 先参股后并购

目标公司的控股股东不愿意放弃对目标公司的控制权,如果投资公司收购目标公司较大份额的股权会使之警惕,容易遭遇优先购买权。在这种情况下,投资公司可以找机会先购买目标公司的少量股权,成为目标公司的股东后再收购其他股东的股权,这时控股股东就再无优先权了。这是一种“先堵门后入室”的策略。

三、人力资源问题

企业并购必然涉及企业职工安置和权益保护问题,与职工切身利益密切相

关，如不能合理妥善地解决，不仅不能保证并购活动的顺利进行，而且还会对社会造成极大压力、影响社会稳定。企业并购中职工安置的基本途径和方式以下有五种：

（1）继续留用原企业职工，重续劳动合同关系。通常情况下，在企业并购时，并购双方约定在并购后留用原企业职工，并依法重新签订或变更劳动合同。如果被并购的企业为国有企业，那么并购后属于非国有控股，企业应按相关规定向职工支付经济补偿金。

（2）经济性裁员，解除劳动关系、支付经济补偿金。对于企业并购时所出现的富余人员，可依法实施经济性裁员。具体依据有关法律法规进行操作，并向解除劳动合同的职工依法支付补偿金。

（3）鼓励创业性再就业。鼓励创业性就业是指，如果本人要求从事其他合法的经营活动，可以申请给予一定时间的创业期，期间工龄照算，不计入待岗时间，并享受有关保险待遇，从而减轻企业的压力。创业性就业政策给予创业者一定的过渡期，期满后可以重新上岗或办理辞职、调动手续。

（4）国有企业职工的内部退养。这是指未达到国家法定退休年龄且未获得续聘的企业职工，符合内退条件，经本人申请、单位同意，暂时离岗休养，待达到法定退休年龄时再按有关规定办理退休手续的一种管理办法。内退人员在内退期间应向其发放内退生活费。

（5）其他职工安置模式。主要包括：一是由地方组织富余职工进行同工种转移或向外安置就业；二是培训安置，即为暂时达不到上岗要求的富余人员设置"培训岗"，使其在一定期限内每月享受社保和基本工资，并为其提供培训机会，为再次竞争上岗提供条件；三是开发安置，即兴办第三产业以促进其就业。

四、土地、房产问题

公司收购，一般都是收购方看中了目标公司的土地、房产等重大财产，或者是看中了目标公司的许可证、资质证等经营许可手续，否则不会收购。经常会遇到目标公司的净资产是零甚至是负数，但收购方竟愿意出高价收购的情形，其用意就在于此。通过股权收购的方式，收购方省了大量的土地增值税、房产税、营业税等税收，避免了资产收购需要支付的巨额税费，同时也便于目标公司的顺利交接。

土地和房产一般遵循的是"房地一体"的原则，即房产证与土地使用权证登记的是同一人。但实务中往往会出现"房地分离"的情形。"房地分离"并不违法，但值得探讨的是如何解决房与地之间的使用权问题。实务中，有的采取"回赎"的方式，有的采取维持现状的方式。还需要注意的是，土地的用途是商业用途还是工业用途、土地的剩余使用期限，以及土地是否存在抵押等问题。

以上土地均系国有土地，而农村集体建设用地是公司收购中另外一个棘手的问题。根据《中华人民共和国土地管理法》第六十三条的规定：农民集体所有的土地的使用权不得出让、转让或者出租用于非农业建设；但是，符合土地利用总体规划并依法取得建设用地的企业，因破产、兼并等情形致使土地使用权依法发生转移的除外。也就是说，除了因破产、兼并等情形致使土地使用权发生转移之外，农村集体建设用地不得对外出租，不得流转。其原因在于，农村的建设用地系无偿划拨取得，在没有依法征为国有建设用地的情况下，是不能对外流转获取收益的。该法第八十五条特别指出："外商投资企业使用土地的，适用本法；法律另有规定的，从其规定。"但实践中，为了节省成本，私营生产型企业大多租赁农村集体建设用地，有的甚至不是建设用地，而且租赁期限一租就是 50 年甚至更长。

租地期限超过 20 年的问题，一般采取两种方式解决。第一种，采取分别订立一份 20 年的租赁合同、两份附期限生效的租赁合同，即以"20+20+10"的方式解决。第二种，采取联营的方式，即农村集体经济组织与目标企业签订联营合同，目标企业一次性或分期支付联营费。对于第二种方式，非上市企业可以采取，但拟上市企业一般不要采取，其原因：一是上市企业对土地的使用有严格的要求；二是此种方式凭空增加了拟上市企业的关联方，人为地提高了企业上市的难度。

类似的还有煤炭经营许可证、药品经营许可证、网吧经营许可证等经营许可证。此类许可证特别难以获得审批，而通过收购股权的方式，可顺利达到收购方的预期目的。

五、债权债务问题

对于债权问题，目标公司的原股东更为关注，一般情况下不会出现问题。通常，收购方与原股东在股权收购协议中约定：基准日之前的债务由原股东承担，基准日之后的债务由新股东（收购方）承担。此类约定，实质上是目标公司将自己的债务转让给了原股东或新股东，是一份债务转让协议。债务转让，需经债权人同意，在没有征得债权人同意的情况下是无效的。虽然此类约定对外无效，但在新老股东以及目标公司之间还是有法律约束力的。实务中，收购方一般会采取让原股东或第三人担保的方式进行约束。

或有债务，是收购方关注的另外一个债务问题。实务中有以下几种处理方式：

（1）分期支付股权收购款。即在签订股权转让合同时，付一部分；办理完工商变更登记后，再付一部分；剩余部分作为或有债务的担保。

（2）约定豁免期、豁免额。例如，约定基准日后两年零六个月内不出现标的在×万元以下的或有债务，则原股东即可免责。约定豁免额，以体现收购方的收购诚意；约定豁免期两年，是考虑到诉讼时效，而六个月体现的是过渡期。

（3）约定承担或有债务的计算公式和计算比例。需要指出的是，原股东承担的或有债务，一般是以原股东各自取得的股权收购款为限的。

（4）企业与员工之间形成的债务问题也要妥善处理。出于种种原因，企业可能向员工借款，或员工名为持股、实为借贷的内部债券等，这些问题务必妥善处理，否则就容易滑向非法集资的泥潭，很可能导致刑事犯罪的发生。

第五节　对赌协议

　　企业的并购过程是一个复杂的流程，涉及多个方面和反复的谈判，尤其是并购估值方面，涉及对未来收益的预测，会有很大的不确定性，因此双方的分歧也会比较大，需要一个合理的区间或双方都认同的执行标准，根据实际运行情况确定，这就催生了对赌协议（估值调整协议）的博弈方式。引入对赌协议和期权条款，一直被认为是消除信息不对称引发的不确定性成本和风险的重要制衡器。

一、对赌协议及估值调整机制

　　"对赌协议"，英文名称为"Valuation Adjustment Mechanism（VAM）"，直译过来是"估值调整协议"，是企业在并购交易中重要的风险管理工具，其理论基础主要是期权理论和信息不对称理论。在资本市场，估值调整是股权投资交易几乎必不可少的技术环节，因为投资方和被投资方对企业未来的盈利前景均不可能做出100%正确的判断，因此双方往往倾向于在未来根据发展情况对交易价格加以调整。

　　根据对近些年美国上市企业并购活动的研究，其中大约9%使用了对赌协议，但在未上市企业的并购中大约29%使用了对赌协议。对于并购的短期收益：使用对赌协议后，其累计超额收益率（Cumulative Abnormal Returns，CAR）为2.2%；与之对比的是不使用对赌协议，其CAR为1.5%。而对于并购企业的长期成长性，研究表明，使用对赌协议的要优于不使用对赌协议的。

　　对于对赌协议可以用一个通俗的例子来理解。一双鞋子的买卖，买方出价100元，而卖方要价200元。买方出价的理由是估计鞋子能穿一年；卖方解释是鞋子质量非常好，能穿两年，所以要200元。双方协商结果是，按卖方的要价200元成交，但补充一个保证协议：如果鞋子穿不到两年，卖方向买方返还一定数额的现金或货物，以补偿承诺。

　　对赌协议作为一种并购交易风险管理工具，主要用来解决以下问题：一是并购双方因为信息不对称对目标公司的真实价值存在估值差距。二是虽然目标公司的管理层或企业的关键人员对于企业并购后的整合非常重要，但在并购后很难留住他们。三是即使他们在企业并购后留在企业，如何激励他们从而使并购活动可以产生协同效应也是一种挑战。

对赌协议是一种期权，并购双方按照约定可以双向行使选择权；对赌协议可以很好地解决因信息不对称而引起的逆向选择和道德困境，将并购双方的利益和风险协调到一致的位置。由于并购双方的信息不对称体现在企业内部管理、客户关系、专利的市场价值、核心技术团队的稳定性等多方面，会造成并购双方对标的企业的估值存在较大差异。科瑞·斯密斯（2003）提出，通过在交易协议中设计有效的对赌协议（本质是双方的期权选择权）可以解决这些问题，即通过将并购金额的支付分期，在后期根据标的企业的业绩兑现情况给予兑现和激励，能够更好地留住并激励管理层和核心技术团队。

对赌协议整体上可以从对赌协议的主体、客体、对象三部分进行研究。对赌协议的主体是并购双方，并购企业希望通过对赌协议进行风险管理，目标企业选择接受对赌协议以完成并购活动。对赌协议的客体是并购双方约定的业绩衡量标准。衡量业绩指标的选择直接影响对赌协议的效果，一般情况下分为财务指标和非财务指标两大类。财务指标主要包括：销售收入、净利润、现金流、税息折旧及摊销利润（Eamings Before Interest，Taxes，Depreciation and Amortization，EBIT-DA）等。非财务指标主要包括：新产品研发进程、新客户的获得情况、市场占有率等。

对赌协议在支付方式上会分为两部分：一部分先期支付给标的企业股东，另一部分根据标的企业的业绩表现支付。可以理解为可调节期权，两部分的比例需要考虑多项因素达到平衡。对赌条款主要有估值调整条款、业绩补偿条款与股权回购条款。以上三项条款是针对企业未来的不确定性和双方信息的不对称性，所以也就包含了部分期权结构设计，其中交易金额、期限、业绩目标、支付进度、竞业限制、反稀释、换股股价等的谈判结果，都会影响最终的交易价格。在并购交易中的对赌谈判，除了与上述有重要关系的业绩补偿机制谈判外，还包含股份锁定期、债务承诺、高管同业禁止、上市期限等多个方面。

二、对赌协议中的人性博弈

通过对英国企业的并购研究表明，其中大约25%的企业使用了对赌协议。由于英国企业的并购中目标企业多为未上市企业，因此对赌协议使用的比例要高于美国企业。一直以来，国内投资者把对赌协议和期权进入并购条款中看作是利好并购方的策略安排，因此，当前国内存在一种观点认为，此类策略安排对并购方是无风险的。事实上，无论是对赌协议，还是期权，对并购方和投资方也意味着风险。其风险至少表现在以下两点：假如并购方在对赌协议中输了，将会输掉对赌筹码（当然，并购方将从企业业绩增长中获得投资收益，这种投资收益一般要大于在对赌中输掉对赌筹码的损失）。因此，并购方签署对赌本身就愿意接受输掉对赌筹码的结果。

对并购方来讲，由于对赌和期权的设置本身就具有激发企业管理层挖潜的效应，而企业管理层为了获得对赌筹码，很可能会对企业实行拔苗助长式的策略，从而伤害企业的持续运营能力和元气。这是并购方不得不面对的风险之一。对被并购方来讲，对赌协议和期权条款所带来的风险要更加直观，表面上来看确实存在风险不对等的问题。然而，这种不对等更多的是基于博弈双方对风险的承受能力不同而言，从风险承受能力弱势方签署对赌性博弈的角度看，双方对博弈筹码的风险偏好应该是相同的，也是对等的。事实上，这也是对赌协议和期权条款能够成功引入并购重组运作过程的重要前提。

引入对赌协议和期权条款的实质是用一种风险替代另外一种风险。即无论是对赌协议还是期权条款，对于并购重组当事人，同样面临着不确定性问题，只不过这种不确定性发生了明显的变化。引入对赌协议和期权条款实际上是把并购重组中基于信息不对称性的风险转换成了对赌博弈和能否成功行权的风险。在引入之前是非对称性风险，引入之后是对称性风险，即这种风险对参与并购重组的当事人来讲是对等的。这种策略使并购重组事宜中的不确定性风险转变成了当事人对未来业绩预期的对赌或期权风险。即由并购重组的事前、事中不确定性转变成了对事后的业绩预期的不确定性。引入对赌协议和期权条款，客观上降低了委托代理成本，有效地嫁接了对企业经营管理层的激励共容机制。

在并购重组中引入对赌协议和期权条款并不是能解决一切问题的灵丹妙药，它实质上是一种转移风险的工具，也是一把"双刃剑"。对于当事人来讲，能否缓解这种博弈式条款带来的不利因素将直接影响并购重组的全局。为了防止当事人在日后博弈中两败俱伤，需要注意以下三个方面：

1. 合理设置对赌筹码，确定恰当的期权行权价格

对并购方来说，对赌筹码的设置需要考虑对赌成败所带来的两个风险权重。若输掉对赌筹码，企业的业绩和在资本市场的表现能否保证实现并购方所预期的投资收益率？这种可能实现的投资收益率是否能超出其机会成本（同一笔资金投

资其他项目是否更为有利)？若赢得对赌筹码，这些对赌筹码是否足以弥补可能发生的投资成本减值后，仍能实现预期的投资收益率。

2. 设定合理的业绩增长幅度或期权行权条件

如果设定的业绩增长幅度过高，则很可能存在企业管理层为赢得博弈而对企业竭泽而渔的过度开发，从而导致企业丧失持续盈利能力的后果。设定得过低则起不到激励约束的作用，导致博弈失去预期的效果。因此，当事人在引入对赌协议和期权条款时，需要有效估计企业真实的增长潜力，并充分了解博弈对手方的经营管理的能力。

3. 最好将赌协议和期权条款设计为重复博弈结构

引入对赌协议和期权策略的主要原因就是博弈双方存在着难以逾越的信息鸿沟，而重复博弈的最大好处是能够降低当事人在博弈中的不确定性。

因此，在设计赌协议和期权策略时，不同的博弈阶段如何设定分层博弈筹码、结束博弈的熔断节点、继续博弈的变更条款等就变得尤为重要。积极的重复博弈有一个层层加码的筹码结构，初期筹码小些，之后的筹码可以累进。

总之，在并购重组中引入对赌、期权等博弈策略本身是一柄"双刃剑"。防止出现双输局面的关键是要确立科学合理的对赌和期权博弈估值模型，并保持博弈的动态性和灵活性。毕竟对参与并购重组的当事人来说，期待的是正和博弈，一个最明显的特征就是博弈条款对当事双方的正向激励性。如果博弈的最终结果是零和甚至负和，则意味着在并购重组中引入对赌和期权策略以失败告终了。

三、对赌协议的策略设计

通过条款的设计，对赌协议可以有效保护投资人利益，在创业型企业投资、成熟型企业投资中，都有对赌协议成功应用的案例，最终企业也取得了不错的业绩。对赌协议的概念非常简单，但其构成各部分的量化却很容易变得非常复杂，在设计时需要综合考虑协议的方方面面，从对赌协议的整体考虑，权衡各因素之间的影响。可能存在多种可行的方案，因此并不存在一个完美的交易设计方案。

根据对赌协议的构成，在设计时主要考虑以下几个部分：

1. 目标企业估值

估值是并购交易的一个最基本的要素。估值差距主要来源于因信息不对称造成的并购双方对未来的不同预期。对赌协议可以解决并购双方的估值差距。简单地量化估值差距，不能够提供足够有效的信息来制定对赌协议。如果认为对方的假设是可行的，那么可以考虑使用对赌协议。对这些假设进行测试，以确定是否会增加企业的风险。

对于企业估值，国内一般采取市场法、成本法和收益法等。但这些方法忽略了未来的不确定性，以及对赌协议本身的期权性，因此经常会低估对赌协议的价值。所以在进行对赌协议的估值时，应该将其作为带有支付功能的支付工具而非确定性的现金流估价。虽然利用期权估值方法可以更好地对企业估值，但期权估值的问题是有些参数难以确定，特别是波动性，可能会需要复杂的建模。我们可以利用蒙特卡罗模拟来进行估值。数值模拟可以允许使用者改变影响企业未来价值的关键因素，以评估目标公司的价值。并购双方对关键因素变动范围会有不同预期分布，这将导致双方对同一个对赌协议结构估计出不同的价值，蒙特卡罗模拟有助于双方进行协商。

2. 对赌协议的金额

在设计对赌协议时，并购双方必须决定交易结束时，所有购买价款中预先支付给目标公司股东的部分以及基于对赌协议的部分。基于业绩的支付比例通常是双方协商价格差距的结果。即通常双方对一部分收购价格能达成协议。这部分成为购买价格中固定的部分。固定部分与卖方希望价格的差异称为价格差距，也就是对赌协议的基础。

并购双方都在试图降低自己的风险；买方想提高基于业绩表现的比例，而目标公司则想在交易结束后获得更多的支付。当并购双方的价格差距越大时，基于业绩指标的对价比越大。如果基于业绩指标的对价比例较小，则激励作用可能较小，相反，如果比例过高，目标公司在交易中承担了过多的风险。当该协议的价值随着未来现金流的额外不确定性增加时，可以和期权类比。企业未来发展的不确定性越高，基于业绩的比例越大。如果企业的未来发展有更好的机会，为了激励目标企业管理层，基于业绩的比例越大。因此需要综合以上因素设定对赌协议的金额。

3. 业绩指标的选择

研究表明，企业并购后，当目标企业保持相对独立时，利用利润做业绩指标更有效。在快速增长的企业，销售收入或非财务指标更有效。当目标企业现金流存在问题时，现金流或 EBITDA 指标更有效。在快速增长的企业，销售收入或非财务指标更有效。在研发费用支出非常高的企业，非财务指标更有效。

业绩指标的选择，一方面并购双方要达成一致，即指标应该具有可观察性、可测量性、可信性；另一方面应考虑对目标企业管理的激励及控制效果，间接降低管理层的道德风险。可以根据目标公司管理层的不同作用设置不同的奖惩方法，做到权责明确。可以设置多个指标，给这些指标分配不同的权重。当然这些也会增加对赌协议的复杂性。如何进行选择取决于收益和成本的评估。

4. 支付方式的选择

无论使用对赌协议还是不使用对赌协议，企业控制权、融资方式、财务状况、信息不对称、税务等这些因素都影响并购支付方式。我们在使用对赌协议时，因为对赌协议本身就是一种或有支付，所以先重点考虑信息不对称对支付方式的影响，然后再考虑其他因素。

并购双方估值差距越大，基于业绩支付的比例越高，越倾向于使用股票支付。为了激励目标公司管理层和并购企业有效整合，更倾向于使用股票支付。当并购方认为自己的股票被高估时，更倾向于使用股票支付，而被低估时选择以现金收购。当目标公司相对买方规模较小时，较少使用股票支付。因为不确定性对公司股票影响较小，从而用股票支付的风险管理收益并不重要。现金支付比其他支付方式更容易胜过竞争对手。

5. 对赌年限的设置

根据定义，可知对赌协议期限的设定，需要在这段时间内因信息不对称引起的问题最多，或者目标企业管理层的工作对企业的价值影响最大。因此，如果企业的价值更取决于未来的成长机会，那么对赌协议的期限将越长；如果企业高度依赖于目标企业管理层，那么对赌协议的期限将越长。根据期权理论，期权所剩的执行期越长，期权价值越大。因此并购企业更倾向于比较长的期限，而目标企业则相反。对赌协议的年限和未来的不确定性正相关，因此根据前文的分析当对赌协议的标的变大时，年限相对变长。基于业绩指标的支付比例越高，期限越长。当以现金支付时，对赌年限相对比使用股票支付长。因此综上所述，对赌年限的设置取决于以上各综合因素的考虑。

6. 对赌协议结构

对赌协议的标准结构相对比较简单清晰，并购方先期支付的金额少。反向结构从心理学的角度看，大部分人都是风险厌恶的，讨厌失去自己已经获得的东西，反向的结构比正向的更能够激励目标企业管理层。当然个人的风险厌恶程度不同，需要根据具体的目标企业管理层来制定相应的结构。

总之设计时要围绕对赌协议的本质：因信息不对称带来的双方估值风险，以及目标企业管理层的道德风险来进行。对赌协议的价值在于未来不确定性，价值的大小和不确定性持续的时间直接相关。对赌协议的设计也是并购双方协商的结果，很多方面都取决于双方谈判的能力，因此很多方面的设计并没有严格的标准可以参考。针对并购双方的不同假设，利用蒙特卡罗模拟对交易条款的结构设计非常重要。

在设计对赌协议时必须做到：首先，保持简单。协商一个简单的对赌协议是对时间最有效地利用。定义要清晰、容易理解和衡量。其次，关注关键问题。很多对赌协议的谈判都因双方在所有问题上表述各自立场而失败。双方应该节省设计精力，关注关键业绩问题。最后，关注现实。未来的业绩很难预测，考虑所有可能出现的情况会有助于设计。应该重点关注近期的业绩，因为这相对比较容易预测。

案例：蒙牛与摩根士丹利的对赌协议

蒙牛与摩根士丹利（大摩）所签订的对赌协议是一种典型的分层博弈，第一阶段的博弈是一种试探性的博弈。协议中，双方约定如果蒙牛管理层在2002~2003年的一年之内没有实现维持业绩高速增长的诺言，作为惩罚，开曼公司及其子公司毛里求斯公司账面上剩余的大笔投资资金将由投资方（大摩等）完全控制，并且投资方将因此占有蒙牛乳业股份的60.4%（开曼公司内部的90.6%股权，乘以开曼公司对蒙牛乳业66.7%的股权）的绝对控股权，可以随时更换蒙牛乳业的管理层。一年后如果管理层完成了业绩增长目标，投资方答应代表蒙牛内地股东和管理层等的金牛和银牛可以把投资开曼的A类股票以1∶10的比例无偿转换为B类股。显然，通过这一安排为双方加强了解和认识提供了条件。笔者认为，在蒙牛与大摩的对赌中，2002~2003年的博弈是辅协议，其安排主要还是为引出2003~2006年的主协议。即在2003~2006年，蒙牛乳业业绩的年复合增长率不低于50%，否则蒙牛管理层将输给大摩等三家外资战略投资者6000万~7000万的蒙牛股份。

如此，第一阶段的博弈为下一阶段的博弈提供了丰富的数据，一旦在第一阶段的博弈中出现了明显的不可持续性迹象，博弈的任何一方都可以终止博弈，以减少损失。2002~2003年蒙牛与大摩的对赌是一种初步的、试探性的博弈。大摩等有权更换管理层表明协议中存在着终止博弈的触动条款。这一设置为博弈双方是否继续博弈提供了缓冲地带。而正是在这一阶段的博弈中，蒙牛管理层通过当年税后利润从 7786 万元增长至 2.3 亿元，利润增长了 194%，为继续进行对赌或博弈增强了信任。随后，2003 年 10 月，大摩等三家外资战略投资者再次斥资 3523 万美元，购买了 3.67 亿股蒙牛可转债，双方最终确立了 6000 万~7000 万股蒙牛股份的对赌筹码。

资料来源：新华网。

第六节 案例：蓝色光标并购中对赌协议的应用

蓝色光标在证监会的行业分类里被划分为商业服务业，而在 Wind 的行业分类中划分为传媒行业。随着市场经济的不断发展，传媒行业也同其他行业一样进入了并购重组日渐活跃的时代，文化传媒业相较于其他行业有着很高的并购溢价率。对于轻资产行业而言，其主要的资产大多是无形资产，无形资产的评估具有很强的不确定性。而且如此高的并购溢价率，说明并购中很有可能存在较大的估值泡沫，因此研究对赌协议对于降低并购风险的有效性是有重大意义的。

1. 蓝色光标基本情况介绍

北京蓝色光标品牌管理顾问股份有限公司（简称蓝色光标）成立于 1996 年，致力于为企业客户提供基于公关服务的专业服务。2010 年，在整合营销传播业务后，在深圳证券交易所创业板上市（股票代码：300058）。自上市以来，它一直通过"内生式增长"和"外延式发展"的发展战略，不断进行收购活动。通过兼并和收购，公司成功地将公司的业务构成从单一的公共关系服务业务转变为全面的智能营销服务业务，成长为一家数据科技公司，在大数据和社交网络时代充分发挥着促进企业智慧经营的作用。蓝色光标及其子公司的业务部门包括营销服务（数字营销，公共关系，活动管理等），数字广告（移动广告，智能电视广告）和国际业务。

2. 蓝色光标并购今久广告及对赌协议案例介绍

北京今久广告传播有限责任公司（以下简称今久广告）成立于 1995 年，主要从事广告全案代理和公关活动服务，客户主要以国内大型房地产企业为主，客户中包含了绿地集团、华润置地、保利集团、万科集团等知名的地产公司。今久广告是我国本土广告公司的领先公司之一，所以蓝色光标收购今久广告正是其进军广告行业跨出的重要的一步。

2011 年 7 月 27 日，蓝色光标在第二届董事会第十次会议上通过了相关的现金及发行股份购买资产报告书的预案，决定收购自然人王舰，王建伟，阙立刚，赵宏伟，周云洲和王同合法持有的今久广告的股份总数的 100%。根据天健兴业发布的《资产评估报告》，今久广告经审计的基准日评估账面净资产价值为

4023.99 万元，采用收益法评估后的资产净值为 43598.8 万元，实现增值额 39547.8 万元，增值率达到 983.47%。经过双方协商同意后，相关资产的交易价格确定为人民币 4.35 亿元。在此次交易中，蓝色光标采用现金和股份支付两种方式，以其蓝色光标的全资子公司上海蓝标的名义向王建伟支付了人民币 10875.00 万元现金以收购其持有今久广告 25% 的股份，剩余 75% 的股份通过向剩余股东发行股票的方式支付，具体发行价格采用董事会决议公告日前 20 个交易日蓝色光标股票的平均价格，即 30.57 元/股。

今久广告签订了对赌协议，具体条款如下：

(1) 业绩承诺：今久广告全体股东做出承诺，今久广告在 2011 年、2012 年、2013 年经审计的税后净利润（以归属于母公司股东的扣除非经常性损益的净利润为计算依据）分别要大于或等于人民币 4207 万元、5060 万元、5796 万元。

(2) 补偿方式：当利润没有达到承诺利润数时，首先采用股份补偿的补偿方式，具体做法是：以人民币 1 元/股的价格总价回购并注销股份补偿义务人当年应补偿的股份数量，或者将其当年应补偿的股份数量无偿划转给上市公司年度报告披露日登记在册的除转让方以外的其他股东。

补偿股份数=[（截至当期期末累积承诺净利润数−截至当期期末累积实际净利润数)÷补偿期限内各年的承诺净利润数总和×购买资产的交易价格]÷本次发行价格−已补偿股份数

当股份补偿不足以补偿时，用现金进行额外的补偿：

具体的赔偿公式如下：当年应补偿现金数=[（截至当期期末累积承诺净利润数−截至当期期末累积实际净利润数)÷补偿期限内各年承诺净利润数总和×购买资产的交易价格]−股份补偿义务人本次认购股份总数×发股价格−已补偿现金数。

3. 蓝色光标并购博杰广告及对赌协议案例介绍

博杰广告成立于 2011 年 12 月 9 日，由香港博杰独立出资成立，其注册资本为 10 万美元。最初的业务是电视媒体广告承包代理业务，经历不断的发展和股权更迭，它已发展成为一家致力于为电影和电视媒体行业提供增值服务的媒体公司。它成功地建立了电影和电视媒体广告服务链，包括电视媒体广告承包代理和自有影院数码海报媒体开发和运营业务。目前博杰广告的主要经营业务是电视媒体广告承包代理业务和自有媒体的开发和运营业务。截至并购之时，博杰广告拥有一家全资子公司——北京博杰。北京博杰成立于 2007 年，自创始以来一直承包 CCTV-6 电影频道广告承包代理业务。2010 年，北京博杰成功通过招标，又获得了 CCTV-11 新闻频道广告代理业务。2010 年中期，北京博杰开始对外收购经营电影数字海报媒体开发和运营业务。自 2012 年以来，北京博杰将除电影数码海报媒体开发和运营业务以外的所有其他业务转让给博杰广告，自身则专门从事电影院数字海报媒体的开发和运营。2012 年的财报数据显示，博杰广告电视媒体广告承包代理业务的收入为 114169.09 万元，在其主营业务收入中的占比达到了 96%；电影院数码海报业务收入 4792.12 万元，占主营业务收入总数的 4%。

博杰广告作为影院数字海报媒体开发和运营龙头行业，在 2010 和 2011 年在中国广告公司（媒体服务）的广告收入排名中排行第六位，在以电视媒体广告承包代理为核心的市场中，有着举足轻重的地位。此外，博杰广告的电影数字海报业务设有 4931 个数字海报屏幕，分布在全国 76 个城市的 571 家影院，其中在各大主要城市核心区域高端院线的业务覆盖率达到 85%，几乎是垄断性的龙头企业。正是之前成功的收购经历，使蓝色光标积累了经验和资金，期望继续加强广告业务的发展，进一步扩大公司的增长空间。作为中国最大的广告投放媒介，电视媒体一直受到广告商的高度重视，电视广告具有受众广泛、宣传效果强、灵活度高等突出优点，因此电视媒体具有巨大的广告市场规模，一直以来都是广告市场最主要的组成部分。收购博杰广告有利于蓝色光标进一步拓宽广告业务的范围，电视广告业务的布局有利于提升公司的广告服务能力。

通过中介机构，蓝色光标在并购交易前充分对标的企业进行尽职调查。2013 年 3 月 7 日，蓝色光标举行第二届董事会会议，会议上审议通过了《关于公司重大资产重组计划的议案》，议案内容包括了对李芃、刘彩玲、博杰投资、博萌投资等股东持有的博杰广告合计 89% 的股权的收购决定和公司规划的重大资产重组事项。本次并购交易中通诚资产评估有限公司用收益法和市场法进行资产评估，蓝色光标最终决定采取收益法作为最终的评估值，得出博杰广告 100% 的股权评估价值为人民币 180337.64 万元，博杰广告经审计的基准日评估账面净资产价值为 25515.33 万元，实现增值额 154822.3 万元，增值率达到 606.78%。根据并购双方协商，一致同意认定博杰广告 100% 的股权售价为人民币 180000 万元，蓝色光标拟用人民币 160200 万元收购博杰广告 89% 的股权。

博杰广告对赌协议情况如下：

（1）业绩承诺：博杰广告 2013 年经审计的税后净利润（以归属于母公司股东的扣除非经常性损益的净利润为计算依据，以下简称税后净利润）比博杰广告

2012 年净利润基数 1.8 亿元，其增长率大于或等于 15%，即博杰广告 2013 年经审计的税后净利润大于或等于 20700 万元。博杰广告 2014 年税后净利润相比 2013 年承诺利润增长率大于或等于 15%，即博杰广告 2014 年经审计的税后净利润大于或等于 23805 万元。博杰广告 2015 年税后净利润相比 2014 年承诺利润增长率大于或等于 15%，即博杰广告 2015 年经审计的税后净利润大于或等于 27376 万元；博杰广告 2016 年税后净利润相比 2015 年承诺利润增长率大于或等于 5%，即博杰广告 2016 年经审计的税后净利润大于或等于 28745 万元。

（2）对价调整：若博杰广告 2013 年、2014 年、2015 年实际税后净利润合计大于 93366 万元，则本次交易的对价调整为现价的 1.25 倍，即 20.025 亿元；若博杰广告 2013 年、2014 年、2015 年实际税后净利润合计在 85781 万元（不含本数）至 93366 万元，则本次交易的对价调整为现价的 1.15 倍，即 18.423 亿元；若博杰广告 2013 年、2014 年、2015 年实际税后净利润合计在 78624 万元（不含本数）至 85781 万元，则本次交易的对价调整为现价的 1.11 倍，即 17.7822 亿元。

（3）补偿方式：若博杰广告在 2013 年、2014 年、2015 年累计实际利润低于承诺利润但高于 65538 万元，采用现金方式补偿，应补偿现金=（截至 2015 年期末博杰广告累计承诺利润－截至 2015 年期末博杰广告累计实际利润）×89%－已补偿股份数量×发行价格－已补偿现金。

若 2013 年、2014 年、2015 年累计实际利润高于 54000 万元但不高于 65538 万元，则交易对方应当以股份方式进行补偿。当期应补偿股份数量为：（截至当期期末累计承诺利润－截至当期期末累计实际利润）÷2013 年、2014 年、2015 年累计承诺利润总和×拟购买资产价格÷发行价格×89%－已补偿现金总金额÷发行价格－已补偿股份数量。

若博杰广告 2013 年、2014 年、2015 年任何一年实际利润增长率为负或者 2013 年、2014 年、2015 年任何一年的截至当期期末累计实际利润复合增长率为负，启动减值测试，采用股份方式补偿。当期应补偿股份数=（拟购买资产价格－当期调整后的拟购买资产价格－已补偿现金）÷发行价格－已补偿股份

4. 总结及建议

由于并购交易具有复杂性和高风险性的特点，虽然蓝色光标并购根据自身的发展战略选择了合适的并购标的，并对标的资产的相关情况进行了调查，较充分地识别出并购风险，并购中能合理地对标的资产进行估值，且设计了得当的交易

结构和支付方式，并购后积极做好整合工作。但是，由于对赌协议具体业绩补偿及激励制度的设计问题和管理层行为等问题导致最终的结果并不尽如人意。

因此，企业在并购交易时，还应做好以下几个方面的工作，才能使对赌协议在防控并购风险方面发挥更大的作用。第一，做好并购前的尽职调查工作，建立和完善风险评估和应对机制，切实做好并购前的风险识别和并购后的资源整合。第二，做好并购可行性研究分析，提高自身应对风险的能力和并购能力。签订对赌协议只是企业应对并购风险的一环，只有具备这样的能力才能达到并购的预期目的。第三，构建以市场化为核心的交易机制包括定价机制与对赌模式，采用科学的估值方法，谨慎收集预测参数，合理设计对赌协议条款。通过对赌条款的设计留住并激励管理层，促使双方的利益一致化，使并购活动产生最大的协同效应尤为重要。

综上所述，对赌协议在应对并购风险方面发挥了一定的作用，利用好对赌机制能够使并购双方达到共赢局面，产生更大的协同效应。但是对赌协议本身的期权特性和复杂性也会带来一定的风险，并购双方在使用时要权衡利弊。

第三章

并购融资与支付方式

本章我们主要从上市公司并购重组的实务角度来分析并购交易中的融资和支付问题。对于任何交易，对价问题是最核心、最关键的问题，直接涉及买卖双方的最核心利益，如何估值、如何融资、通过什么方式进行支付，直接决定了并购交易能否成功。交易的估值问题我们会在下一章介绍，本章我们主要介绍与上市公司并购中的融资和支付相关的实务问题。

第一节　并购交易结构与支付方式

上市公司在并购和被并购中的支付方式和融资规模受税法、证券法证券交易所规则等直接影响，在不同的法律监管环境下，并购支付形式和融资结构可能有较大的不同。上市公司作为并购方，在并购交易中融资途径和支付相对灵活，上市公司可以通过现金、股份、非公开发行可转换债券等金融工具或这些工具的组合进行支付。

并购交易中的支付方式一般分为现金收购、股票收购和混合收购。美国资本市场上按照交易规模计算，至 2000 年现金收购比例就下降到了 20%，股票支付已经成为并购的主流方式。中国资本市场上并购方式以现金收购为主，在股权分置改革前，我国上市公司在收购标的资产或公司时，约 80% 是以现金方式支付的，其他一些方式为承担债务、资产置换股权等，这直接导致很多上市公司在收购时面临明显的资金压力，限制了并购的发展。《上市公司重大资产重组管理办法》引入非公开发行购买资产、换股收购等创新方式，丰富了支付方式。上市公司可通过向新股东发行股份来换取资产，使其总股本得到迅速扩张，增加净资产，降低负债率，增强抗风险能力，抵御恶意并购。对于产业整合而言，换股将成为推动产业重组的重要手段，在全流通环境下上市公司会越来越多地采用换股、"现金+股权"、"现金+债券"、定向增发等支付方式进行并购扩张。支付手段的多样化也为恶意并购提供了更多灵活的手段，收购方可以综合运用多种支付手段达到收购股权的目的。

此外，金融工具的创新也为恶意并购创造了契机，如权证业务的出现，就增大了恶意并购的机会。上海证券交易所统计数据显示，宝钢集团及两家全资子公司通过对 G 邯钢认股权证（邯钢 JTB1）的购买，可以使其在行权后对邯钢的持股率达到 10.3%，而邯钢被其权证持有人行权后其集团的持股比例将降至25.56%，权证的利用使宝钢迅速地占有邯钢的控股权。

在不是纯现金收购的情况下，上市公司并购所使用的支付工具和融资途径相当于一枚硬币的两面，如在最常见的上市公司发行股份购买资产并募集配套资金的交易中，标的公司股权评估值为 20 亿元，经过与出让方协商，上市公司支付15 亿元股份加 5 亿元现金收购，那么上市公司就可以向证监会申请发行 15 亿元股份和配套募集不超过 15 亿元现金，配套募集的现金可以用于支付并购交易的资金对价，也可以用于支付交易税费、并购资产的在建项目，甚至上市公司可以用于补充流动性和偿还金融机构债务。上市公司为并购发行的新股，既是融资工具，又是支付手段。这一节我们主要讨论上市公司作为并购交易的买方，并且交易完成后上市公司控制权不发生转让变更的情形（即不触发借壳）。触发借壳的情况，我们会在重组的章节中讨论。

上市公司的主要支付工具

并购业务看起来高大上，但就其本身而言，其实是一项买卖交易，这就必然涉及用什么方式支付收购对价的问题，对于上市公司并购交易对手方（资产卖方）而言，一方面关注资产的出售价格（交易的价格），另一方面也会关注买方所支付对价的流动性。下面我们简单介绍一下上市公司可以使用的支付手段。

1. 股份

股份是上市公司最常使用的支付工具，尤其是大额并购时，全现金交易融资成本较高（尤其是民营上市公司），也会使上市公司面临较大的偿债压力，所以在大额并购中上市公司通常选择发行新股来购买资产。

使用股份购买资产的优点很多，比如前文所说的，减少上市公司现金支付压力。此外，容易保护上市公司利益，上市公司在收购中通常需要被并购方做出业绩承诺，在发行股份购买资产的情况下，被并购方需要公开承诺，在完成业绩承诺前不能转让获得股份，相关股份优先用于业绩补偿，股份处于锁定状态，避免后续被并购方无法完成业绩承诺时无法追偿。使用股份收购另一个重要的优势就是可以使用《财政部 国家税务总局关于企业重组业务企业所得税处理若干问题的通知》规定的特殊性税务处理方法进行处理，从而降低所得税负担。

发行股份购买资产，有两个重要限制：一个是上市公司发行股份购买资产需要经过证监会审核，时间周期通常比较长，在现实中大概需要 8~12 个月；另一个是股份的锁定，被并购方收到的股份限售期为 12 个月或 36 个月（突击入股锁定 36 个月，即特定对象取得本次发行的股份时，对其用于认购股份的资产持续拥有权益的时间不足 12 个月），另外如上所述，在未完成业绩承诺的情况下，即使股份解锁，相关各方也不能出售并购中获得的股份。由于这两个限制的存在，上市公司股权收购的溢价率通常高于现金收购。

2. 现金

现金是被并购方最乐意接受的支付形式，但是大额现金支付也容易造成上市公司融资压力过大，现金通常作为并购交易中的补充支付手段。

并购交易中，现金支付通常用于处理并购交易产生的税费、帮助过桥资金提供方现金退出等，如在重组上市中，装入上市公司的标的公司通常需要补缴高额的所得税，再如美股上市的互联网公司回归 A 股过程中，需要回购 ADS 并拆除 VIE 架构，这些都需要资金，需要引入过桥资金方，过桥资金方一般不愿意接受较长时间的锁定期，过桥资金方持有的股份通常需要现金收购。

3. 非现金资产

非现金资产用于支付就是以物换物，上市公司使用非现金资产交换标的公司股权，常见于重组上市，如经过评估，上市公司净资产价值 5 亿元，装入上市公司的股权价值 25 亿元，上市公司资产全部置出，上市公司只需要发行 20 亿元的新股即可。

4. 承担债务

承债式收购适用于挽救陷入困境的上市公司或者上市公司大股东。如果上市公司或者上市公司大股东面临非常严重的财务问题，资不抵债，无法偿还到期债务或者明显缺乏清偿能力，在上市公司重组过程中，收购人可以与债权人达成协议，代为清偿上市公司债务，同时原控股股东无偿转让部分股权（原控股股东一般为上市公司债务提供了担保），或者银行等金融机构将金融债券转让给 AMC，AMC 通过债转股或者处置债权方式实现并购。

5. 非公开发行可转债

证监会在 2014 年公布的《上市公司重大资产重组管理办法》中就提出，上市公司可以向特定对象发行可转换为股票的公司债券、定向权证用于购买资产或者与其他公司合并，但窗口指导意见一直未放开申报。2018 年 11 月，证监会发布了《证监会试点定向可转债并购支持上市公司发展》，允许上市公司在并购重组中定向发行可转换债券作为支付工具。赛腾股份随后公布了通过发行可转换债券、股份和现金购买资产的预案，交易总价 2.1 亿元，通过定向可转债支付 1.26 亿元，现金支付 6300 万元，发行股份支付 2100 万元。该交易方案于 2019 年 3 月 2 日获得证监会核准，目前已实施完毕。

定向可转债本质是债券+期权，其作为交易支付工具和配套融资工具，一方面可以减少上市公司现金支付压力，另一方面赋予了出让方一份期权，并且非公开发行可转债可不受公开发行可转债对于连续三年盈利、加权平均净资产收益率不低于 6% 的限制，是相对来说更灵活的交易工具。截至 2019 年 9 月 30 日，已有 28 家上市公司在并购中选择使用定向可转债作为支付工具。

6. 支付工具组合

在并购交易中，尤其是大额并购交易中，购买方通常会使用多种支付工具的组合来完成交易，最常见的就是现金+股份，具体到并购交易中，购买方所使用的支付工具所占的比例更多取决于买卖双方的诉求以及交易的目的。

第二节　并购交易中的融资工具

　　并购融资是企业为特殊目的而进行的融资活动，特殊的直接目的是并购方企业为了兼并或者收购被并购方企业。并购融资的特点在于融资数额比较大，获得渠道比较广，采取方式比较多，对并购后企业的资本结构、公司治理结构、未来经营前景等多个方面均会产生重大影响。那么并购融资方式有哪些呢？

　　并购融资方式分类：并购融资方式根据资金来源可分为内部融资和外部融资。内部融资是指从企业内部开拓资金来源筹措所需资金，因而内部融资一般不作为企业并购融资的主要方式。并购中应用较多的融资方式是外部融资，即企业从外部开拓资金来源，向企业以外的经济主体筹措资金，包括专业银行信贷资金、非银行金融机构资金、通过证券市场发行有价证券筹集资金等。

一、并购融资方式：内部融资

　　1. 自有资金

　　企业内部自有资金是企业最稳妥且最有保障的资金来源，通常企业可动用的内部资金有税后留利、折旧、闲置资产变卖等几种形式。

　　2. 未使用或未分配的专项基金

　　这些专项基金只是在未使用和分配前作为内部融资的一个来源，但从长期平均趋势来看，这些专用基金具有长期占有性。这一专项基金由以下两部分组成：一是从销售收入中收回而形成的更新改造基金和修理基金；二是从利润中提取而形成的新产品试制基金、生产发展基金和职工福利基金等。

　　3. 企业应付税利和利息

　　从资产负债表上看，企业应付税款和利息属债务性质，但它的本原还是在企业内部。这部分资金不能长期占用，到期必须支付，但从长期平均趋势来看，它也是企业内部融资的一个来源。

二、并购融资方式：外部融资

　　1. 债务融资

　　债务融资主要包括：①优先债务融资。优先债务是指在受偿顺序上享有优先权的债务，在并购融资中主要是由商业银行等金融机构提供的并购贷款。在西方企业并购融资中，提供贷款的金融机构对收购来的资产享有一级优先权。②从属债务融资。从属债务一般不像优先债务那样具有抵押担保，并且其受偿顺序也位于优先债务之后。从属债务包括各类无抵押贷款、无抵押债务及各类公司债券、垃圾债券。

2. 权益融资

在企业并购中最常用的权益融资方式即股票融资，有普通股融资和优先股融资两种。

（1）普通股融资，基本特点是其投资收益（股息和分红）不是在购买时约定，而是事后根据股票发行企业的经营业绩来确定的。持有普通股的股东享有参与经营权、收益分配权、资产分配权、优先购股权和股份转让权等。

（2）优先股融资，优先股又称特别股，是企业专为某些获得优先特权的投资者设计的一种股票。它的主要特点如下：①一般预先订明股息收益率。②优先股股东一般无选举权和投票权。③优先股有优先索偿权，能优先领取股息和优先分配剩余资产。

3. 混合型融资工具

除了上述常见的债务、权益融资方式，企业在并购融资中还大量使用一些混合型融资工具，这种既带有权益特征又带有债务特征的特殊融资工具在企业并购融资中扮演着重要的角色。

（1）可转换证券。分为可转换债券和可转换优先股两种。它实际上是一种负债与权益相结合的混合型融资工具，这种债券的持有人可以在一定的时限内按照一定的价格将购买的债券转换为普通股。

（2）认股权证，是由企业发行的长期选择权证，它允许持有人按某一特定价格买进既定数量的股票。认股权证通常随企业的长期债券发行。作为优先股或普通股的替代物，认股权证越来越受到并购企业和投资者的欢迎。它对于并购企业而言有双重优点：一是避免了使被并购企业股东在并购后的整合初期成为普通股东，从而拥有获得信息和参加股东大会的权利；二是它对被收购企业目前的股东利益没有影响。发行认股权证融资也有不利之处，主要是在认股权证行使时，如果普通股股价高于认股权证约定价格较多，发行企业就会因为发行认股权证而发生融资损失。

三、并购融资方式：特殊融资

1. 杠杆收购融资

杠杆收购是指通过增加并购方企业的财务杠杆来完成并购交易的一种并购方式。这种并购方式的实质是并购企业主要以借债方式购买目标企业的产权，继而以目标企业的资产或现金流支持偿还债务的并购方式。杠杆收购中的债务融资可以高达交易成本的95%，因而能够帮助一些小公司实现"小鱼吃大鱼"的并购目标。按目标公司经理层是否参与对本公司的收购进行分类，杠杆收购可分为管理层收购和非管理层收购。杠杆收购融资结构有点像倒过来的金字塔，在这个倒金字塔的最顶层是对公司资产有最高求偿权的一级银行贷款，约占收购资金的50%~60%；金字塔的中间主要是被统称为垃圾债券的从属债务，约占收购资金的20%~30%。

2. 卖方融资

企业并购中一般都是买方融资，但当买方没有条件从贷款机构获得抵押贷款或由于市场利率太高，买方不愿意按市场利率获得贷款时，卖方为了出售资产也可能愿意以低于市场的利率为买方提供所需资金。买方在完全付清贷款以后才能得到该资产的全部产权，如果买方无力支付贷款，则卖方可以收回该资产。这种方式被称为"卖方融资"。比较常见的卖方融资即在分期付款条件下，以或有支付方式购买目标企业。由此可见，或有支付所起到的效果同企业通过其他融资渠道获取资金进行并购的最终效果是相同的。

四、融资成本分析

在融资安排中，不仅要保证总量的需求，还要充分考虑融资的成本及融资的风险。根据融资的来源不同，融资成本可分为负债性融资成本和权益性融资成本。

1. 负债性融资成本

负债性融资主要包括长期借款与发行债券。长期借款一直是我国企业进行融资的主要方式，融资速度快，手续简便，融资费用少，融资成本主要是借款利息。一般来说，借款利息低于发行债券。通过发行债券融通资金，能聚集社会上大量的闲散资金，筹集到比借款更多的资金。同时，还可根据市场情况，发行可转换债券，增加融资弹性。对于负债性融资，其优点是融资成本较低且能保证所有者的控制权，并能获得财务杠杆利益。但会承担较高的财务风险，并且影响以后的筹资能力。

2. 权益性融资成本

权益性融资主要包括普通股、优先股和留存收益。通过权益性融资融通的资金，构成企业的自有资本，不存在到期偿还的问题且数量不受限制，并能增加企业的举债能力，但成本高于负债性融资。

五、融资风险分析

1. 融资方式风险分析

融资风险是企业融资中的重要因素，在选择融资方式时，不仅要考虑成本，更要降低总体风险。降低融资风险的手段一方面应选择融资风险小的权益性融资方式，另一方面还可考虑使用弹性较大的融资方式，如可转换债券、可转换优先股等。

2. 融资结构风险分析

企业并购所需的巨额资金，单一融资方式难以解决，在多渠道筹集并购资金中，企业还存在融资结构风险。融资结构主要包括债务资本与权益资本的结构、债务资本中长期债务与短期债务的结构。合理确定资本结构，就是要使债务资本与权益资本保持适当比例，长短期债务合理搭配，进而降低融资风险。

六、并购融资的难点及障碍

1. 企业自有资金规模障碍

企业自有资金是企业进行并购的内源融资，其成本低、手续简便，并且可作为其他融资的保证。但目前我国企业普遍规模小，盈利能力欠佳，自有资金的数量很难保证并购所需份额的资金要求，因此还不能成为并购融资的主要渠道。

2. 贷款融资的政策限制

银行贷款可以弥补企业内部融资的不足，但大部分银行贷款期限短，不宜作为资本。而且从我国目前实际情况来看，企业负债率普遍过高，国有企业的平均负债率已达80%左右，再向银行融资的能力有限；同时，银行也加大了对贷款的审查和控制力度，只有那些实力强、效益高、风险低的企业才能得到银行的支持，并且还要附以其他限制条件。一些企业借并购重组之机，变相逃废银行债务，从而打击了银行参与并购融资的积极性。这种不正常的银企关系给企业并购融资带来了很大困难，不利于企业并购后的财务重整，也使企业并购向银行融资的机会减少。而且，即便是银行愿意贷款，也会由于银行贷款的专用性而不能用于权益性投资形式的并购活动。

3. 债券融资的障碍

由于债券发行企业尚未建立起完善的自我约束机制，为保护投资者利益，我国对债券发行实行严格的限制，公司无法根据市场情况和自身需要决定融资行为。首先，企业债券的发行要经过复杂的审批并有着有限规模指标。国家对发行的主体有极为严格的准入条件，《企业债券管理条例》规定企业债券发行人必须符合的条件：一是企业规模达到国家规定的要求；二是企业财务会计制度符合国家规定；三是具有偿债能力；四是企业经济效益良好，发行企业债券前连续三年盈利；五是所筹资金用途符合国家产业政策；六是具有代为清偿债务能力的保证人作担保和发行人符合条件的资产作抵押等其他条件。可转换债券在我国才刚刚起步，处于"试验"阶段，也只是在少数业绩良好的大型国有企业中才能施行。这种烦琐的、复杂的审批程序，使企业从申请到批准需要较长的"时滞"，这种"时滞"往往与购并出资支付的需要不协调、不平衡。同时，有限的规模指标决定了发行人选择的局限性和筹资数量的有限性。其次，债券筹资难以用于购并支付。我国债券发行管理对债券筹资的用途有严格、明确的规定。《可转换公司债券管理暂行办法》虽然没有明确规定可转债筹资的具体投向，但它属于公司债券的范畴，同样不得用于弥补亏损和非生产性支出。债券筹资的主要用途是企业生产经营所需，如技术改造、基本建设投资、补充自有流动资金等，可见债券筹资难以名正言顺地或合法合规地用于购并企业的现金出资支付。最后，企业债券的非市场化因素较大，国家规定企业债券利率的上限，降低了购买企业债券的吸引力。此外，二级交易市场的发育程度也制约了企业债券的流动性，不能满足更多入市投资者交易的需求，限制了投资者资金的投入，也阻碍了扩大并购融资债券的发行。审批手续严格，对发行主体的规模、盈利能力、负债规模及资金用途等有严格的规定，受二级市场债券市场不发达、市场容量有限和投资者数量有限等的限制，债务融资规模在短期内估计难以有所突破。

4. 股票融资的障碍

发行股票融通的资金作为企业的长期资本，是企业进行并购筹资的主要来源。发行股票存在的问题是收购主体是否具有股票发行资格以及股票发行的规定较为严格。目前，我国股票上市发行虽然已实行核准制，但是仍有许多方面的限制，如要求企业请一家具有证券承销资格的券商进行上市辅导，并对券商推荐的股票上市实行"通道"制，这使我国企业上市大受通道制约。另外，证监会在《关于进一步加强股份有限公司公开募集资金管理的通知》中提出对拟上市公司发行新股的，募集资金数额一般不能超过其发行前一年净资产额的两倍；上市公司发行新股的，募集资金数额一般不能超过其发行前一年净资产额。上述规定对拟上市公司的上市发行规模和上市发行资格进行了限制，一些不符合发行资格的企业就无法通过这种方式实现融资。对于上市公司，要通过增发、配股等进行再融资，其条件更为苛刻，并且所需时间较长，这使发行股票完成并购受到了限制。

第三节　上市公司配套募集资金需要关注的问题

所谓配套融资，就是上市公司在进行重大资产重组的同时，通过非公开发行股票进行融资，融资筹集的资金可以用于支付并购标的的现金对价，支付契税、所得税、增值税等相关税费，标的资产或置出资产的员工安置费用，以及标的资产在建项目的建设资金，同时证监会也允许部分配套募资用于补充上市公司和标的资产的流动资金、偿还债务，具体监管要求我们将在后文融资环节再详细介绍。

上市公司在并购重组中的现金融资工具主要是重大资产重组中的配套募集资金，上市公司配套募集资金需要经过证监会审核，在设计融资方案时，需要关注五大问题。

一、配套融资的法律要求

1. 发行股份购买资产规模限制

通过发行股份购买资产的规模如果触发重大资产重组，需要上市公司履行重大资产审批程序（董事会决议、股东大会 2/3 以上非关联股东审核同意等）。如果为购买资产发行的股份占上市公司首次向收购人及其关联人购买资产的董事会决议前一个交易日的股份的比例达到 100% 以上，同时本次发行导致上市公司控制人变更，需要按照重组上市流程申报审核。

2. 配套融资的规模限制

首先，上市公司发行股份购买资产同时募集配套资金，所配套资金比例不超过拟购买资产交易价格 100% 的，一并由并购重组审核委员会予以审核；超过 100% 的，一并由发行审核委员会予以审核。在实务中，并购重组配套融资，没有超过 100% 的情形。其次，根据《上市公司非公开发行股票实施细则》和《发行监管问答——关于引导规范上市公司融资行为的监管要求（修订版）》，目前非公开发行股份，发行股份数量不得超过本次发行前总股本的 20%，并且定价基准日只能是发行期首日。根据证监会公开披露的信息和 2017 年保荐代表人培训的指导意见，重大资产重组配套融资需要遵守该规则，也就是说，配套融资规模不能超过发行期首日前 20 个交易日平均市值的 20%（使用交易均价计算）。上市公司配套融资的使用需要遵守《关于上市公司发行股份购买资产同时募集配套资金的相关问题与解答（2018 年修订）》的要求，即配套募集的资金可以用于支付本次并购交易中的现金对价，支付本次并购交易税费、人员安置费用等并购整合费用和投入标的资产在建项目建设，也可以用于补充上市公司和标的资产流动资金、偿还债务。募集配套资金用于补充公司流动资金、偿还债务的比例不应超过交易作价的 25%；或者不超过募集配套资金总额的 50%。

二、配套募集资金使用限制

证监会通常问的问题就是配套募集资金的必要性，如在关于金杯电工股份有限公司发行股份购买资产并募集配套资金申请的反馈意见中，证监会关注问题的出发点在于防止上市公司过度融资。针对这个问题，上市公司通常可以从以下几个方面论述：

（1）结合收入增长率预测，使用销售百分比法测算当前营运资金缺口（也可以参考原银监会《流动资金贷款管理暂行办法》后附的方法，但如果差异过大，建议使用销售百分比法）。

（2）分析现有资金的使用计划，如偿还银行贷款等。

（3）结合上市公司自身的经营活动产生的现金流量净额（不足以覆盖）或资产负债率进行分析（如高于同行业上市公司）。

（4）结合收购标的后续营运资金需求和相关税费情况分析。

只要涉及配套补充流动资金，基本会面临证监会的问询配套募集资金的必要性，上市公司选择配套融资的论证不能说服证监会，证监会通常通过窗口指导，要求上市公司压缩配套融资规模，如东诚药业 2018 年并购安迪科时，配套募集资金总额从 74300 万元调整为 28244 万元。上市公司在设计补流规模时，需要提前论证补流规模的合理性，特别需要提示的是，根据证监会《上市公司监管法律法规常见问题与解答修订汇编》，关于配套募集资金的规模问题，如果调减或取消配套募集资金不构成重组方案的重大调整，重组委员会可以审议通过申请人的重组方案，但要求申请人调减或取消配套募集资金。与之相对的是如果新增配套募集资金，则构成对重组方案的重大调整，需要重新提交股东大会审核并重新履行申报程序，所以配套募集资金规模需要在并购发起阶段就科学规划。

三、配套资金中的穿透问题

穿透问题主要针对并购交易中的非法人实体（如合伙企业以及其他三类股东），这一类实体一般涉及被并购方在并购前的融资架构（如为了处理所得税问题引入的新股东），从出资结构来看，这类实体一般经过多层嵌套，有可能隐藏真实份额持有人，亦可能规避监管规则（比如规避借壳、规避 200 人限制等）。根据《公开发行证券的公司信息披露内容与格式准则第 26 号——上市公司重大资产重组》（以下简称《26 号准则》）的要求，并购交易中如为合伙企业，应当穿透披露至最终出资人，同时还应披露合伙人、最终出资人与参与本次交易的其他有关主体的关联关系；交易完成后合伙企业成为上市公司第一大股东或持股 5% 以上股东的，还应当披露最终出资人的资金来源，合伙企业利润分配、亏损负担及合伙事务执行（含表决权行使）的有关协议安排。

穿透问题历来是并购重组中监管问询的重点，在设计非法人实体的情况下，证监会必然会要求穿透披露，如万邦德收购万邦德制药的案例中，证监会要求其交易对方中的合伙企业进行穿透披露，补充披露上述合伙企业、员工持股平台历次认缴、实缴出资情况，合伙协议、公司章程关于实缴出资期限的约定和规定，以及上述合伙企业利润分配、亏损负担及合伙事务执行（含表决权行使）的有关协议安排。

目前根据证监会的要求，如果结构化主体根据《非上市公众公司监管指引第 4 号——股东人数超过二百人的未上市股份有限公司申请行政许可有关问题的审核指引》的要求完成了备案，在计算发行对象时可以不用穿透计算人数（但需要穿透披露持有人和资金来源），但是如果结构化主体是本次发行股份购买资产董事会决议日前 6 个月或者停牌期间新进的股东，则需要穿透核查。

四、配套资金结构化问题

结构化问题通常与并购重组中融资结构有关。在并购业务的融资架构中，为了吸引投资人、增加融资额，劣后级出资人会为优先级投资人提供保障，《关于规范金融机构资产管理业务的指导意见》（资管新规）出台以后，目前并购重组业务中结构化主体内部融资结构要求如下：首先，分级私募产品本身的杠杆不超过 140%（总资产/净资产≤140%）。其次，权益类产品的分级比例不得超过 1∶1（优先级份额/劣后级份额不超过 1∶1，中间级份额计入优先级份额）。从证监会在并购重组审核汇总中可以看出，一是关注结构化融资主体是否符合资管新规的要求，二是关注结构化主体优先劣后出资人之间的安排是否会导致优先级出资人间接减持上市公司权益。

2017 年 11 月 17 日，中国人民银行、银监会、保监会、证监会、国家外汇局联合发布了《关于规范金融机构资产管理业务的指导意见（征求意见稿）》，其中第二十条要求投资于单一投资标的私募产品，投资比例超过 50% 即视为单一，不得进行份额分级，证监会在征求意见稿发布后所有的审核中均要求单一标的私募产品不得进行结构化。2018 年 4 月 27 日，资管新规正式版发布，删掉了关于投资于单一标的私募产品不得结构化的要求，但需要注意的是，目前证监会在并购重组审核中依然不鼓励作为交易对象的结构化实体存在优先劣后的安排。

在万盛股份收购匠芯知本的案例中，证监会针对结构化问题询问了并购交易中的合伙企业取得相应权益的时间、出资方式及比例、资金来源等信息。着重关注了上述有限合伙企业是否专为本次交易设立，是否以持有标的资产为目的，是否存在其他投资，合伙协议及资管计划约定的存续期限，以及本次重组交易对方中涉及的合伙企业的委托人或合伙人之间是否存在分级收益等结构化安排。

五、配套资金的锁定问题

根据《中华人民共和国证券法》、《上市公司重大资产重组管理办法》（以下简称《重组办法》）以及证监会要求，并购重组中上市公司购买标的资产使用的股份和定向可转债在并购交易完成后一定时间内不能转让。目前证监会在两个层次上对锁定进行监管：一个是直接锁定要求，即交易对手在本次获得的股份和定向可转债锁定问题；另一个是穿透锁定，即交易对手的出资人间接转让其在交易对手中的出资份额锁定问题。相关要求如下：

1. 直接锁定问题

根据《重组办法》，上市公司收购中，交易对手方获得的股份在并购完成后 12 个月内不能转让。如果并购交易的对手方是上市公司控股股东、实际控制人或者其控制的关联人，在发行股份时，交易对手方突击入股（识别标准是交易对手方入股标的资产的时间，距离取得本次发行的股份少于 12 个月），按照并购后 12 个月内不能转让股份执行。目前证监会对于定向可转债的要求参照股份进行监管。

2. 穿透锁定问题

举例来看，如果上市公司 A 拟发行股份购买 C 和 B 持有的标的公司 b 的全部股权，标的公司股东中包含结构化主体（通常是并购交易前引入的融资架构），直接锁定的就是 B 和 C 本身在交易中获得的 A 的股份锁定问题，穿透锁定就是结构化主体 1-3，其持有的结构化主体的份额（合伙企业财产份额、信托收益权、私募基金份额、资管计划收益权等）在一定时间内不能转让。穿透锁定的监管出发点在于防止并购交易中的参与方，通过间接转让其在结构化主体的财产份额方式，规避股份锁定要求。

第四节　并购交易中的会计处理与税务筹划

并购的整个过程，从选择目标企业到最后的业务整合，每一环节都涉及税收问题。税务筹划可围绕企业并购活动过程，按企业并购的目标企业选择、出资方式、融资方式、会计处理方法选择等进行。

2006 年 3 月 9 日，我国财政部颁布了《企业会计准则第 20 号——企业合并》，实现了会计准则的国际趋同。20 号准则明确了企业合并的定义，规定了企业合并的两种类型及其相应的合并会计处理方法，并根据参与合并的企业合并前后是否受同一方或相同多方的最终控制，把企业合并分为同一控制下的企业合并和非同一控制下的企业合并。同一控制下的企业合并应按权益结合法进行会计处理；非同一控制下的企业合并要求采用购买法进行会计处理。本书主要探讨新会计准则下企业并购中会计处理方法以及对应的税务筹划。

一、并购中的会计处理方法

在并购业务中，不同的交易结构、融资和支付方式，可能需要企业和会计师对会计处理方式及其交易实质做出判断，这些判断不仅对并购重组后公司的财务指标产生重大影响，而且可能会直接影响相关证监会的审核。

1. 同一控制下的合并与非同一控制下的合并

在被并购方构成业务的前提下，根据合并方和被合并方是否受同一最终控制人控制，中国企业会计准则把合并分为了同一控制下的合并与非同一控制下的合并。

上述两种方法在核算方面有根本上的区别，同一控制下的合并使用权益结合法，合并中不产生新的资产和负债，参与合并的双方均按照各自在最终控制方报表中体现的价值体现在合并后主体的报表中，非常类似于下推会计。对于非同一控制下的合并，中国企业会计准则应用的原则是购买法，并将收购的资产和负债以公允价值核算，购买方付出对价与上述净资产公允价值之间的差异体现为合并报表中的商誉或者营业外收入（归属母公司所有者）。在并购实务中，上述同一控制和非同一控制合并方式的选择，可能对并购后主体的商誉规模产生巨大的影响。

2. 结构化有限合伙或基金对控制方的判断

并购和重组中经常出现结构化实体，结构化实体通常利用优先劣后的安排为并购方提供融资。在并购重组中常见的结构化实体包括私募基金、信托计划、券商资产管理计划、基金子公司资产管理计划、期货子公司资产管理计划等，这些机构化实体通常由管理人+优先级出资人+劣后级出资人构成，优先级出资人和劣后级出资人通过兜底回购协议、收益分配顺序协议等安排，实现优先级出资人为劣后级出资人融资。例如，在宝能收购万科 A 的案例中，宝能及其控制的前海人寿和钜盛华通过多个资管计划和私募基金来融资并持有万科 A。

上市公司在并购中也经常使用结构化进行融资，那么带来的问题是，谁控制并购基金，是管理人控制结构化实体还是劣后级人控制结构化实体。具体到上市公司并购基金中，上市公司通常是劣后级出资人，管理人一般是上市公司大股东与专业投资机构设立的资产管理公司，资管新规实施之前，银行理财资金是优先级资金的主体，资管实施之后，优先级通常是社会资本，在这种结构中，判断谁控制并购基金，对并购带来的财务结果影响不同。举例来看，如果上市公司 a 计划出资设立有限合伙制并购基金 b，并通过并购基金 b 收购 T 公司，T 公司目前尚未盈利，但成长迅速，且与上市公司 A 可以发挥协同效应。并购基金 b 的管理人 c，即合伙企业的普通合伙人为上市公司实际控制人 A 和专业投资机构 B 共同出资设立的 c（合伙企业或有限责任公司），该并购基金的优先级出资人为某信托计划 D 和出资人 E，优先级出资份额为 70%，结构如图 3-1 所示。

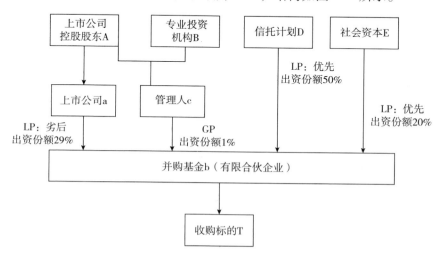

图 3-1 结构示意图

如果认为劣后级出资方上市公司 a 控制该结构化实体 c，那么一开始上市公司就应当对该基金并表，把并购基金持有的被并购方 T 在并购基金收购 T 时就纳入上市公司 a 的报表。

如果认为管理人 c 控制机构化实体 c，那么上市公司 a 后续收购 T 时，可能会根据管理人 c 的控制方不同，而有不同的结果，如果控股股东 A 控制 c，则是同一控制下的，如果专业投资方 B 控制 c，则是非同一控制下的合并。如果认为优先级出资人 D 控制结构化实体 c，则上市公司后续收购 T 时，作为非同一控制下的合并处理。

在并购实务中，根据合伙协议约定的各方权利义务不同以及劣后级出资人为优先级出资人提供的保障不同，尤其是基金投委会架构的设计不同，上述三种情况均可能发生，但劣后级出资方或者管理人控制结构化实体的案例较多，搭建结构化实体过程中各方达成的不同约定导致不同的处理方式。

3. 购买法与权益联合法

企业并购重组的会计处理方法大致有两种，一种是购买法，另一种是权益联合法。这两种会计处理方法对并购企业在重组资产确认、账面价值与市价的差额方面的规定不大相同，选择不同的会计处理方法影响着企业并购重组后的整体纳税情况。

购买法下，并购企业所支付的购买目标企业的价格与其自身的净资产账面价值并不相等，加大了并购前后的难度。并购企业需要在购买日对目标企业中可以构成净资产价值的资产项目，按照公允市价入账，公允市价与账面价值的差额以商誉做会计处理，由此而产生的计提减值准备与摊销费用，则会减少企业的税前利润，从而为企业带来一定的节税效果。

权益联合法仅适用于以发行普通股票的方式来换取被兼并公司的普通股，其所支付的价格与目标企业自身的净资产账面价值相等，因此，权益联合法下没有减少并购企业未来收益的作用。

二、按照不同支付方式的税务筹划

考虑对风险防范及避税筹划，税收筹划设计首先考虑注册地、注册行业，选择并购企业所在地税收优惠较多的企业及行业，如财政部、税务总局、国家发展和改革委员会联合发布的《关于延续西部大开发企业所得税政策的公告》提出，自 2021 年 1 月 1 日至 2030 年 12 月 31 日，对设在西部地区的鼓励类产业企业按

15%的税率征收企业所得税。

此外，无论企业采用资产收购还是股权收购，都可以延缓纳税，主要的设计在于支付方式，因此，根据不同的并购采取不同的支付方式，也会对税收会计处理带来一定的差异。

1. 股权支付方式

企业在进行重组并购时，如果采用股权支付方式是不会产生税费支出的，但是会影响企业未来的税负。一是对被收购企业而言，该支付方式不需要马上确认换股收益，在企业出售股票时缴纳资本利得税，达到了延期纳税的目的。二是对被并购企业来说，被并购后是否为独立法人，对其税收负担存在影响：被收购企业以子公司存在，其税收与母公司分别进行，此时，子公司可以享受地方税收优惠政策；如果被收购企业以分公司存在，其经营亏损则可以抵减总公司利润。股权支付方式与现金支付方式相比，可以减缓企业现金支付压力，但是不能享受重估固定资产折旧增值而产生的费用税收抵免。

2. 现金支付方式

当前税法中规定，企业并购重组以现金支付，被收购企业应就转让过程得到的收益缴纳所得税。因此，如果并购过程以现金方式支付，会因无法推迟资本利得的确认和转移实现的资本增值，从而不能享受税收优惠，增加企业的税收负担和企业收购成本。但是，如果以分期付款方式的并购，即负债收购，由此产生的资金成本，可以减轻被收购企业税收负担；同时收购企业可以享受固定资产重估增值的折旧费用税收抵免。

3. 混合支付方式

并购企业以股票、现金等多种形式组合支付，称之为混合支付方式，根据《中华人民共和国企业所得税法》规定，非股权支付额不超过股权价值20%，以被并购企业账面净值作为计税基础，其利益在于用于被收购企业有关的盈利，可以用来弥补被收购企业以前年度亏损，对于被收购企业来说，可以不确认资产转让所得，而不需要缴纳所得税；如果非股权支付额高于20%，按被并购企业评估后价值作为计税基础，资产升值时，收购企业可以得到固定资产折旧抵税利益。另外，收购企业在混合支付中，如果采用公司债券或可转换债券，就可以避免资金周转困难，同时，相应的利息可以所得税前扣除，为企业抵减利益，意味着现金支付滞后，减轻了资本收益税收负担。

第五节 案例：必创科技收购卓立汉光

一、并购交易简介

收购人：必创科技（代码：300667）

收购标的：北京卓立汉光仪器有限公司

支付方式：股份、可转换债券及支付现金，具体如表3-1所示。

表3-1 交易要素

标的资产	交易作价（万元）	发行股份支付			发行可转换债券支付			现金支付		
		支付金额（万元）	比例	发行股份数量（股）	支付金额（万元）	比例	发行债券数量	转股后的股份数量	支付金额（万元）	比例
卓立汉光	62000	40300	65%	17605923	3100	5%	310000	1354303	18600	30%

二、交易背景

必创科技的主营业务为无线传感器网络系统解决方案及MEMS传感器芯片，是国内较早实现无线传感器网络产品产业化生产的企业，其产品主要应用于智能工业、数字油田、智能电网、装备制造、科研等领域。标的公司是国内领先的光学及光电检测分析仪器及解决方案提供商，掌握了先进的光学检测及分析技术，产品主要应用于科研、工业生产等领域。两者之间拥有一些共同客户群体，两者结合可以提高双方为共同客户群提供专业化服务的能力。

本次交易将使交易双方在发挥协同效应的基础上，加快新产品的设计与生产技术的深度融合，夯实光电传感器市场的技术平台基础，抓住光电传感器的应用发展先机，实现向光电传感器产品市场的快速拓展，推动产品在AI平台建设、数字化工厂配套、高端柔性生产线构架等全新重点领域应用，提升上市公司与标的公司的综合竞争力。

三、交易方案

本次交易，上市公司拟向丁良成等 40 名卓立汉光股东以发行股份、可转换债券及支付现金的方式购买其持有的卓立汉光 100% 的股权，并向不超过 5 名符合条件的特定投资者发行股份、可转换债券募集配套资金。本次交易具体情况如下：

（1）发行股份、可转换债券及支付现金购买资产。上市公司以发行股份、可转换债券及支付现金的方式向丁良成等 40 名卓立汉光股东购买其持有的卓立汉光 100% 股权。

（2）发行股份、可转换债券募集配套资金。为提高本次交易的整合绩效，上市公司拟向不超过 5 名符合条件的特定投资者发行不超过 12500.00 万元股份及不超过 12500.00 万元可转换债券募集配套资金，募集配套资金总额不超过 25000.00 万元，不超过公司本次交易中以发行股份及可转换债券方式购买资产的交易对价的 100%。募集配套资金拟用于支付本次交易现金对价、支付本次交易相关费用、补充上市公司及标的公司流动资金。

（3）标的资产的估值与作价。本次交易的评估基准日为 2019 年 4 月 30 日，本次交易标的资产的交易价格以具有证券、期货相关业务资格的评估机构出具的资产评估报告确认的评估值为依据，由交易各方协商确定。华亚正信采用收益法和资产基础法对卓立汉光 100% 股权进行评估，并以收益法的评估结果作为最终评估结论。于评估基准日 2019 年 4 月 30 日，卓立汉光 100% 股权的母公司账面净资产为 8851.52 万元，评估价值为 62413.62 万元，评估增值 53562.11 万元，增值率为 605.12%。经交易双方协商，卓立汉光 100% 股权的最终交易价格为 62000.00 万元。

（4）业绩承诺与补偿。标的资产使用收益法估值，企业自由现金流的预测如表 3-2 所示。

表 3-2 财务数据 单位：万元

	2020 年	2021 年	2022 年	2023 年	2024 年	永续期
一、营业收入	41505.2	46782.1	52065.9	57577.4	63502.2	63502.2
二、营业成本	25549.1	28906.0	32252.0	35744.8	39507.2	39507.2
三、其他费用	11613.5	12559.4	13703.8	14951.1	16313.0	16313.0

续表

	2020 年	2021 年	2022 年	2023 年	2024 年	永续期
四、利润总额	4342.7	5316.8	6110.1	6881.5	7682.1	7682.1
五、所得税	313.0	561.8	655.8	741.6	829.4	829.4
六、净利润	4029.7	4754.9	5454.2	6140.0	6852.7	6852.7
七、自由现金流	3950.9	4618.2	5237.5	5815.8	6659.8	6861.0

本次业绩承诺方为标的资产股权的直接持有人，合计 40 名，业绩承诺如下：

卓立汉光 2019 年度、2020 年度和 2021 年度的扣除非经常性损益后归属于母公司所有者的净利润分别不低于人民币 5000 万元、5900 万元、6800 万元。补偿方式为三年一次性业绩补偿。

（5）支付工具定价及锁定期。

1）支付工具定价。按照《上市公司重大资产重组管理办法》（第五次修订）第四十五条规定，上市公司发行股份的价格不得低于市场参考价的 90%。市场参考价为本次发行股份购买资产的董事会决议公告日前 20 个交易日、60 个交易日或者 120 个交易日的公司股票交易均价之一。具体如表 3-3 所示。

表 3-3　股价波动量

交易均价类型	交易均价（元/股）	交易均价×90%（元/股）
定价基准日前 20 交易日均价	25.5	22.95
定价基准日前 60 交易日均价	26.48	23.83
定价基准日前 120 交易日均价	27.06	24.35

本次发行的可转换债券初始转股价格参照发行股份部分的定价基准确定，即初始转股价格不低于发行股份部分的定价基准日前 20 个交易日公司股票交易均价的 90%，即 22.95 元/股，经交易双方商定，确定为 22.95 元/股，同样由于分红，调整为 22.89 元/股。

2）锁定期安排。本案例中，支付工具解锁的逻辑是可转债先解锁、股份后解锁，具体解锁规则如下：

可转债解锁规则：本人通过本次收购获得的必创科技可转换债券自发行结束之日起 12 个月内不得以任何方式进行转让，也不得转换为必创科技股份；上述

12 个月期限届满后，本人通过本次收购获得的必创科技可转换债券按照下述安排分期转股。

控股股东丁良成的股份锁定期安排：收购获得的必创科技新增股份自该等新增股份上市之日起至 12 个月届满之日不得以任何方式进行转让；上述 12 个月锁定期限届满后，安排分期解锁。若本人取得本次交易的新增股份时，持续拥有卓立汉光股权的时间尚不足 12 个月的，则本人取得的新增股份自该等新增股份上市之日起至 36 个月届满之日及本人在本次交易项下业绩补偿义务履行完毕之日前（以较晚者为准）不得以任何方式转让。

其他交易参与方的股份锁定规则：由于其他交易对手的支付工具仅为股份，不涉及定向可转债解锁问题，所以基本思路就是按照业务承诺显示比例解锁，同时前两年每年不超过 30%。

（6）配套融资及资金用途。上市公司拟向不超过 5 名符合条件的特定投资者发行不超过 12500.00 万元股份及不超过 12500.00 万元可转换债券募集配套资金，募集配套资金总额不超过 25000.00 万元，不超过公司本次交易中以发行股份及可转换债券方式购买资产的交易对价的 100%。

本次交易募集配套资金总额不超过 25000.00 万元，其中 18600.00 万元用于支付本次交易现金对价，1800.00 万元支付本次交易相关费用，4600.00 万元用于补充上市公司及标的公司流动资金。具体情况如表 3-4 所示。

表 3-4　募集资金用途　　　　　　　　　　单位：万元

序号	募集配套资金用途	总投资规模	拟投入募集配套资金
1	支付现金对价	18600	18600
2	支付本次交易相关费用	1800	1800
3	补充上市公司流动资金	2300	2300
4	补充标的公司流动资金	2300	2300
合计		25000	25000

资料来源：深圳证券交易所网站。

第四章

并购估值

在产业行业的并购中，专利技术、品牌等无形资产是企业的核心价值之一，但是对其的估值策略在国际评判标准上，却存在着分歧。目前市场上使用的估值方法基本是基于财务视角的，主要有成本法、市场法和收益法，但在并购标的的不确定性和连续性方面，实物期权理论能够通过后期调整来修正估值，也将实物期权的应用延伸到业绩补偿的可选择区间模型。

本书通过对基于财务视角、商业模式视角、实物期权视角、业绩补偿视角等不同视角梳理并购中的估值模型，在并购实践交易中，需要根据具体的情况实操应用。

第一节　基于财务视角的估值模型

产业并购是企业获得产业上下游资源的重要手段，也能使企业的营业收入、利润、每股收益等指标得到优化，实力和规模实现跨越式增长，企业进一步扩大了市场份额或者形成产业闭环以提升竞争力。从大量的实证研究来看，企业并购活动失败的一个主要原因是并购中对被并购标的估值过高，导致后期业绩达不到增长目标，形成资产泡沫。产业并购非常复杂而多元，包括标的企业选择、对其进行价值评估，还有后续的谈判博弈和企业整合。其中对标的企业的合理估值是并购成功的关键，尤其是对核心专利技术、品牌及相关牌照批文等无形资产的估值。

一、产业链中不同细分行业在并购中的估值差异

产业并购中对不同上下游产业资源的整合，能够带来强大的协同效应和企业整体价值的提升，而上下游的不同细分产业之间，由于市场份额、竞争程度、核心技术和资源差异等的不同，在并购中给予的估值也不尽相同。以医药链产业为例，可以划分为很多不同的细分行业，包括医疗器械、中药制剂、西药制剂、原料药、生物药、药品流通、互联网医疗服务、基因检测治疗等多个细分市场，在医药产业并购中各细分行业的市场估值是不一样的。从 2016 年后的并购项目来

看，资本市场对并购未上市的医药企业 PE 估值集中在 10~20 倍，上市后资本市场给予的 PE 估值则在 15~60 倍，其中西药中间体制剂类和药品流通类的行业估值则在 20~40 倍。造成同一产业中细分领域在并购中估值不同的主要原因，还是不同领域里的核心技术、品牌、专利保护、牌照的稀缺性等差异化资源。从医药的细分行业角度来看，医疗器械领域的并购最多，华润系将旗下的万东医疗换股并购给上市公司鱼跃医疗后，鱼跃医疗在二级市场的价格表现优异，最高涨幅为 160%，实现了高额收益。药品流通行业的趋势是大型连锁药店的集中度越来越高，形成了渠道壁垒和规模优势，单体药店越来越难以生存，不少企业选择倒闭或被整合；在对药品流通行业的企业估值时，药品企业的专利技术、药品流通牌照的稀缺性和实体店铺的市场覆盖率就是估值的核心重点。

二、基于财务角度的企业估值方法

我国资产评估协会对企业价值评估，给出的定义是指注册资产评估师遵照相关法律法规及资产评估准则，对评估基准日特定目的下的企业整体价值进行分析、估算并且发表专业意见的过程与行为。目前常用的企业价值评估方法主要有成本法、市场法和收益法三种。

1. 成本法

成本法又称资产基础法或者账面调整法，源于古典经济学中的供给理论，是将标的企业全部资产，按照现价进行重置的成本减去部分损耗折旧，这种方法忽略了无形资产和组织运行的成本，以及并购后所带来的协同溢价。

成本法的使用有两个基本前提条件假设：一是企业各单项资产关联度弱，无法提升企业的整体盈利能力；二是企业的各项资产可以重置并且成本能够被准确地计算。成本法可以分为净资产账面价值、重置价值和清算价值，分别应用于不同的估值环境，是基于企业财务报表数据综合分析报表中各项资产和负债，经过适度的调整后所得的评估值。在实操应用中，成本法的应用前提和假设条件一般很难满足，从理论上看企业财务报表并不能包含所有的企业资产价值，如企业财务报表中的标注价格并不能体现无形资产的价值，而且针对无形资产对企业发展的影响力和"护城河"作用也没有进行合理的估值。企业的财务报表数据由于会计处理方法中部分资产或费用所属科目不同，很容易被实控人进行人为操纵。这些影响因素都会导致成本法很难独立地作为企业价值评估的方法，成本法更多地被作为其他估值方法的参考和检验，用以衡量其他估值方法的有效性。

2. 市场法

市场法是指通过选取市场上若干个与标的企业相似的参照企业，同时计算分析目标企业的价值乘数，用该乘数调整选取的参照企业的市场价值之后得到标的企业市场价值的方法。根据资产评估准则中的替代准则，理性市场上给出的某项资产价值不会高于该资产完全替代品的现行市场价格，而实际市场上很难找到完全一致的替代品。

市场法在应用中的基本条件假设：一是市场有效假设，资本市场足够广泛，具有各类行业的上市企业并具有足够活跃的交易量；二是资本市场中对标企业的各类指标和相关数据真实有效，市场上的股价已经充分反映其价值和风险。市场法可以较为方便快速地对公司进行估值，但需要资本市场上有相似的参照物或并购案例作为依据，在实际操作中，市场法多用于同地段的房地产评估或同业并购。在市场法估值的应用过程中需要对三个重要的影响因子——价值乘数选择、可比公司选择和调整系数进行考量。

（1）价值乘数选择。在价值乘数选择方面，主要根据标的公司的行业特征和经营特色，选择适合标的公司使用的价值乘数，适用于标的公司的价值乘数在选择上存在受评估人员主观性较强的可能，在与可比公司比较分析时可能造成可比性较差的问题。目前常用的价值乘数存在不能全面地反映行业特征的可能，在比较分析中导致无法全面地反映企业价值的估值偏差问题，因此需要选取能够适用于各子行业细分市场的价值乘数，再根据企业特色进一步调整。

价值乘数的设计主要从收益和资产的角度，包括各类收益指标和各类资产指标，选取合适的收益类价值乘数和资产类价值乘数，目前主流的指标包括市盈率、市销率、市净率、企业价值倍数等。

市盈率 PE 是企业利润与企业价值的比率，可分为静态市盈率和动态市盈率，是市场法估值中最常用的估值指标。静态市盈率以公司前一财务年度盈利水平为依据，反映公司近期和未来的盈利能力；动态市盈率则以近期的盈利为基础，综合考虑标的企业的目前市盈率水平和未来的成长性。净利润亏损的公司市盈率为负值即没有参考价值，因此经营亏损的公司不适宜使用市盈率作为价值乘数。

市销率 PS 是企业销售收入与企业价值的比率，是市场法估值时对未盈利企业的重要的价值乘数。相对市盈率而言，市销率作为价值乘数有诸多优点，其中企业收入不会出现负值，市销率的考量一定具有价值；相对于利润，销售收入更不容易被人为操纵，具有更好的稳定性和可靠性。但是市销率不能反映企业对成本的控制能力，同业才有比较意义，跨行业的市销率差异很大。

市净率 PB 是企业净资产与企业价值的比率，企业净资产的市场价格高于财务价格时，在市场有限的假设下一般认为标的资产的发展潜力较好，反之则差，但也有市场判断失误的时候，即价格低于价值。不同行业的资产市净率差异很大，因其对无形资产溢价的忽略，导致其适用于重资产的企业价值评估而不适合轻资产企业价值评估。

企业价值倍数指标与市盈率的估值原理相似，与市盈率指标相比不受企业所得税政策和资本结构的影响，扣除了折旧摊销这类非现金成本的影响，更加准确地反映企业价值，有利于跨行业或者不同国家的同类型企业进行估值比较。但是企业价值倍数作为价值乘数更适合于业务较为单一的企业，因为业务类型过多需对利润进行调整，这会导致准确度下降。

（2）可比公司选择。在可比公司选择方面，市场法主要通过分析企业所处行业和行业地位来选择相近可比公司，同业筛选中注重对企业规模、盈利能力、运营能力、偿债能力、成长性等指标体系的分析。不同评估人员对价值指标的认知不同，会导致可比公司的选择存在较大差别，为了解决评估人员主观判断的难题，可以利用数学模糊法的海明贴近度对可比公司的相似度进行排序、筛选和赋权。

在可比公司的可比性方面，同一子行业内各企业虽然有其共性，但资源禀赋和组织能力等方面的差异，会导致企业具有一些独特特征。为了增加可比公司的可比性，通常选择上市公司作为可比公司，选出的可比公司在财务报表、公司战略等方面资料比较全面且相对可比性高。在可比公司选择中重点关注以下指标：总资产、营业收入、总资产周转率、流动资产周转率、流动比率、速动比率、总资产收益率、净资产收益率、销售毛利率、营业收入增长率、总资产增长率等。

（3）调整系数。在可比公司赋权方法上，目前常用的有层次分析法、主成分分析法、回归分析法、熵值法等。层次分析法受专家个人主观性影响较强；主成分分析法的最终评价指标为综合指标，无法详细反映各部分的情况；回归分析法受样本数量影响容易导致估值误差；熵值法是利用指标信息的价值系数来确定权重，受指标本身的价值影响。

3. 收益法

简单来说，收益法评估企业价值就是把企业未来所能获取的全部收益折现。

收益法是各类估值方法中最能体现资本未来获利能力的方法；其通过企业的盈利能力和风险考量，以及货币的时间价值，能够较好地反映企业的内在价值，同时还可以应用于专利技术、品牌、牌照批文等无形资产的评估中。

收益法在应用中的条件假设：一是需要企业具有持续的盈利能力和现金流量可以用于计算；二是对企业未来各年的预期收益、折现率预测和阶段时间设定是关键。通过收益法进行估值时，根据使用现金流量的参照物不同，分为股利现金流量折现模型、自由现金流量折现模型和经济利润折现模型三种模型。收益法主要强调对未来预期收益的折现，而在实际运营中未来收益的变化存在太多的变数和不确定性，另外折现率的确定也很难准确，这也是收益法应用中的难点。

在对企业的内在价值评估时，现金流量折现模型在理论上相对比较完善，在实际操作中也是比较常用的方法，其可以对企业进行整体解析，符合评估标准及企业管理的需要。企业的内在价值是对未来现金流量进行折现的价值，该模型的基础公式为式（4-1）：

$$P = \sum_{t=1}^{n} \frac{FCFF}{(1 + WACC)^t} \tag{4-1}$$

式中，FCFF 为现金流量，指对企业在持续经营过程中的各个时期的未来现金流量的预测。不同资产未来现金流量的变化也不同，资产盈利能力、企业运营能力、市场环境变化等都能影响现金流量，取值为现金的流入量扣除现金的流出量。WACC 为资本成本，即计算现金流量现值的折现率，获取现金流的风险和报酬率正相关。现金流量持续时间为 t，即现金流量产生的时间期限，以年为单位。

（1）股利现金流量折现模型：股利现金流量折现模型是以公司未来的股息折现值作为公司的内在价值，该模型把股票股利视为仅有的现金流。股利现金流量折现模型的一般公式为式（4-2）：

$$P = \sum_{t=1}^{\infty} \frac{D_t}{(1 + r)^t} \tag{4-2}$$

式中，P 为普通股现值，D_t 为每股预期股利，r 为折现率。该模型适用于股利和分红政策稳定且股利发放时间长的企业估值，该模型评估的是股权的价值，而相对忽略了企业债权价值所代表的融资能力。

（2）自由现金流量折现模型：自由现金流量是指一段时期内由股东和债权人可以分配的现金，企业的现金分红、转赠、回购都属于企业的自由现金流量。自由现金流量剔除了企业财务结构的束缚，自由现金流量 FCFF 公式为式（4-3）：

$$FCFF = EBIT \cdot (1-T) + Z - Y - X \tag{4-3}$$

式中，Z 为企业折旧，Y 为营运资本净增加额，X 为资本性支出。企业自由现金流量在不同的成长时期，针对不同的增长率有不同的假设，根据各阶段的差异可以将自由现金流量分为稳定增长、两阶段增长和三阶段增长，各阶段对应的模型：

1）稳定增长模型：该模型的基础是企业规模、资本结构和利润收益相对稳定，并且按照确定的增长率稳步增长。其公式如式（4-4）所示：

$$P = \sum_{t=1}^{n} \frac{FCFF}{(1 + WACC)^t} \tag{4-4}$$

运用稳定增长模型要具备两个假设条件：一是企业的折旧和资本性支出接近；二是现金流有一个确定的增长率，而这是很难准确预测的。

2）两阶段增长模型：如果一个企业的发展是先经历高速增长时期而后进入稳定发展时期，那么该企业就适合采用两阶段增长模型，该模型也是目前在并购估值时使用最多的模型。其模型公式为：企业价值=高速增长期的自由现金流量现值+稳定增长期的自由现金流量现值。目前针对高速增长期的设定一般是 5 年，也可以根据实际情况调整 [见式（4-5）]。

$$P = \sum_{i=1}^{n} \frac{R_i}{(1 + r)^i} + \frac{R_n}{r(1 + R)^n} \tag{4-5}$$

式中，P 为收益法企业价值，R_i 为未来第 i 年的预期收益（企业自由现金流量），R_n 为未来第 n 年及以后永续等额预期收益（企业自由现金流量），r 为折现率，n 为预测的收益期。

3）三阶段增长模型：这个模型下企业的发展历经三个阶段，即高速增长、增长率放缓和永续增长阶段，模型公式为式（4-6）：

$$P = \sum_{i=1}^{n1} \frac{R_i}{(1 + r)^i} + \sum_{i=n1+1}^{n2} \frac{R_i}{(1 + r)^i} + \frac{R_n}{r(1 + R)^n} \tag{4-6}$$

式中，P 为收益法企业价值，R_i 为未来第 i 年的预期收益（企业自由现金流量），R_n 为未来第 n 年及以后永续等额预期收益（企业自由现金流量），r 为折现率，n1、n2 为高速增长期和增长率放缓期。

三阶段增长模型实际上就是两阶段模型的一个延伸，通过把企业未来的发展阶段细分，因此计算出来的结果也就更加准确，但由于采用的变量更多，所以评估的难度也更大。

（3）股权自由现金流量贴现模型：股权现金流量是股东对现金流量所拥有的权利，是股东对剩余资产的所有权，包括企业的营业收入在扣除费用、债务和资本性支出后的剩余部分。公司股东可选择是支付股利还是继续投资，当公司选择继续投资时，股利小于股权现金流量，所以二者是有区别的。股权现金流量的计算公式：股权现金流量=净收益+折旧−长期资本支出−经营资本追加额−偿还的债务+新发的债务。

在股权现金流量的基础上再加上债券的价值就是企业整体的价值。该模型应用的前提假设条件是公司要无限存续经营，也可分为三个阶段，每个阶段的模型和企业自由现金流量模型相似，就是把模型中的自由现金流量 FCFF 换成股权现金流量 FCFE，折现率 WACC 换成股权资本成本即可。

并购中目标企业价值评估基本方法比较如表 4-1 所示。

表 4-1　并购中目标企业价值评估基本方法比较

价值评估基本方法	成本法	市场法	收益法
基本假设	企业价值等于有形资产价值之和减去负债价值	市场价格充分反映资产价格	企业价值可用未来现金流量的现值来表示
主要方法	账面价值法 清算价值法 重置成本法	可比公司法 可比交易法	现金流量贴现法 经济增加值法
评估结果	市场公允价值 清算价值	市场价值	企业内在价值 持续经营价值

（4）收益法估值时存在的问题：收益法的应用存在一定的局限性。对于研发投入很大、短期经营困难且未产生正现金流的医药企业来说，计算过程中会产生负的现金流量，用负的现金流量计算出来的结果就是负的权益价值和内在价值，这样会错过很多优秀的创新药企业，如歌礼制药等；同样地，对于一个具有周期性波动特点的医药流通企业而言，它的收入和现金流量会因为经济环境的波动而有所变化，现金流量不稳定，所以在使用收益法对这类企业进行估值时，需要准确地对未来的现金流量进行预测，否则评估结果会偏离很大。对于拥有大量闲置资产的公司来说，这些闲置资产是不会产生任何现金流量的，那么就认为公司的部分资产没有被合理运用，对于类似这样的资产的价值，收益法无法准确反映其价值。

收益法参数的选择较为随意。在预测企业未来的收益额时会受到多种因素的影响，使预测在一定程度上存在不确定性。除了上市公司有较多的数据可供参考外，对大部分公司收益额的预测需要目标企业提供一定的资料，这会使企业管理者有意提高或降低某些指标，也存在提供虚假的盈利预测的可能性，降低评估结果的客观准确性。另外盈利预测本身也存在一定的缺陷，预测本身就是不确定的，整个预测过程也是复杂多变的，不同的预测方法本身也会存在一定的局限性，因此采用不同方法预测出来的信息的可靠性也就有一定差距，同时，选取较长的预测期，意味着不确定性因素越多，其准确性也就相对更差。

收益期限简单说就是获取收益的年限。由于企业有自己的生产经营特点，所以一般情况下我们将收益期人为地划分为有限期和无限期。对于收益经常波动且所预测的收益没有明显增长势头的企业要采用有限期；对于所预测的收益持续稳定增长的企业一般选用无限期。在我国目前的资产评估理论和实务中没有明确的标准界定收益期限，所以在一定程度上导致选择的随意性。

折现率一般可以分为两类：股权资本成本和加权资本成本。折现率是企业价值评估中的关键指标，由于折现率的轻微差异就会带来评估结果的很大偏差，并且不同的模型对折现率的要求也不尽相同，所以在对折现率的选择上必须慎重，但是我国目前没有一个统一的确定标准。

总之，对企业的估值具有整合价值和难以确定的特征，在实际操作过程中，我们应根据被评估企业的实际情况和交易立场，可以组合使用多种方法进行估值，使结果更为准确有效。

第二节　基于商业模式的估值模式

企业商业模式选择对企业估值影响很大，通过对企业商业模式的分析，能更有效地提高并购估值的准确性。并购那些有商业模式优势的公司，能够为并购方带来高额的收益；强生公司通过并购的 4 家拥有高成长性商业模式的小型医药公司，其医疗设备与诊断事业部的年销售收入增长率由 3% 提升到 41%，其二级市场股价得到了大幅提升。本书以医药行业为案例来分析商业模式的变化对估值模型的影响，通过对药企中创新药、仿制药和在研管线的商业模式、盈利能力、风险要素等方面的差异分析和量化，结合多方面的影响因素，提出相应的估值方法和模型。

一、商业模式简介

对商业模式的研究始于"二战"后 20 世纪 60 年代，商业模式的发展也随着新经济的产生而不断迭代，大量学者的研究探索和企业家的实践，也使商业模式的相关理论文献得以跨越式发展。商业模式的价值创造功能是在 2000 年以后才被部分学者作为独立的研究方向提出来并得到探讨和应用，本书重点讨论商业模式的价值创造功能部分。

1. 商业模式与客户关系

在对客户价值主张分析时，关键关注相对竞争对手提供的解决方案是否更有效、更有优势；基于商业模式对企业盈利模式分析时，重点关注收入结构和成本模型，以及公司的自由现金流量和盈利能力。企业的发展核心是商业模式下合作伙伴和客户关系的维系；对商业模式的界定可以理解为对企业盈利模式的界定，其核心是企业的获利方式和能力。商业模式是通过维护企业营销网络及上下游合作伙伴，以促进企业价值创造，其中互联网企业商业模式的估值方法，可以通过对企业的用户数、用户黏性、变现能力、用户付费值等参数，建立用户价值和入口价值模型进行评估。

2. 商业模式的分类

李鸿磊和柳谊生（2016）在《商业模式理论发展及价值研究述评》中，从产业链和企业整体战略的双重角度，提出了将商业模式大致划分为四大类：经营管理类、交易结构类、战略定位类和价值创造类。经营管理类商业模式是通过企业的产品和服务相关的运营管理，满足客户需求，获取企业利润的商业逻辑。交易结构类商业模式是从产业价值链的角度，将企业与产业价值链中各环节利益相关者之间的交易方式和交易结构进行整合，从而获得企业价值提升。战略定位类商业模式是指在战略管理理论和产业价值链理论的基础上，从企业定位、产业集群、核心竞争力、差异化等不同视角，提出商业模式的核心要素及相关交易方式，来推进企业的发展。价值创造类商业模式是通过对产业链中各环节的整合和创新，结合企业自身在产业链中的位置和能够掌控的关键资源，实现企业整体价值的创造、提升和再分配。通过对企业运营的溢出能力与跨边界资源整合配置，使产业链中的利益相关者整体发挥各自的比较优势，创造出额外的产业价值，从而使企业能够在产业链中获得更大的价值提升。本书重点介绍和应用价值创造类商业模式。朱武祥和魏炜（2012）从企业定位、业务体系、关键资源、盈利模式、自由现金流量、企业价值创造六个方面阐述了商业模式构成，提出了商业模式通过利益相关者及合作伙伴的并购交易，以解决企业持续创新问题；随着企业的发展和商业环境的变化，以往的商业模式对新经济的适应性和承受力难以为继，企业便需要通过并购或组织变革来重新构造新的商业模式。杨晓琳（2017）提出，从商业模式的组成要素的角度可以将其分为企业价值取向、价值收入和价值获取三部分。企业的价值取向是企业的核心价值，是企业的价值观和组织的出发点，主要是对客户需求的掌握和服务能力。企业的价值收入则属于企业价值创造板块，主要是对企业的盈利能力、利润率增长比率以及市场份额和增长率进行量化分析，是商业模式价值评估的核心元素。

3. 商业模式的核心价值创造

在商业模式价值研究方面，学者从对企业盈利模式的关注转向对企业整体价值提升的关注，从对利润结构的分析转向对企业价值网络构建的整合，形成了企业价值创造的相关理论和思维框架，推动了商业模式的价值创造和价值评估方面的深入研究。杨晓琳（2017）在《基于商业模式视角的企业价值评估探析》中，提出了在并购中基于企业的商业模式对其估值时，在资产评估常用方法的基础上，结合企业商业模式和财务数据分析，分别对商业模式中的客户价值、企业价值和企业利润给予一定的权重，通过加权平均得出最终的估值的方法。商业模式的价值核心是企业通过商品或相应服务体系，能够为股东提供的自由现金流量和增量利润，企业的价值创造和获取，不仅基于企业的关键资源和运营能力，也依赖于商业模式中所有利益相关者的支持；商业模式不仅要突破自身的边界创造价值，也要开放边界推动利益相关者和参与者的价值创造，推动产业链的整体价值提升。

二、商业模式分析：以医药行业政策为例

医药产业链长而复杂，各个细分子行业的技术壁垒高、可比性较弱，受到政府的监管和政策变化的影响较大，导致行业也在不断地动态演变。医药产业链条从上游的科研院校企业研发临床试验、原料药生产合成、中草药种植，到中间的化学药、生物药和中成药的制剂合成生产，再通过流通企业（医院和药店），最终应用于患者。产业链上各方的议价能力也不同，产业的核心是医院，患者没有任何的议价能力。

医药产业的细分子行业特别繁杂，包括基础原料药、化学药、中成药、医护耗材、保健品、生物药、疫苗、医疗器械、医药流通和医疗服务等。在每个子行业针对不同的疾病和治疗方法又有更多的分类，导致子行业的商业模式和估值模式相差很大。医疗行业是高度专业和受到高度监管的行业，也是典型的政策驱动型行业，监管政策的重大变动就会带来行业格局的深远变化。目前对药企估值影响比较大的政策主要有三个。

1. 上市许可持有人制度

2016 年 6 月，国务院办公厅发布了《药品上市许可持有人制度试点方案》，设立药品上市许可持有人制度，用以鼓励和支持非药品生产企业将药品研发、临床试验、流通配送、不良反应监测、药物警戒等环节外包给第三方，促进医药行业各环节的专业分工，从而使整个医药产业链的各环节受益，因此估值得到提升的典型药企代表为泰格医药（300347）。

2. 一致性评价政策

2016 年 2 月，国务院办公厅发布《关于开展仿制药质量和疗效一致性评价的意见》，要求批准上市的仿制药需按照与原研药品质量和疗效一致的原则，开展一致性评价，为下一步集采政策的实施奠定基础。

3. 带量采购政策

2019 年 1 月，国家医保局按照"国家组织、联盟采购、平台操作"的思路，从通过质量和疗效一致性评价的仿制药企业中，对 11 个城市的公立医疗机构 70%的用药，进行集中招标采购，通过"以量换价"的方式，推动医药价格下降。

从上市许可持有人制度到一致性评价和最终开展带量集采的政策实施，可以看出政府以市场换价格的策略，倒逼药企在分工专业化后专注质量提升，通过仿制药的一致性评价，参与带量集采获得市场份额，从而达到原研药和仿制药降价的目的。这将导致国内仿制药企业的产品净利率下滑到与欧美仿制药企业净利率10%左右相近的水平，也直接导致了国内仿制药企业的估值整体下降。

三、基于药品商业模式的估值模型

医药企业属于典型的价值创造类商业模式，即通过自身的研发能力创造新药和仿制药。企业的整体估值在很大程度上受企业商业模式选择的影响，以医药企业为例，其受医药行业政策变化的影响，医药企业的并购估值思路可以逐步地简化为有专利保护等的创新药估值和可以集采起量的仿制药估值，以及有潜在爆发力的在研管线产品的估值及其协同价值。

1. 基于药企细分领域竞争情况的商业模式分类

药品是医药企业价值中的核心，在并购医药企业时，其药品和在研药品种类是至关重要的；具体包括药品所属病种、剂量规格、生产批文、竞争品种、流通渠道、专利保护情况、使用频率、价格、销售模式、商业模式、市场监管等。专利药作为原创性新药，在研制过程中需要通过药物分子筛选和临床Ⅰ期、Ⅱ期、Ⅲ期试验等阶段，最终筛选出有效的分子药物；仿制药则是在专利药的专利保护到期后，其他药企通过一致性评价而生产出来的药品。通过欧美上市药企的毛利率和净利率比较分析可以看出，专利药的毛利率可以达到80%以上，而仿制药只能达到40%左右；专利药的净利率可以达到25%以上，而仿制药仅能达到10%左右。

在并购过程中深入了解并购企业的药品品种及竞品比较非常重要，根据医药企业的细分行业特征和商业模式的不同，结合各细分领域的竞争环境来看，仿制药企业属于红海市场，其中原料药的差异化更低，但在仿制药普药化的发展趋势下，原料制药一体化企业更有集采竞标优势。医药流通企业作为不同区域市场的渠道，其差异性不大，但其受政策影响出现压缩流通环节和利润的趋势。创新药企业和医疗器械企业由于有专利技术的保护，可以视为蓝海市场，专利保护期可以作为现金流折现周期。中药制剂有配方专利保护和品牌区隔，可以视为创新药，如国家重点配方保护的片仔癀和云南白药等。在研管线虽然还一直在投入研发和临床试验，短期内无法盈利，但由于其商业模式上存在未来垄断和高利润空间，也存在着失败的风险，所以对不同阶段的在研管线产品估值时需要考虑不同的风险参数。

2. 药企商业模式的估值模型

商业模式的核心是客户价值和企业的盈利能力，依据药品专利保护期的价值可分成两个阶段，在持续经营的假设前提下，借鉴互联网企业在并购估值时的入口流量法和用户转化法，以药品的潜在客户数量、消费金额、持续周期、平均利润率、风险系数等指标为基础，本书提出将标的药企的整体价值分为创新药品价值（按剩余专利权年限估值）、仿制药价值和在研管线价值三部分。

（1）创新药品价值（专利保护期内）。

基于医药企业的药品（专利药）是企业的核心价值，基本上可以分为两个阶段——专利保护期内和过期后阶段，专利保护期内可以获得稳定的垄断利润，保护期一般为20年，在没有疗效更好的替代产品出现前是标准的现金牛，而保护期过后往往利润会出现大幅度下滑，因为这时一般会出现2~3个仿制药。

$$V_a = Q \cdot S \cdot F \cdot T_c, \ T_c = 0.8 \tag{4-7}$$

式中，V_a 为专利期产品价值；Q 为患者预测数量；S 为单个客户预测费用；F 为预计市场份额数；T_c 为行业产品平均利润率，专利期取值为80%。

（2）仿制药价值（非专利保护期）。

$$V_b = Q \cdot S \cdot F \cdot T_c, \ T_c = 0.2 \tag{4-8}$$

式中，V_b 为非专利期产品价值；Q 为患者预测数量；S 为单体客户预测费用；F 为预计市场份额数；T_c 为行业产品平均利润率，非专利期取值为20%。

（3）在研管线价值。

医药企业可以凭借自身拥有的核心研发团队（智力资本资源）和运营能力，通过对医药产业价值链中环节的增减、整合和创新，创造价值、提升价值，从而形成商业模式的增值。医药行业发展的驱动力是研发。普华永道的分析结果表明：全球前十家药企的研发项目风险值与研发投入的比值在0.7~3.6，当两者的比值低于1时则会降低企业的未来价值，可见研发管线的投入程度代表着医药企业的未来成长性。根据Evaluate Pharma数据库的统计，从研发到临床试验再到获批上市，所有创新药的平均成功概率不超过10%，其中肿瘤领域的成功概率仅有5%左右，所以在现有产品估值的基础上需要加上在研管线产品估值，但是需要考虑风险参数。

$$V_c = Q \cdot S \cdot F \cdot T_c \cdot \beta, \ T_c = 0.8 \tag{4-9}$$

式中，V_c 为在研管线产品价值；Q 为患者预测数量；S 为单个客户预测费用；F 为预计市场份额数；T_c 为行业产品平均利润率，在研管线有可能获得专利权，因此取值 80%；β 为风险参数（新药研发的成功率）。

（4）企业整体价值。

结合上述可以得出，药企的企业价值等于专利期产品价值、非专利期产品价值、在研管线产品价值的总和。

$$V = V_a + V_b + V_c \tag{4-10}$$

式中，V 为企业整体价值；V_a 为专利期产品价值；V_b 为非专利期产品价值；V_c 为在研管线产品价值。

四、结论及展望

由于企业的经营活动复杂和商业模式的多样性，所以在对并购标的的商业模式考量时，要结合企业的整体战略来实施，其中对商业模式中核心要素的考量分析是关键。不同的行业有不同的商业模式，对于周期性产业中处于不同周期的商业模式也会发生变化，估值模型更是需要变化，这里就重点考量其行业阶段的成长性，给予的参数也不尽相同；对于可以跨越经济周期的产业，如医疗、食品、教育等往往受国家宏观政策调控的影响，对其估值重点考量其市场地位和护城河的深度以及可持续性。

第三节　基于实物期权的估值模型

产业并购中标的公司的专利有效期、设备专利技术、产品生命周期和替代品出现等不确定性因素，会导致并购资本更愿意选择多阶段连续性投资，以降低投资风险中的不确定性。在其并购过程中，这些不确定因素对并购双方造成不对称信息和并购风险，而这些不确定性和不对称信息风险，可以通过实物期权的方式在双方的并购协议中体现，因此评估结果也就更接近企业的真实价值。

实物期权法是在标的企业未来业绩发展不明朗的前提下，通过支付一定的费用，获得未来可以以某一特定价格买入股份的权利；如果业绩变好后，则买入，反之则放弃行权，只亏损部分权利金。其本质是通过未来投资机会的价值来反映企业内在价值的一种方法，在企业专利权、牌照、品牌等的垄断性无形资产估值方面更有效。实物期权法主要分为布莱克—斯科尔斯-默顿定价期权模型（BSM模型）和二叉树模型，在实际操作中"对赌协议"也是实物期权法的一种，期权估值法释放了投资机会的时间价值，更适用于创新型科技企业的估值。并购中标的企业价值评估基本方法比较如表4-2所示。

表4-2　并购中标的企业价值评估基本方法比较

评估方法	成本法	市场法	收益法	实物期权法
基本假设	企业价值等于有形资产价值之和减去负债价值	资本市场运行规范、有效，市场信息可靠	企业价值可用未来现金流量的现值来表示	信息不对称
主要方法	账面价值法清算价值法重置成本法	可比公司法可比交易法	现金流贴现法经济增加值法	BSM模型二叉树法对赌协议
评估结果	市场公允价值清算价值	市场价值	企业内在价值持续经营价值	业绩承诺补偿机制

一、实物期权在并购中的估值模型

实物期权是一种现实选择权，并购方在实施获得的专利权时往往面临着技术风险、市场风险、道德风险等多项不可控的风险和不确定性，通过资产或股权的可调节选择权能更好地调节双方诉求。实物期权理论的主要模型有 B-S-M 期权模型和二叉树模型，以及估值调整协议。

1. B-S-M 期权模型

Black-Scholes-Merton 期权定价模型，即布莱克—斯克尔斯—默顿期权定价模型［见式（4-11）］：

$$C = S \cdot N(d1) - X \cdot \exp(-r \cdot T) \cdot N(d2) \tag{4-11}$$

式中，$d1 = [\ln(S/X) + (r + 0.5\sigma^2)T]/(\sigma\sqrt{T})$；$d2 = d1 - \sigma \cdot \sqrt{T}$；C 为期权初始合理价格；X 为期权执行价格；S 为所交易金融资产现价；T 为期权有效期；r 为连续复利计无风险利率；σ 为股票连续复利（对数）回报率的年度波动率（标准差）；U 为股票连续复利（对数）回报率的年度平均值。

根据上述模型来看，通过 B-S-M 期权模型可以考虑未来一定的风险函数及无风险利率，计算出相对合理的一个企业估值。

以某制药企业收购某同业药企的合约价格为例来计算，某药企收盘价为 5 元/股，约定 24 个月未达到约定业绩，可以按照 4 元/股的价格执行 100 万股，该期权有效期为 24 个月，资本市场同期国债无风险利率为年息 2%，股票连续复利回报率的年度波动率为 0.5，股票连续复利回报率的年度平均值为 1，计算其当期价格如下：

$$d1 = [\ln(5/4) + (2\% + 0.5 \cdot 0.25) \cdot 2]/(0.5\sqrt{2}) = 0.7256$$

$$d2 = 0.7256 - 0.5 \cdot \sqrt{2} = 0.0186$$

$$C = 5 \cdot N(0.7256) - 4 \cdot \exp(-2\% \cdot 2) \cdot N(0.0186) = 1.87951$$

2. 二叉树模型

二叉树模型又称为二项式模型，主要用于计算美式期权的价值。二项期权模型中假设价格波动只有向上和向下两个方向，且假设在整个有效期内，价格每次波动的概率和幅度不变；根据价格的历史波动率模拟出价格在整个存续期内所有可能的发展路径，并对每一路径上的每一节点计算权证行权收益，用贴现法计算出权证价格。由于美式权证可以提前行权，所以每一节点上权证的理论价格，应为权证行权收益和贴现计算出的权证价格两者中的较大者。根据二叉树模型计算的产业并购估值时，由于其是在美式权证的基础上可以随时行权，而并购交易中的约定时间周期多是以年限为阶段来测算贴现率的，更类似于欧式期权，所以从 B-S-M 期权模型的约定时间行权上来看更适合一些。

二、估值调整协议中的实务期权理论

估值调整协议又称对赌协议，是企业在并购交易中重要的风险管理工具，其理论基础主要是期权理论和信息不对称理论。对赌协议是一种期权，并购双方按照约定可以双向行使的选择权；对赌协议可以很好地解决因信息不对称而引起的逆向选择和道德困境，将并购双方的利益和风险协调到一致的位置。

由于并购双方的信息不对称，体现在企业内部管理、客户关系、专利的市场价值、核心技术团队的稳定性等多方面，会造成并购双方对标的企业的估值存在较大差异。并购方在并购后需要整合原有企业，留住核心技术团队和管理层，延续高效管理和企业文化融合至关重要，需要设计很好的激励措施来激励标的企业的核心技术团队和管理层。科瑞·斯密斯（2003）提出通过在交易协议中设计有效的对赌（本质是双方的期权选择权）可以解决这些问题，即通过将并购金额的支付分期，在后期根据标的企业的业绩兑现情况给予兑现和激励，能够更好地留住并激励管理层和核心技术团队。

对赌协议在支付方式上分为两部分，一部分先期支付给标的企业股东，另一部分根据标的企业的业绩表现来支付，可以理解为可调节期权，两部分的比例需要考虑多项因素达到平衡。对赌条款主要有估值调整条款、业绩补偿条款与股权回购条款，以上三项条款是针对企业未来的不确定性和双方信息的不对称性，所以也就包含了部分期权结构设计。其中，交易金额、期限、业绩目标、支付进度、竞业限制、反稀释、换股股价等的谈判结果都会影响最终的交易价格。

在成熟的资本市场，估值调整是并购交易中常用的技术环节；基于标的企业未来业绩、市场环境等变化，很难做出完全准确的判断，以及双方在估值等方面的分歧，因此双方往往更倾向于在未来根据实际情况对交易价格进行调整，证监会在重大资产重组规定中业绩补偿机制即一种对赌协议。

产业并购后标的企业的获利能力，受到市场容量、政策变化、消费水平以及同业竞品替代等多重因素影响，所以在其估值过程中需要根据未来的实际情况和并购双方不同的立场进行估值调整。实物期权法将并购交易中的不确定性看作是一种积极的状态，通过期权的结构设计，能够将并购后的整合和团队激励设计为一体，为产业并购的达成提供重要的策略方法。在产业并购过程中对未来不确定性的评估上，实物期权法不同于传统的财务资产评估法，通过未来的期权行权约定修正了部分缺陷，具有重大的意义和实用价值。

第四节　基于业绩补偿机制的估值模型

企业在并购过程中的信息沟通属于不完全对称的状态，被并购标的的管理层和股东对企业发展的战略规划及市场前景、经营业绩等方面的判断和预测，直接影响到资产估值的结果。并购标的股东为了获得更高的并购估值，在对企业未来的盈利预测上会提出更乐观的研判和业绩预测方案；基于立场不同，并购方股东及证监会监管层会对并购标的的企业的未来盈利预测质疑，要求被并购标的股东对企业未来盈利做出承诺保证，对达不到盈利预测目标的情况下给予补偿以降低当初的并购估值。在并购估值中，补偿机制可以理解为一种实物期权的选择权，补偿机制虽然不能保证并购方的长期稳定利益，但对并购对赌期内的估值价格有着可调节的影响。

一、证监会目前对上市公司并购中的盈利补偿机制要求及对应的估值方法

盈利补偿是我国证监会针对上市公司并购而设立的约束机制，在国内并购案例中有大量应用也产生了很多争议，国内的理论研究多集中在法理、法律效力层面，在应用层面由起初的私募股权基金领域发展到并购重组领域。

在我国 A 股上市公司的并购重组中，证监会为了能够更好地控制并购估值过高的风险和保护中小股东的利益，2008 年 5 月起施行了《上市公司重大资产重组管理办法》，将估值调整和业绩补偿的机制引入到并购重组中，对并购各方的行为模式和博弈方式影响巨大，其中对依据收益法作为估值结果的并购标的，其标的股东给予业绩承诺和补偿，成为证监会过审的必备要件。

（1）盈利承诺：《上市公司重大资产重组管理办法》（2016 年修订）第三十五条（节选）：采取收益现值法、假设开发法等基于未来收益预期的方法对拟购买资产进行评估或者估值并作为定价参考依据的，上市公司应当在重大资产重组实施完毕后 3 年内的年度报告中单独披露相关资产的实际盈利数与利润预测数的差异情况，并由会计师事务所对此出具专项审核意见；交易对方应当与上市公司就相关资产实际盈利数不足利润预测数的情况签订明确可行的补偿协议。

上市公司向控股股东、实际控制人或者其控制的关联人之外的特定对象购买

资产且未导致控制权发生变更的，上市公司与交易对方可以根据市场化原则，自主协商是否采取业绩补偿和每股收益填补措施及相关具体安排。

（2）盈利补偿方式：《上市公司监管法律法规常见问题与解答修订汇编》中规定：交易对方为上市公司控股股东、实际控制人或者其控制的关联人，应当以其获得的股份和现金进行业绩补偿。如构成借壳上市的，应当以拟购买资产的价格进行业绩补偿的计算，且股份补偿不低于本次交易发行股份数量的90%。业绩补偿应先以股份补偿，不足部分以现金补偿。业绩补偿期限一般为重组实施完毕后的三年，对于拟购买资产作价较账面值溢价过高的，视情况延长业绩补偿期限。

补偿方式可以分为"现金补偿""股份补偿"以及"股份+现金补偿"，其中股份补偿包括"股份回购补偿""赠送股份补偿"等方式，在部分变更补偿方式的案例中，也有采用"上市公司向除补偿承诺方以外的股东进行资本公积金转增股本"的方式。

补偿股份数量的计算公式：以收益现值法、假设开发法等基于未来收益预期的估值方法对拟购买资产进行评估或估值的，每年补偿的股份数量为：

当期补偿金额＝（截至当期期末累积承诺净利润数－截至当期期末累积实现净利润数）÷补偿期限内各年的预测净利润数总和×拟购买资产交易作价－累积已补偿金额

当期应补偿股份数量＝当期补偿金额/本次股份的发行价格（当期股份不足补偿的部分应现金补偿）

采用现金流量法对拟购买资产进行评估或估值的，交易对方计算出现金流量对应的税后净利润数，并据此计算补偿股份数量。此外，在补偿期限届满时，上市公司应当对拟购买资产进行减值测试，如期末减值额/拟购买资产交易作价>补偿期限内已补偿股份总数/认购股份总数，则交易对方需另行补偿股份，补偿的股份数量为：

期末减值额/每股发行价格－补偿期限内已补偿股份总数

以市场法对拟购买资产进行评估或估值的，每年补偿的股份数量为：

期末减值额/每股发行价格－补偿期限内已补偿股份总数

（3）补偿金额的调整：如发生不能预见、不能避免、不能克服的任何客观事实，包括但不限于地震、台风、洪水、火灾、疫情等，战争、骚乱等社会性事件，以及全球性的重大金融危机，导致利润补偿期间内标的公司实际实现的扣除非经常性损益后归属于母公司所有者的净利润数小于标的公司股东承诺的标的公司相应年度净利润数，经各方协商一致，可以书面形式对约定的补偿金额予以调整。

（4）双向激励：为了充分激励标的对方，或者有时为了平衡交易估值的需要，可能出现类似业绩奖励或估值调整等条款，一般也被称为双向对赌。这种情况一般设置为在标的方超额完成业绩承诺指标或者在业绩承诺期结束后，仍然能够完成业绩指标，即对并购标的的估值上调作为业绩奖励，业绩奖励金额由并购方以现金或股票的方式支付给标的方股东。上述业绩奖励安排应基于标的资产实际盈利数大于预测数的超额部分，奖励总额不应超过其超额业绩部分的100%，且不超过其交易作价的20%。双向对赌总体上在上市公司第三方并购交易中出现并不普遍，但在实践运用与审核中无障碍，上市公司可根据实际情况选用。

二、目前并购补偿机制存在的漏洞和问题

上市公司并购重组过程中存在对并购标的给予高估值和高业绩承诺的问题，导致对上市公司并购后的协同溢价效应给予了乐观预期支付，但市场环境是变化的，按照收益法的未来稳定收益预测在实际运行中很难做到稳定运行，很多并购后业绩"大翻脸"，从而给并购方和投资者带来损失。在此基础上证监会引入了业绩承诺和补偿机制，但是实际上该机制可能被恶意利用，偏离了抑制并购估值泡沫的初衷。从2013年开始的对"手游""VR""演员IP"等概念性"轻资产"壳公司的并购，其中上市公司华谊兄弟将演员IP壳公司并购装入上市公司，更是将对赌协议中补偿机制的漏洞问题引向了极致。

（1）标的企业通过业绩增长承诺过度夸大了未来的增长收益，导致未来无法兑现业绩承诺，仅以现金补偿来补偿，直接套取了估值中的杠杆部分利益。根据Wind数据统计，2016～2018年的并购项目中有215起未完成业绩承诺，超过25%的并购标的业绩未达到预期。在并购前，有些标的公司的财务就存在虚假风险，业绩增长预期又过度透支了未来的增长收益；上市公司并购标的之初，不仅仅是考虑战略协同更多的还是做高市值管理的需要，在这种情况下，导致上市公司股价下跌也是必然。这类并购标的关键是对未来赋予了高盈利预期和对应的高业绩承诺，其是基于未来发展的行业乐观预期和高速增长假设，而实际未必能够达到业绩承诺，在此基础上如果是现金补偿的话，被并购方只需要拿出当初并购估值部分中的小部分现金补偿即可，而超额获得了当初估值中的杠杆部分；同时带来的上市公司业绩增长预期，也推高了二级市场上市公司股价，加大了资产泡沫，而与证监会抑制泡沫的初心渐行渐远，也存在控股股东联合第三方掏空上市公司的可能。

（2）并购标的股东通过操纵收益法中的增长幅度和业绩承诺两项，来套取未来业绩的假定增长部分。标的资产股东为实现高价出售的目的，先对标的给出高业绩承诺，继而由评估机构根据其未来的高增长预期，调整收益法中的未来收益，导致给出标的资产的高估值，高业绩承诺成了实现资产高估值的操盘手段。目前大部分的收益法评估采用 5 年永续法，即评估未来 5 年的利润，从第 6 年起则假定资产收益变成稳定收益，而统一采用第 5 年的数据，标的资产的股东很可能会适度调低第 1~3 年业绩预测，而调高第 4~5 年业绩预测，特别是第 5 年业绩预测数据，对通过收益法抬高并购估值影响巨大；目前上市公司并购标的的业绩承诺期为 3 年，在评估期为 5 年的情况下，标的资产的股东对第 4~5 年的业绩预测虚高，既能提高估值而不需要对业绩承诺承担补偿责任，所以存在自利陷阱。收入预测中增长幅度和业绩承诺两项能够被人为操纵，标的资产的股东业绩补偿方式，如果是以现金的方式补偿，则并购方会损失掉补偿部分的估值倍数，是不合理的，而如果调整成股份补偿，则能更好地对应资产的实际价值。

（3）上市公司为了避免并购中产生的商誉减值风险会默许标的公司管理层透支未来企业业绩，导致业绩承诺期过后业绩增长缓慢甚至下降的局面。资产评估价格超出净资产公允价值的部分在会计准则中被计入商誉，国际会计准则规定，企业并购重组中的溢价部分作为商誉入账。我国的《企业会计准则》中规定，并购差价计为商誉，且商誉后续不作摊销只作减值，减值金额计入资产减值准备，同时冲减利润。目前，大多数上市公司在并购初始计量时，直接将购买价格高于净资产公允价值的部分全部计入商誉。并购标的业绩不达标会拖累上市公司财务并表业绩，同时引发上市公司的商誉减值风险，所以在业绩承诺期内，上市公司即使收到了标的方股东的业绩补偿，但是上市公司还需要计提并购商誉减值准备，反而会导致公众认为上市公司并购失败而在二级市场整体市值下跌。因此对于并购双方来说，在业绩承诺期内能完成业绩承诺是双方共同的目标，为了这个共同的目标，双方会精诚合作，上市公司会帮助标的公司制订经营计划、对接资源，帮助标的方完成业绩承诺；极端情况下，上市公司甚至会容忍标的公司在承诺期冲业绩的行为，这对上市公司后期的估值和长远发展也有很大的影响。

三、基于博弈补偿机制的估值修正模型

基于上述问题，本书从博弈补偿机制的角度提出了修正版的股权补偿机制和

并购估值模型，即将补偿机制转化为一个可执行期权模型，也可以重点考量新并入的标的企业利润提升价值对现有并购方上市公司利润提升的比例。以市盈率为例，并购企业在并购前为 30 倍 PE，发行股份并购新公司后，合并财务报表和产生协同效益提升企业利润，使上市的市盈率达到 20 倍 PE，则可视为其协同价值的一部分体现，则给予奖励；对于未达成并购目标的则通过业绩补偿来降低其并购估值，也就是双向激励的思路。

具体设计：通过多种估值模型取平均值作为前期付款值，再按照估值调整协议来修正估值价格。在模型里对最终并购价格进行约束条件，根据实际业绩来折算成股份比例，标的资产的股东业绩补偿方式调整成股份比例补偿而不是股份金额补偿，以对应最终价格。此模型还包括价格调整和封顶保底机制，可以建立估值调整机制以取代现有的业绩承诺，则能更好地对应资产的实际价值。据此就能将并购双方的利益尽量捆绑在一起，减少并购过程中信息不对称带来的风险。

在此基础上，可以将博弈补偿估值模型修正为一个约束条件模型：

$$D_0 = (V_a + V_b + V_c + V_d)/4 \tag{4-12}$$

$$M = \max\{V_a, \ V_b, \ V_c, \ V_d\}$$

$$N = \min\{V_a, \ V_b, \ V_c, \ V_d\}$$

$$D = (E_1 + E_2 + E_3)/3 \cdot \frac{D_0}{E_0}$$

$$\widehat{D} = \begin{cases} MD \in [M, \ +\infty) \\ DD \in (N, \ M) \\ ND \in (-\infty, \ N] \end{cases}$$

式中，D_0 为当期年预执行价格；$\widehat{D}$ 为实际执行价格；M 为取最大值；N 为取最小值；E_0 为并购当期企业净利润；E_1、E_2、E_3 为业绩承诺期 3 年实际净利润；V_a、V_b、V_c、V_d 为多种不同的估值方法。

案例：金城药业并购朗依制药（业绩承诺未达标的并购案例）

金城医药于 2015 年 11 月公告并购北京朗依制药，标的公司朗依制药主营业务为化学合成制药的生产和销售，拥有 23 个药品批文，8 个产品剂型，主要产品涵盖妇科类、调节免疫类、抗过敏类、心血管类等。评估机构中京民信对朗依制药分别采用收益法和资产基础法进行了评估：朗依制药净资产账面价值为 23710.94 万元；采用资产基础法评估，净资产评估值为 65677.67 万元，评估增值 41966.73 万元，增值率为 177%；采用收益法评估，朗依制药股东全部权益价值为 201715.51 万元，评估增值 178004.57 万元，增值率为 750.73%。本次重组中发行股份购买资产的股份发行价格为定价基准日前 120 个交易日均价的 90%，发行股份购买资产的发行价格为 15.42 元/股。

达孜创投、杨军、韩秀菊及锦圣基金同意并承诺，朗依制药 2015 年度、2016 年度、2017 年度及 2018 年度应予实现的归属于母公司股东且扣除非经常性损益及企业所得税后的净利润（以下简称承诺净利润）分别不低于 15600 万元（含本数）、7100 万元（含本数）、18720 万元（含本数）和 22464 万元（含本数）。业绩承诺补偿方式为现金补偿。若标的公司在承诺期间内任一会计年度经审计的实际净利润未能达到当期承诺净利润，则金城医药应当在当期专项审计报告披露后的 10 个交易日内以书面形式通知达孜创投；达孜创投在收到金城医药的书面通知后 10 日内，应按照承诺期间当年承诺净利润与当年经审计的实际净利润差额的 1.5 倍向金城医药支付补偿。

实际业绩完成情况：根据 2016 年、2017 年、2018 年公告，可以看出朗依制药的业绩承诺方未完成业绩承诺（见表 4-3）。

表 4-3　业绩承诺及完成情况　　　　　　　　单位：万元

	2015 年	2016 年	2017 年	2018 年
业绩承诺	15600.00	7100.00	18720.00	22464.00
实际完成	15702.44	7493.01	18846.58	10800.34
完成率	100.66%	105.54%	100.68%	48.08%

资料来源：Wind 数据库。

代入可调节估值模型计算估值：

$D_0 = (V_a + V_b)/2 = 133696.59$ 万元

$M = \max\{V_a, V_b\}$

$N = \min\{V_a, V_b,\}$

$D = (E_1 + E_2 + E_3 + E_4)/4 \cdot \dfrac{D_0}{E_0} = 68923.62$ 万元

$$\widehat{D} = \begin{cases} M, & D \in [M, +\infty) \\ D, & D \in (N, M) \\ N, & D \in (-\infty, N] \end{cases} = 68923.62 \text{ 万元}$$

$\widehat{D}$ 为实际执行价格为 68923.62 万元，D_0 为当期年预执行价格 133696.59 万元，M 为取最大值 201715.51 万元，N 为取最小值 65677.67 万元，E_0 为并购当期 2014 年企业净利润 25625.43 万元，E_1、E_2、E_3、E_4 为业绩承诺期 4 年实际净利润。

从上文的计算数据来看，按照估值区间可调节模型，在未完成业绩承诺的基础上的执行价格为 68923.62 万元，比实际按照收益法评估的执行价格 183437.56 万元，少支付 114513.94 万元，说明在业绩未完成的前提下，并购方能够相对更少地支付对价，而被并购方未完成业绩其 2019～2020 年后的业绩增长预测也不成立，其并购估值就需要按照实际业绩进行修正。

四、结论和展望

并购的过程是并购双方或多方博弈的过程，其中并购估值是双方争夺和分歧的焦点，对未来的业绩预测是标的企业估值的重要参数。目前的业绩补偿机制，不管是股权补偿还是现金补偿，都是在目前并购估值不变的情况下，对未达标的业绩部分是用现金或股权补偿而已，而并购估值的那部分超额增值部分，则成了被并购方股东的利润；特别是在收益法中对未来业绩预期达标和同步增长的情况下，才会给出那么高的估值，如果没有业绩达标和增长，则后续的估值根本不成立。

在业绩承诺考核方面不能仅以净利润作为单一指标，可以设置应收账款回收时间和回收率、坏账率、客户拓展指标以及业务市场占比等核心的关键指标作为承诺考核目标，并明确约定当各项指标未达标时需要补偿的股份数量。同时在补偿时，可以考虑分阶段进行业绩考核，以及对应的业绩补偿或激励，当出现问题时有利于及时解决。

第五节 案例：东城医药并购云克药业的估值

东城药业于2015年4月23日公告并购成都云克药业，标的公司云克药业主要从事核素药物的研发、生产和销售，目前主要产品有云克注射液、碘-125籽源，产品覆盖类风湿关节炎、骨科及肿瘤等治疗领域。云克药业目前位居国内核素药物供应商前列。

1. 并购方：东城药业简介

烟台东诚药业集团股份有限公司2012年5月在深圳证券交易所上市，股票代码"002675"。公司的控股股东为烟台东益生物工程有限公司，由守谊先生通过控制公司控股股东烟台东益而间接控制公司，为公司的实际控制人。

东诚药业属于医药制造业，自设立以来主要从事肝素钠原料药和硫酸软骨素的研发、生产与销售。目前已发展成为一家横跨生化原料药、化药制剂和中药制剂三个领域，融药品研发、生产、销售于一体的企业集团。在原料药业务方面，公司依托技术优势、认证优势、营销渠道优势，肝素钠原料药产品的产销量基本稳定，硫酸软骨素产品实现大幅增长。在制剂业务方面，子公司北方制药保持稳定发展，子公司烟台大洋制药有限公司销售收入和净利润均实现较快增长。在产品研发上，公司将继续按照"转化一代，储备一代，预研一代，构思一代"的研发思路，通过不断加大研发投入、完善研发体系建设、积极同著名医药科研院所合作等，提高公司的新产品研发能力。

2. 被并购方：云克药业简介

云克药业的前身是中国核动力研究设计院同位素应用研究所，2000年核动力院和李明起等29名自然人共同制定了云克药业公司章程，注册资本为514.5万元。云克药业主要从事核素药物的研制、生产和销售，核素药物广泛应用于疾病的诊断和治疗，在恶性肿瘤、心脑血管等疾病的治疗方面具有其他药物不可替代的优势。核素药物产值以每年约25%的幅度增长。

云克药业研发团队研制成功的云克注射液于1997年获得了卫生部颁发的新药证书，该药物是我国少数几个拥有自主知识产权的核心药物之一，曾获得国家发明专利和"中国专利优秀奖"，并荣获"国家重点新产品"证书。云克药业建有一条云克注射液生产线和一条碘-125 籽源生产线，目前已拥有年生产 800 万套云克注射液和 15 万粒碘-125 籽源的生产能力。目前云克药业的产品主要是云克注射液和碘-125 籽源，其中云克注射液是标的公司的独家产品，是收入和利润的主要来源。类风湿关节炎被称为 "不死癌症"，在我国的发病率约为 0.32% ~ 0.36%；恶性肿瘤在我国的发病率约为 0.235%，按 13.6 亿人口测算，预计我国类风湿关节炎患者约 450 万人，恶性肿瘤患者约 320 万人，人数众多的患者形成了对类风湿关节炎药物和抗肿瘤药物的巨大市场需求。

（1）云克药业主要财务数据（见表 4-4）。

表 4-4 云克药业 2013~2014 年财务报表　　　　单位：万元

项目	2014 年 12 月 31 日	2013 年 12 月 31 日
流动资产	19584.46	15415.45
非流动资产	4679.57	3923.11
资产总额	24264.03	19338.56
流动负债	2091.55	1996.28
非流动负债	400.38	203.00
负债总额	2491.93	2199.28
所有者权益	21772.10	17139.29

（2）云克药业目前的主要产品。云克药业的主要产品是云克注射液，该产品的收入占历年主营业务收入的比重在 90% 以上，碘-125 籽源业务也得到了发展，销售收入由 2013 年的 422.23 万元上升到 2014 年的 1605.91 万元。云克药业的销售主要采用直销为主、经销为辅的销售模式。云克注射液产品面对的主要科室是风湿免疫科、老年科、骨科等科室，碘-125 籽源面对的主要科室是肿瘤科，因此主要客户为设有相应科室的以三级医院为主的各级医疗机构。云克药业直销收入约占营业收入的 70%，经销收入约占营业收入的 30%。

表 4-5 云克药业 2013~2014 年生产能力

2014 年度

产品类别	产能	产量	销量	销售收入（万元）
云克注射液（万套）	800.00	381.89	370.31	18240.99
碘-125 籽源（粒）	150000	58975	57788	1605.91

2013 年度

产品类别	产能	产量	销量	销售收入（万元）
云克注射液（万套）	300.00	292.67	287.87	14264.54
碘-125 籽源（粒）	150000	21762	21761	422.23

注：2014 年 1 月，云克注射液的新生产线通过 GMP 认证并投入生产，云克注射液的产能提高到 800 万套/年。

（3）云克药业在研管线情况。云克药业设有专门的研发机构，下设化学与生物研究室、药物研究室，并单独成立了 MIPR 研究团队。云克药业是核动力院"核技术及应用"专业博士生培养点，拥有博士生导师 2 名，硕士生导师 5 名。储存项目有医用同位素生产堆（MIPR）及采用 MIPR 生产医用放射性核素项目、放射性微球研发项目、90Y 发生器及 90YCl3 溶液研发项目、放射性核素标记生物分子药物及研发平台项目、新型抗骨质疏松药研发项目等。

3. 并购交易目的

（1）有利于丰富上市公司产品种类，快速切入核素药物领域。目前公司制剂业务已涉足中药制剂和化药制剂，但制剂业务在公司主营业务中的比重仍然较低。通过本次并购，可以在短时间内增加具有核心竞争力的优势产品，丰富公司产品种类，增强公司在制剂领域的核心竞争力，并向类风湿关节炎治疗和肿瘤治疗领域延伸。放射性药物属于高技术含量产品，对产品开发、材料配方、生产工艺和临床应用推广等均有较高的要求，行业具有较高的技术壁垒；同时放射性同位素属于国家特殊管理或管控的物质，企业生产和销售核素药物具有较高的资质认证壁垒。

（2）有利于收购优质资产，增强公司盈利能力。云克药业盈利能力较好，能进一步增强公司盈利能力。根据审计结果，2013 年、2014 年度云克药业实现的净利润分别相当于同期上市公司归属于母公司股东净利润 53.95% 和 71.16%。根据《利润补偿协议》，云克药业经审计机构专项审计的 2015 年度、2016 年度和 2017 年度扣除非经常性损益后的归属于母公司股东的净利润分别不低于 1 亿元、1.22 亿元和 1.46 亿元。

（3）有利于发挥协同效应，加强双方优势互补。上市公司和标的公司在战略、研发、销售等方面具备较好的互补性和协同性。上市公司的制剂业务将拥有更丰富的产品线，获得具有核心竞争力的药物品种。云克药业借助上市公司平台，进一步提升管理效率，开拓市场，扩大经营规模。在研发上，上市公司将拥有烟台和成都两大研发平台，可实现两大平台的优势互补，在多个领域进行全面合作，共同推进上市公司的技术开发，提高核心竞争力。在销售上，上市公司国内的制剂业务客户主要是医药代理商；云克药业的客户以国内医院为主，营销网络基本覆盖了除西藏外的全国各省、自治区和直辖市。

4. 并购交易方案

本次交易包括两部分：发行股份购买资产和发行股份募集配套资金。东诚药业拟发行股份购买成都云克药业有限责任公司52.1%的股权，同时拟募集配套资金8000万元，具体情况如下：

（1）向由守谊、鲁鼎思诚和中核新材发行股份购买其合计持有的云克药业52.1%的股权，交易价格合计为75032.81万元。为提高整合绩效，拟向徐纪学非公开发行股份募集配套资金，配套资金总额为8000万元。

（2）本次交易的标的资产为云克药业52.1%的股权。评估机构采用收益法和资产基础法对云克药业全部股东权益进行评估，最终采用收益法评估结果作为云克药业全部股东权益价值的评估结论。以2014年12月31日为评估基准日，云克药业全部股东权益的评估值为145010.1万元，较云克药业母公司2014年12月31日经审计净资产21994.09万元的增值率为559.31%。

（3）发行价格：本次交易标的资产东诚药业拟以发行股份方式支付交易对价。按照《重组办法》第四十五条规定：上市公司购买资产的股份发行价格不得低于市场参考价的90%。市场参考价为本次发行股份购买资产的董事会决议公告日前20个交易日、60个交易日或者120个交易日的公司股票交易均价之一。根据上述规定，确定本次发行股份购买资产的发行价格采用定价基准日前120个交易日公司股票交易均价作为参考价，并以参考价的90%作为发行价格的基础，确定发行价格为17.29元/股。

（4）股份锁定期情况如下：由守谊、鲁鼎思诚、徐纪学等认购取得的东诚药业股份的限售期为36个月。

（5）补偿期限及利润承诺：公司与由守谊、鲁鼎思诚和李明起等15名自然人签署了《利润补偿协议》，本次交易中相关方对标的资产未来三年的盈利进行了承诺，相应承诺金额如下：云克药业2015年度、2016年度、2017年度合并报表扣除非经常性损益后归属于母公司股东的净利润分别不低于1亿元、1.22亿元、1.46亿元。具体补偿方式如下：

当期应补偿金额=（截至当期期末累积承诺净利润数额－截至当期期末累积实际净利润数额）×52.1%－已补偿金额

（6）实际业绩完成情况：根据公告，可以看出云克药业的业绩承诺方出色地完成了业绩承诺并超额达标；也就是说，按照合同约定云克药业的实际估值为145010.1万元（见表4-6）。

表4-6 业绩承诺及完成情况　　　　　　　　单位：万元

	2015 年	2016 年	2017 年
业绩承诺	10000	12200	14600
实际完成	10420.01	13447.62	14639.34
完成率	104.2%	110.2%	100.27%

5. 云克药业的估值方法和估值价格

2015年4月2日，中天华出具了"中天华资评报字〔2015〕第1058号"《评估报告》，本次评估分别采用资产基础法和收益法两种方法对云克药业的股东全部权益价值进行了评估，评估基准日为2014年12月31日，并选取收益法评估结果作为云克药业的最终评估结论。

（1）基础资产法估值：云克药业母公司净资产权益账面值为21994.09万元，资产基础法评估价值为25876.41万元，增值额为3882.32万元，增值率为17.65%。其中对云克药业账面列示的商标和专利技术等无形资产进行了评估，评估金额为3290.65万元，增值率为2902.32%，导致资产基础法评估结果增值较大。

$$V_b = P_0 - I = 25876.41 \text{万元}$$

式中，V_b为成本法企业价值，计算结果为25876.41万元，其中，P_0为并购当期企业评估的净资产，I为商誉，在当期中没有商誉所以为0。

（2）收益法估值：收益法评估价值为145010.1万元，增值额为123016.01万元，增值率为559.31%。根据《企业价值评估指导意见（试行）》，确定按照收益途径、采用现金流折现方法（DCF）对股东全部权益价值进行估算。

收益法主要模型采用两阶段模型：

$$V_d = \sum_{i=1}^{n} \frac{R_i}{(1+r)^i} + \frac{R_n}{r(1+R)^n} = 145010.097321 \text{万元}$$

式中，V_d 为收益法企业价值，计算结果为 145010.097321 万元，其中，R_i 为未来 5 年的预期收益，R_n 为未来第 n 年及以后永续等额预期收益，r 为折现率，n 为未来预测收益期。

（3）市场法估值。

$$V_c = (P_b \cdot P_0 + P_e \cdot E_0 + P_s \cdot S_0)/3$$
$$= (4.21 \times 21772.10 + 35.55 \times 7397.62 + 4.26 \times 19846.9)/3$$
$$= 146378.98 \text{ 万元}$$

式中，V_c 为市场法企业价值，计算结果为 146378.98 万元，其中，P_b 为 2013~2019 年医药行业加权平均市净率 4.21 倍；P_e 为 2013~2019 年医药行业加权平均市盈率 35.55 倍；P_s 为 2013~2019 年医药行业加权平均市销率 4.26 倍；P_0 为云克药业 2014 年度企业净资产 21772.10 万元；E_0 为云克药业 2014 年度企业净利润 7397.62 万元；S_0 为云克药业 2014 年度企业销售收入 19846.9 万元。

表 4-7　医药行业 2012~2018 年 12 月 31 日 PE/PB/PS 平均数据

医药行业 （整体法）	2018 年	2017 年	2016 年	2015 年	2014 年	2013 年	2012 年
P_b 市净率	2.71	4.16	4.52	6.00	4.38	4.21	3.55
P_s 市销率	2.86	4.71	5.10	6.19	4.01	3.72	3.21
P_e 市盈率	22.87	35.43	38.87	51.02	36.10	34.54	30.05

资料来源：基于沪深交易所和 Wind 数据库披露的医药上市公司，采用整体法取值（总利润/总市值）；有效样本的条件：剔除样本中的负值。

（4）基于商业模式的医药企业估值模型为：

$$V_a = V_{a1} + V_{a2} + V_{a3} = 77001.8 \text{ 万元}$$
$$V_{a1} = Q \cdot S \cdot F \cdot T_c, \quad T_c = 0.8$$
$$V_{a2} = Q \cdot S \cdot F \cdot T_c, \quad T_c = 0.2$$
$$V_{a3} = Q \cdot S \cdot F \cdot T_c \cdot \beta, \quad T_c = 0.8$$

式中，V_a 为企业价值，计算结果为 77001.8 万元，其中，V_{a1} 为专利期产品价值 53081.6 万元；Q 为云克注射液患者预测数量 54.6 万人（由于云克注射液主要治疗类风湿关节炎，全球发病率为 0.05%~0.1%，我国大陆发病率为 0.042%，按我国人口 13 亿计算）；碘-125 籽源患者预测数量 5.668 万人（由于碘-125 籽源主要治疗前列腺癌或不可手术的肿瘤治疗，据全国肿瘤防治办公室的统计数据，我国大陆前列腺癌的发病率为 0.436%%，按我国人口 13 亿计算）；S 为云克药业按照 12 个月的治疗期计算单体客户预测费 0.4 万元，碘-125 籽源按照 12 个月的治疗期计算单体客户预测费用 2 万元；F 为预计市场份额数取值 20% 假设；T_c 为行业产品平均利润率专利期取值为 80%。V_{a2} 为非专利期产品价值，目前没有取值为 0 元。V_{a3} 为在研管线产品价值 23920.2 万元，其中医用同位素生产堆（MIPR）具有技术储备处于国家立项阶段，其估值难以量化本案例中不做计量取值为 0；Q 为放射性微球患者预测数量 52.1 万人［由于放射性微球主要用于肺癌等恶性肿瘤治疗，根据《中国恶性肿瘤学科发展报告（2017 年）》的肺癌患者数据为 52.1 万人］，90Y 标记 RP215 单克隆抗体药物患者预测数量 392.9 万人（由于 90Y 标记 RP215 单克隆抗体药物主要治疗恶性肿瘤，据全国肿瘤防治办公室的统计数据，2015 年恶性肿瘤发病约 392.9 万人计算），新型抗骨质疏松药研发项目患者预测数量 16000 万人（根据中国疾控中心发布的数据显示我国骨质疏松患者已达 1.6 亿）；S 为放射性微球与 90Y 标记 RP215 单克隆抗体药物治疗期单体客户预测费 6 万元（《柳叶刀》2014 年统计单体中国癌症患者的人均就诊支出共计 9739 美元），新型抗骨质疏松药治疗期计算单体客户预测费用 0.2 万元；F 为放射性微球与 90Y 标记 RP215 单克隆抗体药物预计市场份额数取值 1% 假设，新型抗骨质疏松药市场份额数取值 0.1%；T_c 为行业产品平均利润率在研管线有可能获得专利权取值 80%；β 为风险参数新药研发的成功率 10% 假设。

（5）统计上文形成价值区间如表 4-8 所示：

表 4-8　计算结果　　　　　　　　　　　　　单位：万元

V_a	V_b	V_c	V_d
77001.8	25876.41	146378.98	145010.1

（6）代入可调节估值模型计算估值。

$D_0 = (V_a + V_b + V_c + V_d)/4 = 98566.62$ 万元

$M = \max\{V_a, \ V_b, \ V_c, \ V_d\}$

$N = \min\{V_a, \ V_b, \ V_c, \ V_d\}$

$D = (E_1 + E_2 + E_3)/3 \cdot \dfrac{D_0}{E_0} = 171022.29$ 万元

$$\hat{D}=\begin{cases} M, & D\in[M,+\infty) \\ D, & D\in(N,M) \\ N, & D\in(-\infty,N] \end{cases} = 146378.98\ 万元$$

式中，$\hat{D}$ 为实际执行价格为 146378.98 万元，D_0 为当期年预执行价格 98566.62 万元，M 为取最大值 146378.98 万元，N 为取最小值 25876.41 万元，E_0 为并购当期 2014 年企业净利润 7397.62 万元，E_1、E_2、E_3 为业绩承诺期 3 年实际净利润（见表 4-9）。

表 4-9　业绩承诺及完成情况　　　　　　　　　　　　单位：万元

	2015 年	2016 年	2017 年
业绩承诺	10000	12200	14600
实际完成	10420.01	13447.62	14639.34
完成率	104.2%	110.2%	100.27%

（7）东诚药业并购云克药业最终实际并购价格。

按照并购协议约定，业绩承诺方超额完成承诺期业绩，不需要补偿业绩承诺也无相对应的奖励机制，所以东诚药业并购云克药业最终实际并购价格为 145010.1 万元。

（8）比较分析。

从上文的计算数据来看，按照估值区间可调节模型，在超额完成业绩承诺的基础上的执行价格为 146378.98 万元，比实际按照收益法评估的执行价格 145010.1 万元多出 1368.88 万元，说明在使用多种估值方法时以及业绩超额完成的前提下，被并购方能够更多地获得收益，而并购方也未付出过多的价格。

资料来源：深交所网站公告。

第五章

并购交易风险及法律问题

在并购交易中，存在着各种道德风险和法律风险，即使有对赌协议但依然存在商誉减值、利润亏损、存货消失、成长不及预期等问题，所以在并购中必须做好排雷工作。企业的"国际化"战略中跨境并购，俨然成为世界范围内企业发展首选战略。由于国际并购交易中的大多数交易并不是文件签署和交割同时发生的，并购交易文件签署后，买卖双方需要履行一系列诸如寻求政府审批、债权人同意、合作伙伴放弃优先购买权等义务才能完成交易，所以在签署并购交易文件后，除文件中约定的事项发生外，并购交易的任何一方不能随意地放弃交易。

本章通过对并购交易中可能发生的风险及跨国并购中可能产生的审查风险及法律风险等，以及商誉及技术、专利、品牌等无形资产的损失风险等进行阐述；在并购实践交易中，需要根据具体的情况实操应用。

第一节　并购交易的风险雷区

所有商业活动都会有风险，并购交易风险更是各种雷区不断，其中的业绩地雷有商誉大减值、利润大亏损、存货消失之谜、成长股不及预期等，所以在并购中必须做好排雷工作，本书对可能产生的风险雷区重点阐述。

雷区一：并购标的企业盈利能力的持续性问题及对应的收益法估值问题。

对被并购未来盈利能力的判断风险并购企业在确定并购对象时是要考虑被并购企业的未来盈利能力的，有的是出于扩大生产规模的考虑，有的是为了扩大经营范围，当然也存在一些借壳上市的行为。在信息不对称的情况下，被并购企业的信息较难获得，仅依靠并购企业的判断很难保证被并购企业未来能取得预期收益。

如果并购企业未能准确评估被并购企业的风险，很可能导致并购失败或者遭受巨大损失。而隐含的价格涉及对被并购企业的员工、财产、高管、债务的承担与安置成本，如果成本过高，则会影响并购效益，因此成本与效益兼顾是企业并购中确定成交价格的重要原则。

雷区二：原股东借款、担保及或然负债的风险问题。

股东借款就是目标公司的股东对目标公司在权益投资以外进行的债权投资，是股东对公司的借款。股东对公司的借款大致有两类：一类是全体股东按照持股比例向公司借款，另一类是公司的个别股东，通常是大股东对公司借款。对股东借款问题，一是要在尽职调查时全面掌握情况，二是要在并购谈判时协商一致进行处理。

从企业并购的实践看，处理股东贷款的方法大致有两种：一种是在股权转让合同中约定，在股权转让完成后的一个较短时间里，由投资公司促使或者安排目标公司偿还。另一种是在股权转让的同时另行订立一份协议，将出让方对目标公司的这一债权转让给投资公司。在实践中，股东贷款作为出让方的一项债券可以与股权转让同时转让给受让方，但是要单独订立转让协议、单独作价，不能与股权合并作价、一并转让；股东贷款的义务人是目标公司不是投资公司，如果不转让只能由目标公司偿还，不能由投资公司偿还；外资企业的股东借款必须有相应的外汇登记，否则目标公司无法顺利偿还，转让时投资公司也不好付款。

关于目标公司的负债及股权出让方的赔偿责任，是股权并购谈判中共存的一个谈判难点问题。目标公司的或然负债是指因股权转让基准日之前的原因引起的、在股权转让基准日后由目标公司承担的、未列于目标公司负债明细表中的负债，或者虽列于目标公司的负债明细表，但目标公司承担的负债大于明细表中列明的数额的那一部分。从实务中看，关于股权出让方因目标公司遭受或然负债对投资公司的赔偿责任大致遵循以下规则：豁免额度。为体现诚信、务实、谅解的合作精神，双方一般约定一个豁免额度，在豁免额度以内的，股权出让方不承担赔偿责任。多约定股权出让方赔偿责任的上限，而且以股权转让价格为赔偿责任的最高限额。因为在公司企业制度下，目标公司的债权人不能向股东追及，因此即使目标公司遭受再多的或然负债，投资公司的损失也仅以全部股权转让价款为限，股权转让价格是赔偿责任的最高额。

责任期限是出让方对目标公司或然负债承担赔偿责任的期限，即只有在期限内目标公司遭受的或然负债，出让方才承担赔偿责任；期限届满以后目标公司遭受的或然负债出让方不再对投资公司承担赔偿责任。关于责任期限问题，有采用自股权转让基准日起至目标公司管理权移交日后 24 个月止或 18 个月止或 12 个月止的。关于出让方赔偿责任的期限，主要是参考诉讼时效期间由谈判双方协商确定。不过有两种或然负债的赔偿责任不能适用期限：一种是因目标公司为他人提供担保产生的或然负债，因为这种负债的发生期间由主债务期间决定，无法预测，所以无法作期限上的约定；另一种是因目标公司偷、漏税款而产生的或然负债，这种负债也无时效上的限制。

股权出让方对投资公司的赔偿额并不是按照目标公司遭受的或然负债额计，而是以目标公司遭受的或然负债额乘股权出让方转让的股权占目标公司全部股份的比例计算得出。或然负债赔偿责任仅指因目标公司遭受股权出让方应当披露而未披露的负债导致投资公司遭受损失的赔偿责任，如果投资公司的损失不是因目标公司遭受或然负债所致，则不适用前述计算方法，而应当由股权出让方按投资公司的实际损失全额赔偿。如果股权的出让方全部为自然人，投资公司最好要求股权出让方互相对目标公司负债的赔偿责任承担连带保证责任，即一旦发生赔偿责任投资公司可以向任何一个责任人主张全部权利。

雷区三：被并购企业的人员安置风险。

并购企业在取得被并购企业之后如何安置原企业职工是一个重要的问题。第一种方式是直接解散原有员工，重新招聘新员工，这样有利于重新培养员工，但在并购过程中会遭遇很大阻力，失败的概率较高；第二种方式是解散原有管理层，保留员工，这种方式只是换了管理者，但实际员工还留在企业。

如果新任管理层打算对现有的团队和组织架构进行调整，那么就不可避免地出现裁员决策。人力资源部在制订裁员方案时应力求做到合情、合法，避免员工集体抗议行为的出现。在裁员之前，管理者必须先思考有无替代裁员的方案，可能采取的方式像是安排公司内其他工作、利用改变薪酬措施等。若必须裁员，公司要告诉员工裁员的原因和选择裁减对象的标准，在确定裁减对象时要做到公平透明，并且应该尽努力去帮助被裁掉的员工。在制订裁员方案的过程中，应该注意合情、合理、合法的结合，应完全按照《中华人民共和国劳动法》相关规定制订方案，以排除法律风险；裁员消息需要及时、有效地传达，要把相关的补偿方案、人员名单和裁员时间表及时、透明地发布给所有相关人员；给员工一定的缓冲时间寻找新工作，并尽可能给他们提供一份人力资源部撰写的推荐信；如果企业条件允许，既可以提前联系一些其他公司的相关工作岗位供员工选择，也可以为员工提供一些新技能的培训，并颁发相关资格证书。裁员在很多人眼里都是"残酷"和"冷血"的代名词，如果能够遵循合理、合法、合情三者之间的结合，或许能够获得多赢的结果。

第二节　分手费和反向分手费

随着经济全球化的深入，外资企业大批进入中国市场，中国企业"国际化"战略的提速，跨境并购俨然成为世界范围内企业发展首选战略。作为国际并购交易中最为重要的交易保护条款之一，分手费和反向分手费几乎在每一个国际并购的交易文件中都会出现。由于国际并购交易中的大多数交易并不是文件签署和交割同时发生的，并购交易文件签署后，买卖双方需要履行一系列诸如寻求政府审批、债权人同意、合作伙伴放弃优先购买权等义务才能完成交易，其中为了获得政府的审批可能会耗时一年以上，导致签署并购文件的双方在某种程度上都会寻求交易的确定性，所以在签署并购交易文件后，除了文件中约定的事项发生意外，并购交易的任何一方不能随意地放弃交易。

一、分手费和反向分手费的源起与国际惯例

1. 分手费

国际并购交易分手费起源于对交易买方保护的需要。在国际并购交易文件签署之后，卖方不得在市场上与其他潜在买方进行谈判交易，但是出现了更高报价的潜在买方，在公司法的义务要求下必须与潜在买方进行商谈，并可能达成交易。如此便会导致先前买方出局，而先前买方损失了时间、金钱和机会，就需要卖方给予补偿，被称为分手费。对于更高报价方和卖方来说，是否能够达成新的交易，给予先前买方的分手费也是需要考虑的因素，因为这构成了新交易的成本。对于卖方而言，卖方公司董事会向公司股东大会推荐此次并购交易，但股东大会给予否决了或者是有第三方更高报价并达成了交易的情况下，能够触发卖方支付分手费。

2. 反向分手费

在国际并购交易中，对于买方股东未能批准交易、买方违约、未能获得某些种类的政府审批或者融资等先决条件的情况，逐渐出现了买方需要向卖方支付补偿的现象，这种补偿被称为反向分手费；反向分手费和分手费一样已经逐渐成为国际并购交易中的标准和常见条款。对于买方而言，买方未能获得并购融资或者

其股东大会未能通过此次并购交易，或者未能获得相关政府审批或者反垄断审批而终止交易的情况下，能够触发买方支付反向分手费。

3. 分手费和反向分手费的国际惯例

从美国、加拿大和英国的主要并购交易的统计数据来看，在没有更优报价的情况下，否定董事会推荐报价的情况，卖方一般不愿意支付分手费；在否定董事会推荐的报价并存在更优报价的情况下，在加拿大96%的交易和美国87%的交易中，卖方支付了分手费。关于反向分手费，在未获得融资的情况下，买方支付反向分手费在加拿大的交易中占到56%，美国仅有7%；在未获得政府审批的情况下，支付反向分手费在交易中占到19%。

对比英国和美国的交易，英国并购交易的分手费占交易价格的比例低于美国并购交易分手费占并购价格的比例。在所调查的英国的并购交易案中，多数并购交易的分手费集中在并购交易价格的1%~2%，超过2%并购交易价格的几乎没有；而在所调查的美国并购交易案中，多数并购交易的分手费集中在并购交易价格的2%~4%。

在国际并购交易中，分手费和反向分手费的计算基础一般来说是并购的价格，有的卖方会提出以公司的公司价值，而不是股权价值作为分手费计算的基础。需要注意当以企业价值作为基础计算分手费或反向分手费时，在卖方公司的杠杆比率较高的时候，可能会出现被股东诉讼挑战的问题。分手费和反向分手费并不是约定得越高越好，两者占交易价格的比例，需要在市场惯例通行的区间内选取。

4. 分手费和反向分手费的谈判

国际并购交易中分手费的谈判关键在于分手费的数量额度大小、报价更高要约的状态和分手费支付的时间。在卖方股东大会否决交易触发支付分手费的情况下，买方一般要求卖方补偿其在交易中支出的合理费用，包括准备交易、聘用外部顾问、为交易谈判等各类事项所支付的费用；在卖方收到更高报价、卖方董事会改变推荐等情况下，买方一般会要求卖方支付更高比例的分手费。从市场惯例来看，分手费在交易价格1%~5%较为常见。分手费的性质在普通法下往往被归类为违约金，是交易双方在签署并购协议时对可能损失的真实估计，故并购市场上对分手费占交易价格的比例有一定的共识，否则如果分手费约定畸高，有被认定为是罚金而不可执行的风险。

反向分手费支付的谈判关键主要集中在支付的触发事件、额度和支付时间。

需要注意的是，对于未获得政府批准并购的分手费支付，可以作为卖方支付分手费的触发事件，也可以是买方支付反向分手费的触发事件，这需要视并购交易的发动方和交易双方的谈判地位而定。

二、中国公司国际并购交易中关于分手费和反向分手费谈判的实践

中国公司在开展海外并购时，经常遇到在交易中谈判分手费和反向分手费的问题。中国公司在外部顾问的协助下，按照国际市场惯例与交易对手对分手费和反向分手费条款进行谈判，并以市场化的比例区间达成一致，并未支付超过市场惯例比例的分手费和反向分手费。

2012年，中国海油以151亿美元并购尼克森公司，其中对于分手费和反向分手费的约定是：在尼克森公司与更高报价方签署协议违反协议的相关义务等情况下，尼克森公司需要向中国海油支付4.25亿美元的分手费。在所有交易文件约定的先决条件均已满足且仅剩中国政府的审批未能获得的情况下，中国海油需要向尼克森公司支付4.25亿美元的反向分手费。本案例中分手费和反向分手费均为4.25亿美元，占并购交易价格的比例为2.8%，符合国际并购交易的市场惯例。

2009年，中国石化以82亿加元并购阿达克斯公司的巨型交易中，双方约定：在阿达克斯公司与更高出价方签署协议违反协议相关义务的情况下，阿达克斯需要向中国石化支付分手费3亿加元；中国石化如果未能取得中国政府审批，阿达克斯有权终止交易，并要求中国石化支付3亿加元的反向分手费。阿达克斯公司向中国石化支付的分手费和中国石化向阿达克斯支付的反向分手费相同，3亿加元占并购交易价格的比例为3.6%，也符合国际市场惯例。

2013年，双汇公司47亿美元购买史密斯菲尔德食品公司的交易中，双方约定：史密斯菲尔德食品公司在交易文件签署的第一个月内如果与更高出价的第三方达成交易，则需要支付双汇7500万美元的分手费，如果在30天之后与更高出价的第三方达成交易，则需要支付双汇1.5亿美元的分手费；双汇在未能获得政府审批、未能获得融资等情况下，需要向史密斯菲尔德食品公司支付2.75亿美元的反向分手费。可见史密斯菲尔德食品公司向双汇支付的分手费和双汇向史密斯菲尔德食品公司支付的反向分手费并不对等。史密斯菲尔德食品公司向双汇支付的分手费占到交易价格的1.5%和3.1%，而双汇向史密斯菲尔德食品公司支付的反向分手费达到交易价格的5.8%，虽然处于比例的高限，但还在市场惯例之内。

从中国公司跨国并购的实践看，基本上所谈成的分手费和反向分手费占交易价格的比例都在市场惯例的限度之内。

三、反向分手费保险

随着中国企业参与全球跨境并购市场活跃度的不断提高，各类新型、复杂的交易安排也逐渐为中企所熟知，过程中遇到的风险也越来越突出。2017 年 1 月，国务院、国资委发布了《中央企业境外投资监督管理办法》（国务院国有资产监督管理委员会令第 35 号），要求"中央企业应当根据自身风险承受能力，充分利用政策性出口信用保险和商业保险，将保险嵌入企业风险管理机制，按照国际通行规则实施联合保险和再保险，减少风险发生时所带来的损失"。为响应政府的号召，也为解除中企开展跨境并购的后顾之忧，我国保险业为中国企业量身打造了"反向分手费保险"这一新型风险管理工具。

目前，该险种在世界范围内仍属于新兴险种，提供此类产品的保险企业较少。反向分手费保险所承保的风险范围，以并购协议中反向分手费所涉及的政府审批内容为基础，具体可根据中国企业的实际需求进行调整，主要包括国家发展和改革委员会、商务部、证监会以及国资监管部门等，他国政府国家安全审查包括美国 CFIUS、澳大利亚 FIRB 等，并可同时涵盖反垄断审批。

在保险的保额与保费方面，由于反向分手费特殊的风险特征，为体现风险共担原则，反向分手费保险的保额通常为反向分手费的 50% ~ 60%，保费通常为保额的 5% ~ 10%，具体可根据交易标的的行业性质、所在国别、规模大小与买方企业的具体情况而定。例如，2018 年，某央企收购德国制造业资产的项目中，总交易规模为 3 亿欧元，交易协议条件包含以中国政府审批为风险触发条件的 1500 万欧元的反向分手费。保险公司在充分核查该项目实际风险的基础上，经过与投保企业的充分沟通和协商，为其提供了覆盖近 90% 反向分手费风险的保险方案，并综合风险情况相应降低了该笔保单所适用的费率。

反向分手费保险的投保流程可划分为询价、意向性报价、正式核保报价、保险确认四个阶段。投保企业所聘的负责该交易的律所，按照保险公司的要求，针对反向分手费的触发风险，提供法律意见书或风险评估报告；保险公司在此基础上提供一个"意向性报价"，包含保险可覆盖的风险范围、保费成本以及正式报价所需要的核保费用承诺函。保险公司在与投保企业进行充分沟通后，将为其提供正式报价及完整的保险方案。针对交易中的政府审批风险，保险公司通常会以中央政府或地方政府的相关境外投资政策作为参考；如果收购标的属于鼓励的境外投资方向或是地方政府经济产业政策所鼓励的投资方向，那么保险公司就有可能在综合评估该笔交易风险的基础上，适当放宽保额，并相应降低费率；反之则进行反向操作。

在向银行办理反向分手费银行保函的过程中，可借助保险保单达到增信作用。在金融机构去杠杆的大环境下，银行针对企业提供的股票、财产等资产的抵押折扣率较高，买方企业可以借助反向分手费保险的保单达到增信的目的，提高资本利用率。国内部分省市地方政府为了鼓励当地企业加大全球产业整合能力，出台了对外投资专项财政补贴政策，其中包括以保费补贴的方式，引导产业龙头企业在对外投资中更好地利用保险工具解决实际交易风险，相关企业利用好此类政策来降低保费。

第三节　并购中的知识产权陷阱与法律风险

美国著名经济学家、诺贝尔经济学奖的获得者施蒂格勒所说："综观世界著名的大企业、大集团，几乎没有哪一家不是在某种程度上以某种方式，通过资本并购重组收购等资本运作手段而发展起来的。"然而，"理想很丰满现实很骨感"，有资料显示，并购重组的失败率高达 70%。而导致失败的一个重要原因就在于对企业并购重组过程中潜在的法律风险防范不够。

我国上市公司并购重组涉及的主要法律法规有：《中华人民共和国公司法》《中华人民共和国证券法》《中华人民共和国反垄断法》《中华人民共和国企业破产法》《上市公司监督管理条例》《国务院办公厅关于当前金融促进经济发展的若干意见》《上市公司重大资产重组管理办法》《关于企业重组业务企业所得税处理若干问题的通知》《企业重组业务企业所得税管理办法》等。涉及海外并购的法规还包括《关于外国投资者并购境内企业的规定》《国家外汇管理局关于境内居民通过境外特殊目的公司融资及返程投资外汇管理有关问题的通知》《关于规范金融机构资产管理业务的指导意见》《关于鼓励和引导民间投资健康发展有关外汇管理问题的通知》等。

一、企业并购中存在知识产权陷阱

检索我国并购获得知识产权的案例，会发现我国面临的知识产权陷阱有两类：一类是合资企业中，外资企业为中资企业设陷阱，使中资企业的已经成熟的品牌在市场上销声匿迹，这主要发生在我国推行"引进来"战略的历史阶段。另一类是中方企业在并购外国企业的时候，并没有获取其核心技术，或者获取的专利技术已经成为鸡肋。这主要发生在中国的企业着急走出去阶段。

1. 外资并购中知识产权：商标陷阱

（1）不平等条约。利用中方急于求成的心理，在并购协议中不平等地约定合资企业必须使用外方商标，完全排挤中方商标的使用。将中方的知名商标以高价折股，合资后对中方商标然后弃之不用。

［案例］1994 年 1 月 18 日，震动中国饮料业的百事可乐与天府可乐在重庆

"联姻"，曾一度被作为国宴饮品，被民众视为民族饮料象征的天府可乐从此在市场上销声匿迹。

（2）股权控制条款。外方表面同意，合资企业在经营期限内对双方商标都可使用。但在实际经营中，外方却利用控股地位将中方商标闲置，使用自己的商标，并利用合资企业的资金为自己的商标大肆宣传。合营期限一旦届满，原中方著名商标由于不使用而在市场上为人所淡忘，而中方对外方商标无权继续使用，外方在此时便会提出可继续使用其商标，但须支付高额许可使用费的要求。

［案例］在 1994 年上海牙膏厂与联合利华合资之前，"美加净"牙膏在中国已经是家喻户晓，年销量达到了 6000 万支，产品的出口量居全国第一位，但当它被折价 1200 万元投入合资企业后，立刻被打入"冷宫"，代之而起的是露美庄臣，到 1997 年，联合利华停止在各种媒体上投放美加净的广告，但同时又在洁诺的广告上不遗余力地加大投入。

（3）自然淘汰策略。在并购协议约定双方的商标都可使用，但同时限定主产品、新产品用外方的商标，老产品用中方原有的商标，然后外方通过产品的升级换代逐步将原中方的名牌淘汰出市场，达到在商标权上完全控制中国的国内市场的目的。

［案例］在洗衣粉行业，上海的白猫、广东的高富力合资后，外方利用我国名牌厂家的生产能力和销售渠道，推销它们高价的产品，而把我国的产品打入"冷宫"。又如广州肥皂厂的洁花牌香皂与美方合资后，很快被海飞丝、潘婷取而代之。

（4）全面收购策略。外资通过全面收购国内被国人所熟悉的并有良好市场效应的品牌企业，达到迅速抢滩中国市场的目的。

［案例］2004 年 2 月，德国汉高公司与上海轻工控股集团达成协议，全资收购"熊猫"品牌，成为熊猫品牌的新所有人，而原所有人上海轻工控股集团全资子公司上海海文集团将不得使用熊猫品牌标志。

2. 中资并购外资：专利陷阱

中国一批企业已具备参与国际竞争的实力，为了进一步提升自身的竞争力，抢占全球市场，通过并购来获取专利技术。但是并购要么是没有取得目标企业的核心专利技术，要么获取的专利技术已不具备良好的市场前景和发展潜力。

［案例］2007 年，华立集团收购飞利浦公司 CDMA 移动芯片技术研发部门，

飞利浦与美国高通公司签订了 CDMA 芯片技术的交叉许可协议，由于双方承诺不对第三方公开，这种承诺不因为飞利浦研发部门的转让而改变。华立开发和销售 CDMA 芯片和终端设备，仍需要向高通公司支付技术许可费。而中国商家每生产一部 CDMA 手机，都要将销售额的 2.5 美元交给高通公司作为选用 CDMA 标准并使用相关专利的费用。

另外，如果在并购中获得了资质优良的知识产权，但是对该知识产权不能够很好地运营管理也就成了中看不中用的花瓶，因此，有必要在并购成功后对已经获得的知识产权进行资源整合，以发挥其最大的效用。为了解决上述问题，必须对目标企业进行尽职调查和价值评估，必须对接管后的知识产权资源进行整合。

二、并购中的法律风险及防控

并购的法律风险很大，并购方的风险又大于被并购方的风险，也是必须依托律师、会计师参与并具体操作的。律师要对并购项目出具法律意见书，要帮助并购方拟订并购方案，制定并购流程，进行尽职调查，参与并购谈判，拟订并购意向书、并购协议等法律文件，处理并购完成后的善后事宜等。

1. 商业机会错失和商业秘密泄露的风险

并购项目的选择、立项、谈判需要投入相当大的时间、精力和财力，并购方也要防止跳单、"一女二嫁"甚至"多嫁"的情形，从而避免导致流失商业机会，或者付出更大的并购成本。并购不免会涉及两方的商业秘密，比如收购方的战略意图或相对方的经营和财务信息等。商业秘密泄露的风险显而易见。所以，我们常常会在并购谈判初期，就签署框架协议或意向书之类的协议，来争取特定时间段内独占或优先的谈判地位，以及设定双方的保密义务，防止商业秘密泄露。

并购谈判的初期的框架协议，其内容和意义主要是：确立谈判各方的法律地位；争取获得收购方对收购标的的排他性的谈判地位；确定双方的保密义务；根据项目的具体情形，收购方有时需要向对方支付一笔诚意金，以获取对方同意收购方立即进行尽职调查，或作为获得独占的谈判地位而向对方支付的保证金，此时应明确诚意金的法律性质和未来的处理方式；确定工作时间表、步骤和各自负责完成的事项；确定双方谈判小组成员和中介机构成员以及各自职责等。

2. 防范付款风险,尽可能设计分期和附条件的付款方式

大型的并购项目,其程序往往复杂冗长,影响并购成败的风险点也很多。因此,在参与项目的谈判以及起草合同的过程中,应当就有关收购方支付对价款或者投资款事项,尽量设计分期或者附条件的付款方式,以降低收购方的资金风险。

比较常见的方式有:根据签约、改组董事会管理层、报批、完成过户等程序为标志进行阶段性付款,或者根据政府审批完成、尽职调查报告满意、关联协议签署、双方权力机构(董事会、股东会等)批准等作为划付投资款的前置条件。

3. 确保资金安全——共管账户的运用

并购项目中设置共管账户往往适用于如下情形:其一,并购初期收购方应对方要求先行支付一笔诚意金作谈判担保,但收购方要求对方不能擅自动用该诚意金;其二,卖方担心在交易结束且政府审批和标的过户手续完成后买方违约不给付对价,但买方担心先支付卖方对价后,政府审批和过户手续最终不能完成,或者不能实现买方要求的其他条件,在此情形下,设置共管账户是一个平衡双方风险的手段等。

共管账户的设置和使用方式如下:通常是以一方名义开户并提供公章,另一方持有人名章,以约束账户的使用,只有双方共同签章才能使用账户内资金。交易双方共同监管银行签署三方账户监管协议,银行见到协议约定的条件成就时(如变更后的营业执照、变更后的相关产权证、政府职能部门的批文、各自公司权力机构的决议等)即行放款。交易双方与共同认可的律师事务所、公证处等机构签署资金监管协议,买方将交易对价划至前述机构,前述机构见到协议约定的条件成就时向卖方付款。

4. 未经披露的债务及各种类型的担保法律责任风险

如在收购某公司项目中,收购完成后发现,目标公司有原未披露的几起小额诉讼,总负债金额达人民币 400 万元。由于在原并购协议的承诺与保障条款以及违约责任条款中,明确约定了如果出现未经披露的其他负债,卖方将承担全部损失。因此,对或有负债的风险必须有所预见,并必须在并购协议中明确约定其责任归属和责任承担方式。

一般来说,防范或有负债风险从以下三个方面着手:一是明确约定或有负债及处理或有负债问题的各项费用由卖方承担;二是延期支付收购款,比如约定20%左右的款项在收购完成后两年内付清,同时规定如果确实发生或有负债,收购方可以直接以未付收购款抵偿；三是由卖方就或有负债提供第三方或财产担保。这几种方式可以单独也可以数项结合使用。

5. 职工安置和保险方面的政策和法律风险

在并购国有企业项目中，往往会涉及职工安置、补缴保险费的问题。作为并购方不应忽略这一问题。职工安置方案应当取得当地政府的认可，补缴保险费的金额和方案应当得到当地劳动和社会保障部门的认可，职工安置后应当彻底同收购的目标公司隔断劳动关系和人事关系。并购方需要根据国家和当地政府的各项优惠政策，同时要严格遵守这方面的强制性规定，避免在职工安置方面带来拖累。

6. 公司实际控制风险及其防范

在很多并购案例中，收购方要求实现相对或者绝对控股权。这不仅在股权比例上应有所体现，更要在收购方对目标公司董事会成员和管理层班子的调整上实际体现，否则可能面临虽持有多数股权但并不实际掌握对公司的控制权的风险。公司控制风险方面的案例，在有关并购的纠纷案件中时有出现。此外，在并购后的章程中，要注意公司股东会和董事会的权力分配，以及具体权能的表决机制，即哪些事项实行简单多数决、哪些实行绝对多数决等。新公司法实施后，要进一步重视监事会的设置和作用。

对公司的控制至少体现在三个方面：股份比例多少；董事会中董事人数多少；股东会和董事会的权力分配、权限范围和具体权能的表决机制。当然，公司法定代表人、公司经理、财务负责人等由谁担任对公司实际控制的影响显而易见。不要简单地以为持有股份多就一定能实现对公司的控制。相反，即使股份比例不占优势，在公司三会的权力分配、表决机制、经理和财务负责人选任等方面处理妥帖，仍可以实现对公司的控制。

7. 隐性风险的防范

并购项目中，并购方的风险较高，无论怎么仔细，目标公司总还有些问题看不见，看不清楚，收购完成后会有哪些问题冒出来难以预料。对于这些隐性风险如何防范？为了解决这一矛盾，可以通过协议将确保信息真实性、完整性和准确性的责任交由转让方承担：一方面，向转让方提交调查问卷，要求转让方自己来回答那些敏感的以及难以判断真伪的问题；另一方面，在并购合同中大量地引用转让方所做出的陈述、承诺与保证，并以其作为双方成交的条件之一，如若事后发现有关情况存在重大出入，收购方可以据此要求调整收购对价、赔偿损失甚至解除收购合同。

并购协议源于悠久的法律服务史，西方律师界已经总结出了公司收购协议的各种范本。在这些范本中，最引人注目的机制在于防范收购风险的陈述、承诺与保证三道"防火墙"，即俗称的"三剑客"。陈述、承诺与保证均是转让方向收购方做出的，旨在确保收购方所获知的信息的真实性、完整性和准确性，确保交接顺当，确保公司对业务、职员、技术、客户到市场的各个方面不因股权易主而受到不良影响。

第四节 海外并购的安全审查——以美国为例

改革开放 40 多年来，中国企业在海外并购中取得了巨大的成功，已经成为全球并购市场上的重要力量，其中对美国企业的投资并购是中国海外并购的主要方向之一。商务部的数据显示，2018 年，中国对美投资并购额仅为 48 亿美元，与 2017 年相比下降了 85%，其中一个重要的原因就是美国加强了对来自中国并购资本的安全审查。2018 年 8 月，特朗普总统签署了新修订的《外国投资风险评估现代法案》（FIRRMA），该法案的修订进一步扩大了 CFIUS 的安全审查权。

2018 年 8 月，特朗普签署通过《外国投资风险评估现代法案》是美国规范外来资本并购风险与安全审查的基本法律，该法案赋予了外国投资委员会更大的安全审查权，进一步强化了对外来资本投资并购过程的监管力度。CFIUS 作为一个联邦机构，其是美国行使投资并购安全审查权以及执行安全审查机制的主要机构，由美国国务院、财政部等 9 个联邦机构主要负责人以及管理与预算办公室、经济委员会等 5 个观察员部门主要负责人所组成，财政部部长担任该委员会主席，对审查报告有最终的签署权。FIRRMA 的修订，强化了美国政府对于一些敏感行业、技术的投资审查，特别是并购领域，而对于绿地投资或是一些非敏感技术的普通行业如消费服务业、房地产行业，新法案与之前没有太大的变化。总体来看，新的法案在投资安全审查机制方面有以下新的进展。

外国投资委员会原来的安全审查权局限于外国投资者掌控美国企业投资的审查，新法案将该委员会的管辖权进一步扩大，对于外国投资者在关键性基础设施建设、关键技术、敏感行业的非控制性投资也在审查之列。换言之，在关键基础设施建设、关键技术或是敏感信息产业中任何非控制性的投资或并购行为均会受到外国投资委员会的审查，比如外国投资者在上述领域获得董事会席位或是参与企业决策过程也必须接受外国投资委员会的审查。该法案还进一步规定，对与关键性基础设施建设相关上下游企业的投资并购也在审查范围内；对与关键性技术行业相关外围行业投资也在审查范围内，由此就大大扩充了审查对象和管辖范围。外国投资者只要是在这些领域或环节进行投资并购，均要接受外国投资委员会的安全审查。

从法案的文本上看，其对"国家安全"的内涵并没有特别的概念界定，即没有明确外国资本投资并购中涉及的"国家安全"是什么。该法案此次修订对安全审查应该考虑的要素进行列举式概括，这些列举式概括实际上就是在明确安全审查的内涵。如美国交易方所进行的交易是否会提升美国"特别关注国家"的工业或信息产业发展优势、交易方所进行的交易是否缩小了美国在关键技术领域的优势或是对美国持续发展造成不利影响等。

美国是一个法治国家，司法审查是对行政权约束的重要救济渠道。但此次FIRRMA 的修订，进一步限定了司法审查对总统和外国投资委员会权力的约束。尽管法案中规定，交易双方认为有权向哥伦比亚特区联邦巡回上诉法院提起诉讼，但上诉法院不能改变总统或外国投资委员会的决定，只能是维持或是发回外国投资委员会重新作出决定。由此看来，安全审查的最终决定权还是在外国投资委员会和总统手中。法案还规定，外国投资委员会在初审期结束之后，对于可能会对美国国家安全造成潜在威胁的交易项目有及时终止权，无须进入调查阶段。此外，法案还对外国投资委员会的安全审查提供资金支持，授权该机构在安全审查过程中可以向交易方收取一定的费用，费用金额限定在交易额的 1% 范围之内且最高不能超过 30 万美元。

新法案对外国投资委员会的安全审查程序做了较大的调整，具体而言：第一，缩短了对国家安全问题威胁较小的特定类型交易的审查时间，但同时也增加了强制申报的要求。第二，对可能产生国家安全问题的交易延长了审查时限，将初步审查从原来的 30 天延长到 45 天。同时增加了初审的信息要求，包括外国投资者产品的销售量、在美国的违法记录、过往的投资并购史。如果遇到复杂交易案件，正式审查的时间也可以延长 30 天，最长可以达到 120 天。第三，进一步改进了审查决策的透明度。新法案要求外国投资委员会在安全审查的时候，向交易双方及社会大众公布更多的信息，必要时还应该向国会提交个案安全审查报告。

外国投资委员会的数据显示，1995 ~ 2008 年，CFIUS 共接受 1980 起并购案件的申报，但只对其中的 80 件案件开展了正式的调查，所占比例仅为 4%，只有14 起案件完成了全部的审查流程并向总统提交了审查报告，总统也只是对其中1 起案件行使了否决权。而 2017 年该委员会的最新报告显示，仅在 2016 年就收到了 780 起并购审查的申报，对其中 310 件案件进行了正式的安全调查，占比达到了 39.7%。由此可以看出，外国投资委员会审查力度在逐年加大。如果按照2018 年最新修改的法案来看，外国投资委员会的权力比以往更大，以后进入调查期的案件会更多。

从外国投资委员会公布的数据来看，制造业是历年并购交易最多的行业，也是安全审查最多的行业。2009~2016 年，对制造业领域并购安全审查占到了案件总数的 45%，主要是集中在高端制造业，如计算机和电子行业。其次是金融、信息咨询等高端服务业领域，而对于采矿、建筑、消费零售等行业的并购审查比较少。如果从国别上看，各国在美投资并购不同行业所受到的审查力度是不同的，如对中国、日本、法国等国家的投资者投资并购审查最多的行业是高端制造业、信息技术行业；对英国、加拿大、德国等国家投资者投资并购审查最多的是建筑业、采矿业、能源业等。国别与行业被审查力度的差异，与美国对不同国家对其安全威胁程度不同是相关的。

第五节　并购交易中的商誉风险

根据《国际会计准则第22号——企业合并》的规定：购买成本超过购买方在交易日对所购买的可辨认资产和负债的公允价值中的权益的部分，应作为商誉并确认为一项资产。购买产生的商誉代表了购买方预期取得未来经济利益而发生的支出。未来经济利益可能由于购买的可辨认资产的协同作用而形成，也可能形成于某些资产，这些资产在单个考虑时，并不符合在财务报表中加以确认的标准，但购买方在购买时却准备为之发生支出。美国《企业合并和无形资产》准则规定：收购成本大于被收购企业可辨认资产减去负债的余额的总和的差额应确认为一项资产。这项资产通常称为商誉。

商誉是发生在非同一控制下的企业合并之时，并购方支付的价格超过被合并企业净资产公允价值的差额，它反映了未来较长一段时间的持续经营获取超额收益的能力，可以说每一个并购之后都会产生商誉，其实质就是并购重组等资本运作过程中的溢价部分。商誉实际上是企业由于其"成长性、品牌度、先进的管理"等因素所产生的获取超额利润的能力，这也就决定了商誉只能依附于企业存在，其确认计量采用差额计量。

一、财务准则下的商誉

在我国企业并购面临发展的新阶段时，财政部于2006年颁布了新制定的38项会计准则，使我国企业的财务处理方法在很大程度上与国际接轨。按照我国新颁布的企业会计准则，涉及企业合并的会计处理首先应区分是同一控制下的企业合并还是非同一控制下的企业合并。对于在同一控制下的企业合并，新准则规定采用权益集合法，相关资产和负债按照在被合并方的原账面价值入账，合并溢价只能调整资本公积和留存收益，并不确认商誉。

在新准则体系下，只有对非同一控制下的企业合并采用购买法，才涉及商誉的会计处理，确认商誉，而非同一控制下的企业合并在控股合并和吸收合并时确认商誉又稍有不同。控股合并中产生的商誉体现在购买日编制的合并资产负债表中，吸收合并中产生的商誉则作为购买方账簿和个别报表中的资产列示。

新准则规定商誉确认后，持有期间不再摊销，但要进行减值测试，若并购标的最终业绩不达预期，商誉减值确认就可能成为上市公司业绩的"雷区"。目前，在收购轻资产中大多采用收益法估值，而在以收益法为评估基础的企业并购中，积累的巨额商誉必然存在减值风险。

按照《企业会计准则第 8 号——资产减值》规定：企业如果拥有因企业合并所形成的商誉的，至少应当在每年年度终进行减值测试。由于商誉不能独立产生现金流量，因此其减值测试应当结合与其相关的资产组或资产组组合。这些相关的资产组或资产组组合应当是能够从企业合并的协同效应中受益的资产组或者资产组组合，但不应当大于按照分部报告准则所确定的报告分部。为此，新准则要求企业应当自合并日起，将合并产生的商誉按合理的方法分摊至相关的资产组；难以分摊至相关资产组的，应当将其分摊至相关的资产组组合。

二、商誉减值风险处置

1. 商誉的内涵公允价值

商誉不能独立于整体资产而存在，但是有其内在价值，需要确定商誉的内涵公允价值。首先要确定商誉所属的资产组的公允价值；其次要将商誉所属资产组的公允价值分摊于资产组内所有资产和负债项目；最后商誉所属资产组的公允价值与分摊于资产组内资产和负债价值的差额，即为商誉内涵公允价值。

2. 商誉的减值规定

2018 年 11 月 16 日，证监会更是发布了《会计监管风险提示第 8 号——商誉减值》文件，对商誉减值的会计处理及信息披露、商誉减值事项的审计、与商誉减值事项相关的评估进行了风险提示。本次新规规定，对企业并购重组产生的商誉，公司应当至少在每年年度终了时进行减值测试。商誉减值准备一旦计提，不得转回，商誉减值在冲减资产的同时，也抵减净利润。

在计量商誉公允价值之前要确认商誉减值损失情况，首先需要认定商誉是否发生减值。如果商誉没有发生减值，则不需要确认商誉减值损失；如果商誉发生减值损失，则需要确认商誉减值损失。而认定商誉是否发生减值，需要认定是否存在商誉可能发生减值的迹象。如果存在可能发生减值的迹象，就需要对商誉进行减值测试；如果不存在可能发生减值的迹象，则不需要对商誉进行减值测试。商誉由于自身的特殊性，不能独立于其他资产或资产组合产生现金流量。因此商誉减值损失的测试，通常应在现金产出资产或资产组的基础上进行。在特定情况下，也可在相关不利因素发生时对商誉进行减值测试，如法律因素或经营环境发生重大不利变化、监管当局采取重大不利行动、未预见到的竞争等。由于商誉与企业整体不可分割的特性，商誉发生减值损失后，其后商誉价值的回升，在大部分情况下不可能区分是自创商誉价值增加的结果，还是影响商誉发生减值的因素发生回转。

3. 商誉减值的会计处理方法

一般来说，被并购公司能否完成业绩承诺视为商誉是否减值的重要动因；一旦并购对象无法完成业绩承诺，将导致上市公司大额商誉减值的风险，会直接吞噬上市公司的经营利润，拖累上市公司的整体市值。

企业在对包含商誉的相关资产组或者资产组组合施行减值测试时，如与商誉相关的资产组或者资产组组合时发生减值迹象的，应当首先对不包含商誉的资产组或者资产组组合进行减值测试，计算可收回金额并与相关账面价值相比较，确认相应的减值损失；其次对包含商誉的资产组或者资产组组合进行减值测试作比较，比较这些相关资产组或者资产组组合的账面价值与其可收回金额，如相关资产组或者资产组组合的可收回金额低于其账面价值的，应当就其差额确认减值损失，减值损失金额应当首先抵减分摊至资产组或者资产组组合中商誉的账面价值；最后根据资产组或者资产组组合中，除商誉之外的其他各项资产的账面价值所占比重，按比例抵减其他各项资产的账面价值。以上资产账面价值的抵减，作为各单项资产的减值损失处理，计入当期损益。

按照《企业会计准则第20号——企业合并》的规定，因企业合并所形成的商誉是母公司根据其在子公司所拥有的权益而确认的商誉，子公司中归属于少数股东的商誉并没有在合并财务报表中予以确认。因此在对与商誉相关的资产组或者资产组组合进行减值测试时，由于其可收回金额的预计包括归属于少数股东的商誉价值部分，因此为了使减值测试建立在一致的基础上，企业应当调整资产组的账面价值，将归属于少数股东权益的商誉包括在内，然后根据调整后的资产组账面价值与其可收回金额进行比较，以确定资产组是否发生了减值。如发生了减值，则应当首先抵减商誉的账面价值，但由于根据上述方法测算的商誉减值损失包括应由少数股东权益承担的部分，而少数股东权益拥有的商誉价值及其减值损失都不在合并财务报表中反映，合并财务报表只反映归属于母公司的商誉减值损失，因此应当将商誉减值损失在可归属于母公司和少数股东权益部分之间按比例进行分摊，以确认归属于母公司的商誉减值损失。

　　在吸收合并和创立合并的情况下，合并商誉在合并时应作为一项永久性资产入账，或者作为一项可摊销资产入账，或者冲减股东权益。但在控股合并的情况下，购买企业并不需要将支付购买成本超过其在被购买企业可辨认资产和负债的公允价值中股权份额的部分作为合并商誉入账，而是在投资时将其记作股权投资成本的一部分，在合并会计报表中则将其单独列示。

　　目前国际上较为流行的对合并商誉的处理方法是正商誉（合并成本大于被并企业净资产公允价值部分）采用逐年重估法，即合并商誉不必进行摊销，但每年必须在资产组层次上进行减值测试。当商誉的账面价值超过其内涵公允价值时，应将差额确认为减值损失；对负商誉直接计入合并当期损益。2001 年 7 月生效的美国财务会计准则委员会（FASB）发布的《财务会计准则公告第 141 号——企业合并》（SFAS141）和 2004 年 3 月生效的《国际财务报告准则第 3 号——企业合并》均采用了上述做法。

第六节　案例：上汽并购韩国双龙汽车

2004 年 10 月 28 日，韩国双龙汽车公司平泽工厂厂区同时升起了中韩两国国旗和公司旗，标志着这家有着 50 年历史的企业的主要股东变更。当天，中国上海汽车工业（集团）总公司与韩国双龙汽车公司债权团在首尔签署了双龙汽车公司部分股权买卖协议。这起拖了一年的企业并购案以上汽集团成功收购双龙汽车公司 48.9% 的股权而告结。次年，上汽通过证券市场交易，增持双龙股份至51.33%，成为绝对控股的大股东。上汽收购双龙汽车属于部分收购的形式，最终持有双龙股份 51.33% 股权，获得了双龙汽车的实际控制权。

双龙汽车公司起始于 1954 年初创的东亚汽车公司，1997 年，双龙汽车公司因资不抵债而被大宇集团收购。1999 年，大宇集团解散时，双龙汽车公司从中分离出来，成为独立的上市公司。由于经营不善，双龙汽车公司的债权债务出现严重倒置，企业濒于破产。1999 年 12 月，双龙汽车公司负债达 3.44 万亿韩元（约合 30 亿美元），自有资本滑到负 613 亿韩元（约合 5330 万美元）。

自 1999 年起双龙汽车公司债权团便探讨向海外出售股权。2004 年 7 月，以韩国朝兴银行为主的 30 家债权单位组成的债权团举行会议，以投票方式决定双龙汽车公司股权的优先买主，上海汽车公司不出所料被债权团选中。双方谈判的结果，双龙汽车公司股权以每股 1 万韩元（约 9 美元）成交，总收购价格约为5 亿美元。

通过本次并购，对于双龙汽车来说，有利于其拓展海外市场（尤其是中国市场），获得更大的市场发展空间。韩国目前是世界第五大汽车生产国，其国内市场已难以消化更多的汽车，只有走向海外才是其唯一的出路。而中国是新兴的汽车生产大国和消费大国，双龙汽车公司只有同中国企业结盟才能获得广阔的发展空间。同时，也有利于双龙汽车通过同外国商业伙伴建立战略同盟关系来进入国外市场，并借此获得一笔资本投资达到了升级现有产品、开发新品的目的。

通过本次并购，对于上汽来说，可以获得急需的发展技术，填补市场空缺。上汽集团并购双龙这一韩国第四大汽车制造企业，尤其是实现对其控股，使上汽获得了急需的技术和短缺产品。这次收购双龙后，上汽集团将迅速引进销售双龙的汽车产品，填补自己的市场空缺。作为新进入《财富》全球500强排名的中国唯一的汽车企业，上汽集团将此次收购作为实现其全球战略目标的主要步骤，不仅获得了销售增量，也实现了其国际化的重要一步。收购双龙以后，上汽不仅可以完善其产品类型，还获得双龙汽车制造的核心技术——发动机和变速器的研发能力，以及双龙在其强项SUV车型的整车技术；上汽的自主开发能力，也将因有了双龙的技术平台，得以站得更高；除了有助上汽打造自主知识产权车之外，双龙的管理理念、技术人员、20万辆的生产能力和9个组装厂等，都是一笔难得的财富。

从2004年底上汽收购韩国双龙之后，双龙的发展一直不被看好，尽管在2007年一度扭亏为盈，但其存在的一些根本性问题并没有解决。上汽集团原本期望通过控股双龙汽车获得其品牌知名度和制造技术，以找到通往全球市场的捷径。市场也预期上汽在中国的低成本优势与双龙品牌、技术相结合将发挥较好的协同效应，提高双龙汽车的效率。但事实并非如此，派驻在双龙的一位上汽高管曾坦言，双龙公司中能运用一口流利英语交流的人竟然没有几个，而且其生产管理水平、技术装备、研发能力未必比上汽强多少。如果没有奔驰的技术支持，尤其在柴油动力方面的技术和配件提供，双龙根本不可能有生存能力。

双龙工会和上汽方面一直十分抵触，甚至在签约5天之前，双龙工会举行了总罢工。这说明中国车企考虑海外收购最需要评估的，就是能否与其工会达成一致，最少不能在经营上形成阻滞；然而习惯于中国低成本生产方式的中国车企们，可能最难理解的也是这一点。韩国工会与外国企业的矛盾无法调和，在上汽收购双龙后，双方的文化一直没有很好地融合。此前双龙董事会曾表示，由于销售量急剧降低，应该实行大规模的结构调整，但是为了员工的雇佣稳定，要求通过多方面的方案。比如，进行希望退职，轮休，今后两年减少工资以及冻结晋升、晋级、新招聘、暂停福利等方法大幅减少固定费用的支出，从而改善结构费用，并与工会充分协商。此举引发了双龙汽车工会的强烈反应，批评中国的声音也随即在韩国媒体上出现。由于工会组织十分强势，双龙汽车削减人员以降低生产成本的尝试在罢工威胁下屡屡宣告失败。但即便如此，面对全球裁员的大势上汽提出的裁员计划，韩国工会还是给予了强烈的反对回应。对此，上汽却强硬地回应称，各方应共同努力援救双龙，如果工会坚持罢工则表明其不积极救助双龙的姿态，双龙未来将葬送在工会手中。韩国原管理层能力低下，且供应商与管理层和工会多有利益关系。在董事会罢免了原社长后，中方没有一个国际收购的整体团队支撑双龙运作，进一步导致了双龙的内部管理混乱。

上汽在接手双龙之前，双龙暴露出来的问题主要是内部管理和市场定位，因此亟须上汽强力介入，可惜上汽没有去触及造成双龙危机最根本的原因。双龙在国际市场上确立地位受惠于与奔驰的合作，能活下去则依靠立足于国内市场。上汽完成并购后，在重新打造高级轿车和越野车的定位上一直表现不强势，显得没有作为。

种种原因导致仅隔数年，韩国法庭接受双龙汽车株式会社的破产请求。并购双龙以来的数年间，上汽曾试图通过减员增效、合资建厂和拓展中国市场助双龙扭亏，但屡试屡败，毫无成果。上汽的教训给当前忙于抄底并购的中国企业敲响了警钟。

资料来源：上海股票交易所网站。

第六章

并购后整合

在并购交易后，两企业的协同效应将会发挥重要作用，收购方要关心协同效应对公司市值的影响；然而并不是所有的并购后都会继续取得成功，这取决于协同效应的结果。在并购过程中，许多企业一般都关注财务结构与规划、并购后的商机与获利率等，没有意识到整合的持续性，从而需要对企业文化的融合和出台对应的股权激励方案，以发挥人力资源的最大价值。

本章节通过对并购交易后的协同效应、企业文化融合以及组织结构调整、管理风格差异、员工和管理层的股权激励方案等多方面阐述；在并购后的管理整合过程中，需要根据具体的情况来实操应用。

第一节　并购后对协同效应的评估

并购后两企业的协同效应将会发生重要作用，收购方要关心协同效应对公司市值的影响。在原来股权分置状态下，许多协议收购的目的就是获得上市公司的控制权，收购人对上市公司股价在二级市场的变化并不关心。但是在全流通环境下，收购人除了为获得控制权外，必须关心被收购上市公司的股价涨跌，关心因上市公司股价上涨而带来的收购方财富增长。然而并不是所有的并购都会继续取得成功，这取决于协同效应的结果。

在业内人士看来，并购达成是第一步，并购后整合才是最重要的。有些上市公司因对并购后企业的管控不到位，出现管理失控、经营业绩大幅下滑的问题，或是因管理过多过紧，导致公司经营管理陷入困境，最终造成并购失败。

有的企业并购是为了达到规模经济，有的是为了提高市场份额，但是其根本目的还是为了获得协同效应。协同效应能否实现、其实现效果如何却是个非常复杂的问题，可以采用净现金流贴现的方法对协同效应进行计量，并且运用相关财务指标对并购效果进行了评价。并购协同效应的实现与否实际上是收购方支付的并购溢价与协同效应之间的博弈。

协同效应最为普遍的一种解释是协同效应就是"二加二等于五"的效应，即并购后两公司的效益之和大于并购前两公司的效益之和。实际上，这种说法没有考虑到并购前并购双方本身就具有的潜在增长潜力。对协同效应预测和评估研究，由于所涉及的不确定因素多、难度大，企业只有在并购前预测出协同效应才能建立有价值的并购效益参考标准，判断并购是否可行。因此，企业并购前的协同效应评估至关重要。

一、通过现金流量模型对协同效应的衡量

现金流量模型是企业价值评估使用最广泛、理论上最健全的模型，主导着当前实务和理论。任何资产的价值都可以运用现金流量贴现法，它的基本思想是增量现金流量原则和时间价值原则，也就是任何资产的价值是其产生的未来现金流量按照含有风险的折现率计算的现值。同样地，评估并购的协同效应是以对将来的净现金流入预测为基础，虽然对未来的预测含有主观和不确定因素，但在实际中贴现现金流量法应用较为广泛。本书依据这一方法及合理的假设条件对企业并购协同效应进行预测，并对模型中关键变量的选取进行详细定性分析，希望对企业的并购决策提供更为科学完善的方法。基本模型如下：

$$NPV = \sum_{t=1}^{n} \frac{dt}{(1+r)^t} + \frac{\dfrac{dn+1}{r-g}}{(1+r)^n} \tag{6-1}$$

式中，dt 代表的是第 t 期的现金流；r 代表的是贴现率；g 表示的是企业稳定期的永续增长率；r>g。

协同效应的大小取决于并购溢价，并购溢价是企业预先支付的额外投资，而协同效应却可能要到未来的某一时刻才发生。根据这一种思想，就可能得出两个可能的结果：

（1）当 NPV>0 时，即协同效应>并购溢价，这种情况很明显应该称作成功的并购。正协同效应的价值超过了付给目标公司的溢价。在这种正协同效应的较高的情况下，收购方公司的股东将获得收益，反映在账面业绩的增长上。

（2）当 NPV≤0 时，此时分为两种情况：一是 0＝协同效应＝并购溢价，这种情况可能最值得考虑，因为经理和研究人员可能会对公司合并后的成功与否得出不同的结论。这也是并购中最常见的结果。从公司层次现金流的角度来看，这种情况不一定属于不成功的合并，因为协同效应确实也存在着。根据某些公司的业绩标准，业绩的改进有可能大于原先（并购前）预期的水平。然而，收益不足以弥补股东所付出的代价。因而从收购方公司股东的角度来看，经理为并购支付过度

了，股东蒙受了财富的损失。二是协同效应<0，显然，这纯粹是一种价值的损失的情况，并购后公司的业绩明显下降了，其结果是损失了企业为并购所支付的溢价，财富转移到了目标公司股东的口袋里了，此外，公司合并后经营进一步亏损。

二、多角度评估协同效应

并购后的公司业绩方面的改进还需要从经营协同效应，财务协同效应和管理协同角度，选取相应的指标来评价企业并购之后业绩是否改善？

（1）经营协同效应财务指标选取。并购之后，如果企业产生了经济效益和规模经济，相应地，我们可以选取代表盈利能力和衡量企业成长性的指标（见表6-1）。

表 6-1　经营性财务指标

指标类型	指标名称	指标的计算公式
盈利能力	销售净利率	销售净利率＝（净利润÷销售收入）×100%
	总资产利润率	总资产利润率＝（净利润÷总资产）×100%
	权益净利率	权益净利率＝（净利润÷股东权益）×100%
成长性	总资产增长率	总资产增长率＝（本年年末总资产－上年年末总资产）÷上年年末总资产
	净资产增长率	净资产增长率＝（本年年末净资产－上年年末净资产）÷上年年末净资产

（2）财务协同效应财务指标选取。财务协同效应主要体现在企业的财务杠杆效应、资本成本效应和节税效应上。本书主要选取了如下指标，如表6-2所示：

表 6-2　财务协同效应财务指标

指标类型	指标名称	指标的计算公式
资本结构	流动比率	流动比率＝流动资产÷流动负债
	速动比率	速动比率＝速动资产÷流动负债
	资产负债率	资产负债率＝负债总额÷资产总额
资本成本	加权平均资本成本	如果企业对目标公司的并购既涉及股权并购又涉及资产并购，此时的资本成本可以取企业的 WACC $WACC = R_d (1-T) \dfrac{D}{E} + R_e \dfrac{D}{E}$ R_d 表示债务资本成本，R_e 代表股权资本成本
	股权资本成本	如果企业是股权并购，那么资本成本采用资本资产定价模型（以下简称 CAPM 模型）： $R = R_f + \beta (R_m - R_f)$ R_f 采用十年期国库券利率，β 值我们采用 Wind 数据库分析。R_m 取 24 个月的年化收益率计算了各年的平均市场收益率

指标类型	指标名称	指标的计算公式
节税效应	实际所得税率（×10）	实际所得税 = $\dfrac{实际所得税额}{利润总额} \times 100\%$ 如果并购后所得税与利润总额比率降低，那么可以认为是企业并购带来了财务上的节税效应

（3）管理协同效应财务指标选取。管理协同效应所带来的最主要的变化就是管理效率的提高和管理成本的下降，具体可表现为办公机构的精简、管理人员的削减和办公地点的合并所带来的管理费用的降低，此外通过人力资源的优化整合、管理效率的提升和合并也可以在一定程度上节省费用。因此我们可以用反映期间费用和现金回报等的财务指标来衡量企业并购的管理协同效应。而这些绝对数值和企业的规模收入是成正比的，为了得到一个并购前后可比性的指标，可采用管理费用利润率、销售期间费用率，这样的相对数来衡量管理的协同效应（见表6-3）。

表6-3　管理协同效应的财务指标

指标类型	指标名称	指标的计算公式
费用控制	销售期间费用率	销售期间费用率 = $\dfrac{销售费用+财务费用+管理费用}{营业收入} \times 100\%$
	管理费用利润率	管理费用利润率 = $\dfrac{利润}{管理费用} \times 100\%$
资产控制	资产现金回收率	资产现金回收率 = $\dfrac{经营现金流}{平均资产} \times 100\%$
	应收账款周转率	应收账款周转率 = $\dfrac{营业收入}{平均应收账款} \times 100\%$
	存货周转率	存货周转率 = $\dfrac{营业成本}{平均存货} \times 100\%$

正确地理解和认识并购后的协同效应固然是重要的，但对于参与并购的公司双方来说，实现协同效应具有更现实的意义。为了实现协同效应，不仅需要识别协同的机会，而且需要构建协同的技能，还要确定具体的协同活动的边界。并购协同效应的实现是每一个并购行为的最终目的，有的企业在并购的浪潮中不仅实

现了企业价值最大的目标，为股东赚取了更多的利润，还不断地兼并了一些被低估企业，在市场竞争中不断扩张了经营规模；但是有的企业却陷入了协同效应的陷阱，并购所支付的溢价无法得到补偿，不仅没有实现并购协同效应，而且还降低了企业自身竞争力，损害了股东利益。企业并购作为一项战略决策，更是一项投资决策，只有企业在未来的预期获得了协同效应，弥补并购的支付的并购溢价，这项投资决策才算成功。

第二节　并购整合中人的问题

在并购过程中，许多企业一般都关注财务结构与规划、并购后的商机与获利率等，而往往忽略了"人"的重要性；只是孤立地考虑整合本身，没有意识到整合的持续性，从而忽视了人力资源战略的重要性。事实上，并购涉及的不仅是控制硬件资产、市场、技术与人、资金，组织并购的挑战还在组织结构调整、管理风格差异、员工期望与文化融合。这些并购的"人性面"因素最终将会影响绩效、消耗大部分的营运成本。因此并购交易的完成并不代表并购的成功，反而是更沉重管理任务的开始。

国内外相关研究发现，许多并购的成败因素都与并购前后人力资源管理措施有关。如果说人力资源管理是现代企业管理构筑企业核心竞争力的关键，那么并购后的人力资源管理整合则是企业并购成败的关键所在。人力资源方面的整合原则是稳定人心，留住人才。重点是管理层的整合，重点岗位一般是总经理、财务总监、人力资源部经理等。对于企业员工的整合，需要恰当的人事安排、合理的职工安置计划、适当的激励措施，可以调动生产经营人员的积极性和创造性，稳定员工情绪，提高劳动生产率。在薪酬制度的改革或调整方面，需要根据实际情况对工资体制、绩效考核、福利待遇、员工持股计划等方面进行改革。

一、并购标的企业的管理层要不要换的问题

企业控制权的更替，如果大量的高级管理人员调整岗位，必然涉及利益和权利的再分配，这种调整是有风险的，所以应当根据实际情况调整，而不应有所谓的统一的模式。

在企业并购过程中，一个事业部老总的离职远远比一个普通员工的离职要复杂得多。事业部的总经理往往是驱动公司发展的"发动机"，这台发动机并非批量生产，因此没有相同型号的适配机型，一旦换掉这台机器，再找一个新机器来用是需要较长磨合期的。同时，原事业部总经理已在这个公司深耕多年，必定培养了一批亲信，而这些人员往往是事业部的核心骨干。如果现在事业部总经理离职，并准备就职于一家更好的公司或者自己创业，那么这些忠心耿耿的下属一般

会随其出走。中国还有句"一朝天子一朝臣"的老话，新来的老板是否会保持原有的人员结构还是一个未知数。

并购后对被并购企业的整合和管控，关键在于企业管理层，所以选择什么样的管理层是并购后整合的重要课题。管理层的选择要根据并购双方的实际情况来定，如果被并购企业管理规范、内控体系健全、管理层的管理水平较高，则可保留原有管理层人员继续发挥其管理优势，财务负责人除外，反之则可更换管理层。如果决定更换管理层，就要考虑委派什么样的管理层人员，委派人员应满足企业发展的需要，最好是符合市场经济规律要求的企业职业经理人。并购方可从并购工作组选派管理层人员，也可委派符合企业发展要求的职业经理人。

在并购中，管理层面临的最大变化就是管理职责的变化，影响更多的是工作中的成就感；中层面临的最大变化就是未来发展的变化，影响更多的是事业上的成长空间；一般职员面临的最大变化就是不确定性，影响更多的是安全感和归属感。如果并购方认同原企业的管理层价值，国际通行的"金手铐"措施可以借鉴。金手铐是指公司利用股票期权、奖金、红利等预期收入手段留住企业高层管理者等人才的手段，一般都有时间等限制，期间辞职离开则无法兑现；国内很多上市公司并购中，很多标的公司管理层也是原控股股东，一般会通过业绩承诺和对赌协议的方式留用管理层。

二、如何留住原团队的优秀人才

著名管理学家杜拉克对企业并购后整合的研究认为，企业要想通过并购来成功地开展多种经营需要有一个团结的核心，有共同的语言，从而将他们合成一个整体；并购企业必须尊重被并购企业的管理层、员工、产品、市场和消费者，在并购后的一年内，要让双方的管理人员大部分都得到晋升，使双方的管理人员都相信，并购给公司带来了机会。并购后人员的变动管理主要包括留住优秀人才和裁员两大内容。

1. 如何留住优秀人才

很多并购失败的主要原因之一就是没有适当的管理人才来从事并购后的管理工作，同时又无法留住被并购公司中的优秀人才，且通常优秀的员工往往会最先离开。因此稳定人才是收购后最首要的内部问题。要留住优秀人才需要做到以下几点：

（1）首先并购企业要明确对人才的态度。并购企业对人才的态度将会直接影响目标企业人才的去留；如果并购企业重视人才和人力资源管理，目标企业人员将会感觉到继续发展机会的存在，从而愿意留任。很多企业在并购后，都会通过与目标企业人才直接接触、沟通，保留其职位，让员工了解公司未来的经营方向，并有效地消除员工心里的疑虑，从而既实现了平滑过渡又留住了关键人才。

（2）还要给些"干货"的，争取新一轮的加薪和晋升方案，制定实质的激励措施，如加薪、员工持股等。德鲁克认为，在企业合并过程中，最有效的稳定之策就是开启新一轮的加薪和晋升方案。这样做的目的，就是增强现有骨干继续任职于并购后企业的信心。对于核心骨干中层干部来说，并购应当是一个相对较好的机会。一方面，并购方需要被并购企业的团队能够正常开展业务，这就需要具体操作业务的中层团队相对稳定。另一方面，高层的离职也为中层的晋升提供了较多的机会。因此，如果是具有较强的业务能力、能够与并购方的价值观很好认同的中层人员，往往有较好的发展空间。

（3）通过保密协议和竞业限制的条款，打击"挖角"行为。对于原老板的怂恿和"挖角"，应主动与其沟通面谈，劝其停止这种做法。如果对方不听劝解，人力资源部可以考虑启用保密协议和竞业限制条款。对于竞争对手的"挖角"，应做好员工访谈，及时掌握竞争对手开出的待遇信息，详细了解和掌握外部的各种拉扯力量，及时作出应对之策。如果以上种种措施仍然无法阻止核心骨干力量的流失，那么启用竞业限制和保密条款就显得非常有必要，但在运用竞业限制和保密条款的过程中，一定要注意使用的范围和方法。

首先，对于保密协议而言，它的期限并不会随着劳动关系的解除而结束，只要企业的信息属于商业秘密，保密义务就会继续存在。同时，保密期限可以长于劳动合同的期限，甚至可以从劳动者知悉用人单位的商业秘密开始直到商业秘密解密为止。但是企业不能在保密协议中约定违约金条款，如果员工泄露企业的商业秘密，企业不能要求员工支付违约金，只能要求员工赔偿由此给企业造成的损失。在实际操作中，企业需要对员工的泄密事实和因泄密造成的损失数额进行举证，因此在保密协议中对员工泄密行为和泄密所造成的损失数额的计算标准及方法做出明确约定，并注意保留好相关证据。

其次，对于竞业限制而言，公司的高级管理人员、高级技术人员和其他负有保密义务的人员是必须签订的，当员工离职时，企业需要就竞业限制问题做出专门说明，如果要求员工承担竞业限制义务，应按协议约定支付补偿金或达成其他补充协议；如果企业决定放弃对员工的竞业限制要求，应当予以书面通知，表明员工离职后无须承担竞业限制义务，企业将不支付竞业限制补偿金。《最高人民法院关于审理劳动争议案件适用法律若干问题的解释（四）》统一和明确了竞业限制经济补偿金的支付标准，即用人单位应当按照劳动者在劳动合同解除或者终止前 12 个月平均工资的 30% 按月支付经济补偿，如果该月平均工资的 30% 低于劳动合同履行地的最低工资标准，则应当按劳动合同履行地的最低工资标准支付。

2. 如何裁员

如果新任管理层打算对现有的团队和组织架构进行调整，那么就不可避免地出现裁员决策。人力资源部在制订裁员方案时应力求做到合情、合法，避免员工集体抗议行为的出现。在这个过程中，人力资源部的做法无异于自裁手足，情感上会出现一些不适，但是对于公司的远期战略和未来发展而言，要做的就是在当下体现出坚定的执行能力。

在裁员之前，管理者必须先思考有无替代裁员的方案，可能采取的方式像是安排公司内其他工作、利用改变薪酬措施等。若必须裁员，公司要告诉员工裁员的原因和选择裁减对象的标准，在确定裁减对象时要做到公平透明，并且应该尽努力去帮助被裁掉的员工。在制订裁员方案的过程中，应该注意合情、合理、合法的结合，应完全按照《中华人民共和国劳动法》相关规定制订方案，以排除法律风险；裁员消息需要及时、有效地传达，要把相关的补偿方案、人员名单和裁员时间表及时、透明地发布给所有相关人员；给员工一定的缓冲时间寻找新工作，并尽可能给他们提供一份人力资源部撰写的推荐信；如果企业条件允许既可以提前联系一些其他公司的相关工作岗位供员工选择，也可以为员工提供一些新技能的培训，并颁发相关资格证书。

裁员在很多人眼里都是"残酷"和"冷血"的代名词，但是人力资源部的一些积极尝试可能会产生截然不同的效果。在追求双赢的过程中，如果能够遵循合理、合法、合情三者之间的结合，人力资源部其实还能做到更多。

三、并购后员工队伍调整是应该快点还是慢点

有相当多企业并购后采用比较慢的整合方式，其主要目的是并购企业管理层希望通过一段时间来了解被并购公司的管理人员和技术人员的能力、潜力、管理风格、性格等，以利于对并购后公司的人员安排；同时也给予被并购公司员工一个充分表现的机会。但是这种漫长的周期，会让角色模糊感的员工，对工作的满

意度和工作努力水平降低，他们的工作绩效也会随之下降。并购对员工造成的心理压力往往是导致员工行为与企业目标发生偏离的最根本原因。心理压力的主要原因在于对未来的不确定性以及由此带来的不安全感。在为自己的前途担心的同时，员工也预期公司会有重大的变革，他们更希望那种大刀阔斧的变革来得更早一些，这样他们便可以更快地知道自己在并购后的情况，以决定安心工作还是到别处去谋职。

并购交易完成后，尽快明确每个员工在新企业中的角色、责任和工作关系是缓解员工心理压力的一项最基本的工作。

（1）调整相应的人力资源管理制度。

在并购整合过程中，由于组织结构的调整而造成职务变动、人员裁减或者薪酬政策的调整等现象。因此调整相应的人力资源管理制度，实施有利、有效的人力资源管理措施，将有助于缓和整合期间员工的压力，帮助其适应企业环境的变化。在并购后，主并公司需要考虑是否将本身的人力资源管理制度导入被并购公司？假如被并购公司人力资源管理制度良好则主并公司当然不需要大幅加以改变，甚至可将其长处引入并购后形成的新企业。如果被并公司人力资源管理制度不符合主并公司的期望，为了达到改善营运绩效的目的，或者为便于内部沟通，主并公司需要将自身的人力资源管理制度转移到被并公司，通常包括裁员的相关政策、薪酬福利方案的调整、过渡期间员工培训、绩效考评政策等方面。

（2）做好并购全过程中跟员工的沟通。

并购作为一种剧烈的企业变革，会带给目标企业员工巨大压力。并购常常意味着会有大幅的人事变动，因此在并购前，任何风吹草动都将使员工群体敏感、躁动和不安，尤其在初期计划和公开宣布并购后，员工的焦躁情绪将达到最高点。因此并购整合过程中沟通的完善与否，对组织目标的完成与员工态度的影响很大。

并购前就应先建立整合的策略，在合理的范围下，提供员工有关人力资源管理的信息，使其了解可能面临的影响，关心并协助员工度过此尴尬期。一般地说，并购过程中员工最想知道的往往是工作变化对员工个人权益的影响，如果组织早一点回答员工这些问题，将奠定成功的整合基础。

通过沟通，员工将清楚地知道被要求什么，如此他们可以快速地集中其努力以适应改变的企业环境？员工需要知道如何做可以达到其个人目标，进而达到组织目标。对一般员工而言，看重公司并购的理由、公司名称改变、福利改变、工作保障、工作流程改变等。并购公司必须了解：员工为了什么在这公司工作？钱或其他因素使员工产生忠诚性？哪些人员是公司营运绩效的主要贡献者？人员间有何派系，其冲突性如何？只有对内部人员的特性做全面了解，才能整合并取得认同感，同时通过沟通还能了解公司营运上可能出现的问题，采取必要的补救措施。与并购前沟通工作最好着重在工作保障和福利不同的是，当并购继续进行时，沟通议题则应该转向未来。

对于一般员工，首要就是稳定人心、减少波动，由于基层的人员规模往往很大，如果发生大的波动，既不利于日常工作的正常开展和人力延续，也给人力资源管理部门出了一道大难题。对于一般职员，一般来说，并购方不会在较短的时间内调整基层人员，因为这会引起大面积的恐慌和反弹。但经过一个阶段的业务整合之后，如果被并购企业存在人浮于事、人均效率不高的局面，裁撤基层人员也是很有可能的。当然，这在很大程度上取决于并购时双方的约定，以及当地政府与工会的干预情况。

第三节　企业文化的融合之道

20 世纪 90 年代的华尔街出现了无数次的大并购，然而成功的案例却不多，管理专家们认为公司间的文化冲突是对购并长期效果的最大威胁，也是造成合并失败的最主要原因。商业研究机构近几十年来对并购行为进行的分析研究发现，并购之后可能会出现以下现象：被并购企业管理层及雇员的承诺和奉献精神的下降造成被并购企业生产力降低；对不同的文化、管理及领导风格的忽视造成冲突增加；关键的管理人员和员工逐渐流失，这种情况一般发生在交易完成后的 6~12 个月；客户基础及市场份额遭到破坏；大约 1/3 的被并购企业在 5 年之内又被出售，而且几乎 90% 的并购没有达到预期效果。

不同行业、不同地域、不同环境、不同价值取向企业文化的内容会有不同。因此，企业文化整合并购方与被并购方的企业文化进行对比，然后从共同点和差异中找出相互矛盾的地方，根据症结所在重新进行调整和组合。企业文化整合的主流方向是尊重彼此的价值观，并在此基础上，基于"合资公司利益最大化"的原则，形成合资公司的新文化。企业文化问题之所以在收购层次占据重要作用是因为公司是由个人和个人的团体组成的，对于任何并购的成功或者失败，人起着至关重要的作用。对于收购团队来说，需要思考的是文化整合还是文化控制？文化控制意味着让收购公司的文化去控制目标公司的文化，让一个有着完全不同工作方式的组织和员工突然按照另外一种他完全不了解甚至不认同的工作方式去工作是不切实际的。文化整合也必须解决，是用收购公司文化作为母文化整合目标公司文化还是将目标公司文化和收购公司文化作为平等的文化平台来取长补短？

一、企业文化融合的内容和策略

1. 企业文化融合的内容

企业文化是在一定的社会经济条件下通过社会实践形成的为全体成员遵循的共同意识、价值观、行为规范和准则的总和，是一个企业在自身发展过程中形成的以价值为核心的独特的文化管理模式。所谓企业文化整合就是将不同的企业文化通过合并、分拆、增强、减弱等方式处理，从而形成一种新的企业文化。企业文化可以分解为两部分：思想意识和企业制度。

思想意识又包括三部分：企业价值观、企业经营方式和企业思维方式。企业价值观反映一个企业经营的根本出发点，一些企业可能会把"利润"作为企业的价值观，当"创新""服务"与"利润"发生矛盾时，它们会自然选择后者；其他一些企业可能会持有"企业价值在于创新""企业价值在于服务""企业价值在于育人"等不同的价值观。企业经营方式包括企业对于雇主与雇员、消费者与生产者、企业利益与员工利益、当前利益与长远利益、企业之间相互利益等关系的处理，以及对于产品质量、操作规程、技术开发与改造、标准化、定额、计量、情报、成本、财务、计划等问题的态度。企业思维方式是企业对社会生活和经营过程中发生的事情的相对固定的看法和观点，重点是管理层在决策时的思维模式，其中国企和民企的思维模式就有很多差异。

企业制度是企业为了保证企业的经营成功而给予企业员工行为以一定方向、具有规范性和强制性的文化。企业制度核心是企业的管理制度，管理制度是企业在生产经营活动中制定的各种带有强制性义务，并能保障一定权利的各项规定，包括企业的人事制度、财务管理制度、生产管理制度以及民主管理制度等。

2. 企业文化融合的策略

一般来说，企业在并购后会出现两种不同的文化，而新文化会通过新管理层的管理方式得到间接体现。为了避免企业合并带来的文化冲突，人力资源部门在持续推行新文化的过程中，应做好如下准备：

（1）制定怀柔策略。在合并初期，人力资源部的工作应体现出尊重和包容的心态，在公司政策、运营方式、人事安排、组织结构上尽量维持原状，让被合并公司员工相信新公司不会对他们产生太大的影响，以达到稳定"军心"的目的。

（2）制定换人策略。随着合并和变革逐步进入深水区，在必须替换掉阻碍变革的势力时，人力资源部可以在推行公司战略的前提下换人，让新公司的全体员工意识到战略执行的不容置疑性。

（3）进行积极宣传。在整个合并的初期和后期，人力资源部门发挥的宣传作用显得尤为重要——把员工的注意力转移到对新公司的美好愿景上。在整个宣传的过程中，人力资源部必须本着真诚沟通的态度，让新企业员工重拾信心。

企业文化的融合并非一朝一夕之事，人力资源部要有打持久战的心理准备，需要把新的企业文化精髓理解透彻后，以培训、讲座、演讲比赛、企业内刊、老总访谈和员工座谈会等多种形式进行宣传和贯彻，确保每位员工都能够理解和认可新的企业文化。

二、企业文化融合的过程管理

并购后的双方企业文化的融合是实现并购价值最大化的关键，需要在并购过程中进行文化融合。

（1）找出并购方与目标企业在企业文化上的相同点和不同点。任何两个企业的文化都有差异，这就如同世上没有两片完全一样的树叶。企业文化差异存在在各个方面，例如，价值观、经营方式、思维方式、管理制度、社会声誉等。在进行企业文化整合的时候，首先要分析并购方与目标企业的文化差异和共同点，以便为下一步的整合工作提供决策依据。并购方可以聘请专业人士对目标企业文化和并购方企业文化进行分析比较，得出彼此的相同点与不同点。

（2）找出文化整合的主要障碍。文化整合的主要障碍是文化整合过程中可能起到重大阻碍作用的关键因素，它可以是某一个人、一个利益团体、原企业的一种制度等。随着文化整合步骤的执行，主要障碍将是一个十分活跃的因素。在文化整合过程中，新旧文化的冲突在所难免。因此，对主要障碍的预知和监控是文化整合必须注意的问题。

（3）并购中的文化整合一定要注意速度。就文化而言，两种不同类型的企业深层文化融会贯通是一个长期而缓慢的培育过程，但就形式层面的文化整合却必须注重速度。因为文化整合的过程越慢，越多的人会在工作方式和思维方式中感觉到不适应，就会有越来越多的人起来抵制"入侵文化"。因此文化整合过程就是一次头脑风暴，要在尽可能短的时间内要将收购公司的文化有选择地移植到被收购公司，或者将两种文化的差异与在此基础之上的全新文化用准确无误的方式向被收购公司的员工灌输。

（4）建立在企业愿景之下的文化范式。新的文化植入必须建立在美好的企业愿景感召之下，被收购的企业大都是经营不善和业绩不佳的企业。因此在并购之后新的管理层必须将企业的愿景和战略传达给新成立的组织和员工。在此基础上要将企业的文化用简单生动的方式反复传递，可以通过会议、备忘录、企业内刊、网络平台来传达企业文化。一旦为员工确立了集中精力的基本目标之后，原本差异巨大的公司文化便开始融合了，将旧的理念和新的理念结合到一起，集中于对公司和对客户有利的方面，这会在两种文化之间产生连接力。

（5）短期内要容忍多种文化下的差异性行为模式。在公司并购的初始，各种不同文化驱动下行为模式都可能存在。管理者要能容忍不同文化的差异性行为，但同时注重新的公司文化的劝导和培育。

（6）新的公司文化形成以有效沟通为初始标志。对于来自两个不同工作方式和思维模式的组织体的员工来说，能否形成有效沟通是文化整合成功的标志。有效沟通有四个标准：简单化、结构化、一致性和平稳性。简单化是指沟通的信息应当用非常清晰而且简洁的语言表达以便使曲解最小化。结构化是指使沟通成为所有员工交流信息的一个重要平台。如建立公司内刊、公司内部 BBS 等使交流结构化、制度化。一致性是指被传达的信息应当和被执行的信息保持一致，因此可供沟通的信息不应是仓促的。平稳性是指沟通的方式不应以激进的、独裁的方式进行，要注意沟通方式的策略性，即使某种信息具有强制施加的一面，只要沟通的过程是和谐的、有序的，也会产生积极的效果。

（7）建立新的文化规范。当公司合并时，公司文化的差异对生产和员工的士气产生有害的影响，因此清晰定义两个组织体内现有文化规范的过程是关键性的，应当对每个公司的文化规范加以分类，分成对员工重要程度高的规范和对员工重要程度低的规范，再对比两家公司文化规范目录中比较重叠和互补的部分，将其提炼出来作为新的文化规范基础。

（8）进行文化融合一定要遵循以人为本的方针。无论并购方通过何种战略进行文化整合，一定要坚持关心人、爱护人的人本主义思想，不能将企业的发展凌驾于人的发展之上。这也就要求并购方在文化整合过程中，应当给予目标企业的员工充分的重视，尊重他们的感受和意见，为他们个人的发展创造良好的条件，从而最大限度地激发员工的主观能动性，帮助目标企业实现转型。

同时，结合上一章的案例也可以看出，并购事件的成功与否最终取决于两个企业能否完全并购整合。事实上，并购重组完成后，因两企业文化和管理风格的冲突，大多数企业随后的深入发展面临较大困难。尤其是跨国并购案例，双方来自不同的国家，政治、经济背景不同，社会制度和经济发展程度不同，文化差异造成的冲突不可避免。同时，由于并购重组中多要涉及人员变动、管理模式选择等细节问题，文化差异表现得更为突出和明显，从而直接或间接地引发并购整合失败的法律风险。在企业并购重组中，制定科学的文化整合、人力资源整合对策显得尤为重要，能够及时、有效地防范并购整合失败的风险发生。

第四节　股权激励方案与模式

并购后企业的整合，核心是对人和企业文化的整合，其中对团队激励的核心工具就是薪酬体系和股权激励体系的应用。本书就管理中各层级团队的股权激励方案设计及应用模式给予解读，也是对现代企业制度（特别是国企）中委托—代理机制下管理层激励与约束机制的探索，使企业团队各层级管理人员都能够分享公司业绩与股东价值增长，从而提升企业价值。

一、上市公司股权激励方案

上市公司的股权有很好的流动性，也就相对更有价值，相对而言可以操作的技术方案也更多。

1. 期权激励模式

期权模式是指股份公司赋予激励对象（如经理人员）购买本公司股票的选择权，具有这种选择权的人，可以在规定的时期内以事先确定的价格（行权价）购买公司一定数量的股票（此过程称为行权），也可以放弃购买股票的权利，但股票期权本身不可转让。

（1）期权激励模式的优点：降低委托—代理成本，将经营者的报酬与公司的长期利益绑在一起，实现了经营者与资产所有者利益的高度一致性，并使二者的利益紧密地联系起来。可以锁定期权人的风险，股票期权持有人不行权就没有任何额外的损失。期权是企业赋予经营者的一种选择权，是在不确定的市场中实现的预期收入，企业没有任何现金支出，有利于企业降低激励成本。这也是企业以较低成本吸引和留住人才的方法。期权根据二级市场股价波动实现收益，因此激励力度比较大。另外，股票期权受证券市场的自动监督，具有相对的公平性。

（2）期权激励模式的缺点：会影响公司的总资本和股本结构，因行权将会分散股权，影响到现有股东的权益，可能导致产权和经济纠纷。股票市场的价格波动和不确定性，当期权人行权但尚未售出购入的股票时，股价下跌至行权价以下，期权人将同时承担行权后纳税和股票跌破行权价的双重损失的风险。

2. 虚拟股票激励模式

虚拟股票模式是指公司授予激励对象一种"虚拟"的股票，如果实现公司的业绩目标，则被授予者可以据此享受一定数量的分红，但没有所有权和表决权，不能转让和出售，在离开公司时自动失效。在虚拟股票持有人实现既定目标条件下，公司支付给持有人收益时，既可以支付现金、等值的股票，也可以支付等值的股票和现金相结合。虚拟股票是通过其持有者分享企业剩余索取权，将他们的长期收益与企业效益挂钩。

（1）虚拟股票激励模式的优点：它实质上是一种享有企业分红权的凭证，除此之外，不再享有其他权利，因此，虚拟股票的发放不影响公司的总资本和股本结构。虚拟股票具有内在的激励作用。虚拟股票的持有人通过自身的努力去经营管理好企业，使企业不断地盈利，进而取得更多的分红收益，公司的业绩越好，其收益就越多。虚拟股票激励模式具有一定的约束作用。因为获得分红收益的前提是实现公司的业绩目标，并且收益是在未来实现的。

（2）虚拟股票激励模式的缺点：激励对象可能因考虑分红，减少甚至于不实行企业资本公积金的积累，而过分地关注企业的短期利益。在这种模式下的企业分红意愿强烈，导致公司的现金支付压力比较大。

3. 股票增值权激励模式

股票增值权模式是指公司授予经营者一种权利，如果经营者努力经营企业，在规定的期限内，公司股票价格上升或公司业绩上升，经营者就可以按一定比例获得这种由股价上扬或业绩提升所带来的收益，收益为行权价与行权日二级市场股价之间的差价或净资产的增值，激励对象不用为行权支付现金，行权后由公司支付现金，股票或股票和现金的组合。

（1）股票增值权激励模式的优点：这种模式简单易于操作，股票增值权持有人在行权时，直接对股票增值部分兑现。该模式审批程序简单，无须解决股票来源问题。

（2）股票增值权激励模式的缺点：激励对象不能获得真正意义上的股票，激励的效果相对较差。由于我国资本市场的弱有效性，股价与公司业绩关联度不大，以股价的上升来决定激励对象的股价升值收益，可能引致公司高管层与庄家合谋操纵公司股价等问题。

4. 业绩股票激励模式

业绩股票激励模式指公司在年初确定一个合理的年度业绩目标，如果激励对象经过卓有成效的努力后，在年末实现了公司预定的年度业绩目标，则公司给予激励对象一定数量的股票，或奖励其一定数量的奖金来购买本公司的股票。业绩股票在锁定一定年限以后才可以兑现。因此，这种激励模式是根据被激励者完成业绩目标的情况，以普通股作为长期激励形式支付给经营者的激励机制。

从本质上讲，业绩股票是一种"奖金"的延迟发放，但它弥补了一般意义上的奖金的缺点。其具有长期激励的效果，一方面，业绩股票与一般奖金不同，它不是当年就发放完毕，还要看今后几年的业绩情况；另一方面，如果企业效益好，其股价在二级市场会持续上涨，就会使激励效果进一步增大。

（1）业绩股票激励模式的优点：能够激励公司高管人员努力完成业绩目标。为了获得股票形式的激励收益，激励对象会努力地完成公司预定的业绩目标；激励对象获得激励股票后便成为公司的股东，与原股东有了共同利益，更会倍加努力地提升公司的业绩，进而获得因公司股价上涨带来的更多收益。具有较强的约束作用，激励对象获得奖励的前提是实现一定的业绩目标，并且收入是在将来逐步兑现；如果激励对象未通过年度考核，出现有损公司行为、非正常调离等，激励对象将受风险抵押金的惩罚或被取消激励股票，退出成本较高。激励与约束机制相配套，激励效果明显，且每年实行一次，因此，能够发挥滚动激励、滚动约束的良好作用。

（2）业绩股票激励模式的缺点：公司的业绩目标确定的科学性很难保证，容易导致公司高管人员为获得业绩股票而弄虚作假；激励成本较高，有可能造成公司支付现金的压力。

5. 管理层收购（MBO）激励模式

管理层收购又称经理层融资收购，是指收购主体即目标公司的管理层或经理层利用杠杆融资购买本公司股份，从而改变公司股权结构、资产结构、治理结构，进而达到持股经营和重组公司的目的，并获得预期收益的一种收购方式。管理层收购主体一般是本公司的高层管理人员。收购资金来源分为两个部分：一是内部资金，即经理层本身提供的资金；二是外部资金，即通过债权融资或股权融资。收购主体在收购完成后成为公司的股东，从而直接或间接地成为公司的控股股东，达到经营权和控制权的高度统一。

（1）管理层收购激励模式的优点：通过收购使企业经营权和控制权统一起来，管理层的利益与公司的利益也紧密地联系在一起，经营者以追求公司利润最大化为目标，极大地降低了代理成本。管理层收购使管理层有可能获得大量的股权收益，长期激励作用明显。

（2）管理层收购激励模式的缺点：收购需要大量的资金，若处理不当，会导致收购成本的激增，甚至付出巨大的代价。收购后若不及时调整公司治理结构，有可能形成新的内部人操纵行为。

6. 延期支付激励模式

延期支付模式是指公司为激励对象设计一揽子薪酬收入计划，一揽子薪酬收入中有一部分属于股权收入，股权收入不在当年发放，而是按公司股票公平市场价折算成股票数量，并存于托管账户，在规定的年限期满后，以股票形式或根据届时股票市值以现金方式支付给激励对象。这实际上也是管理层直接持股的一种方式，只不过资金来源是管理人员的奖金而已。延期支付方式体现了有偿售予和逐步变现，以及风险与权益基本对等的特征，具有比较明显的激励效果。

（1）延期支付激励模式的优点：把经营者一部分薪酬转化为股票，且长时间锁定，增加了其退出成本，促使经营者更关注公司的长期发展，减少了经营者的短期行为，有利于长期激励，吸引并留住人才。管理人员部分奖金以股票的形式获得，因此具有减税作用。

（2）延期支付激励模式的缺点：公司高管人员持有公司股票数量相对较少，难以产生较强的激励力度；股票二级市场具有风险的不确定性，经营者不能及时地把薪酬变现。

7. 储蓄—股票参与计划激励模式

储蓄—股票参与计划模式是指公司允许激励对象预先将一定比例的工资（一般公司规定的比例是税前工资额的 2%~10%）存入专门为本公司员工开设的储蓄账户，并将此资金按期初和期末股票市场价格的较低价位的一定折扣折算成一定数量的股票，在期末按照当时的股票市场价格计算此部分股票的价值，公司将补贴购买价和市场价之间的差额。

（1）储蓄—股票参与计划激励模式的优点：储蓄—股票参与计划则是无论股价上涨还是下跌，都有收益，当股价上涨时盈利更多，因此福利特征较为明显。储蓄—股票参与计划模式为企业吸引和留住不同层次的高素质人才并向所有员工提供分享公司潜在收益的机会创造了条件，在一定程度上解决了公司高管人员和一般员工之间的利益不均衡问题。

（2）储蓄—股票参与计划激励模式的缺点：与其他激励模式相比，储蓄—股票参与计划的激励作用相对较小。储蓄—股票参与计划由于其激励范围较广，带有一种平均化和福利化的倾向，激励基金分配给个人的激励力度有可能不够，无法起到预期的激励目的。

8. 限制性股票激励模式

限制性股票是专门为了某一特定计划而设计的激励机制。所谓限制性是指出售这种股票的权利受到限制，亦即经理人对于股票的拥有权是受到一定条件限制的，比如说，限制期为三年。经理人员在得到限制性股票的时候，不需要付钱购买，但他们在限制期内不得随意处置股票，如果在这个限制期内他们辞职或被开除了，股票就会因此而被没收。

（1）限制性股票激励的优点：激励相关人员将更多的时间精力投入到某个或某些长期战略目标中。由于限制期的设置，可保证相关人员的稳定性。

（2）限制性股票激励的缺点：股票价格指标设置的不合理性或市场的波动，使预期目标完成而股价没有达到标准，影响相关人员积极性。相关人员不能完全掌握预期目标实现的要素，产生权责不对等而失去激励作用。

二、非上市公司股权激励方案

相对于上市公司，非上市公司实施股权激励计划最大的问题是股权来源的不确定性和难度比较大，我国现行的法律法规不允许企业留置或回购股权，只能由现有股东提供，所以实施股权激励计划必定直接与现有股东利益相冲突。其次，非上市公司在设置股权激励考核和定价标准时，相关参照指标没有上市公司的全面、透明，可能导致较严重的分歧而使得股权激励计划失去效用。目前，非上市公司多参照上市公司实施现状，采用如下几种股权激励方式：

1. 期权激励模式

实施股权期权激励计划的关键点：非上市公司获得股权期权的总人数以及公司原有股东的人数总计不能超过50人（有限责任公司）或200人（股份有限公司）。股权激励计划的有效期，一般不超过10年，自股东大会通过股权激励计划之日起计算。行权限制期即股权授予日至股权生效日的期限；行权有效期即股权限制期满后至股权终止日的时间。确定的价格和条件即行权日购买股权的价格以及行权的条件。

期权激励能够降低委托代理成本，提供关键人员（团队）稳定性；另外，分散股权引起管理或经济纠纷，也可能发生相关人员短期经营行为影响公司长远发展。期权模式比较适合初始资本投入较少，资本增值较快，在资本增值过程中人力资本增值效果明显的公司。

2. 限制性股权激励模式

实施限制性股权激励计划关键点：一般选择公司的某项战略目标后作为业绩目标。授予价格一般是无偿赠送或远低于公司价值的价格。股权出售受到限制，如时间限制，且不得转让，公司有权收回或回购受限股权。

限制性股权激励有利于促进激励对象集中精力以实现长期战略目标，激励成本较低，对被激励者激励对象而言，风险也较低。另外，实现战略目标的成本和手段不经济性导致偏离激励初衷。限制性股权这种模式比较适合于发展比较稳定的大型公司，采用限制性股权这种模式更能体现风险和收益对称，激励和约束的平衡。

3. 业绩股权激励模式

实施业绩股权计划关键点：实施业绩股权计划关键点是"公司事先规定的业绩指标"。在业绩股权激励模式中，通常很多公司以净资产收益率（ROE）作为考核标准。在这种模式中，公司和激励对象通常以书面形式事先约定业绩股权奖励的基线。当 ROE 达到某一标准时，公司即按约定实施业绩股权激励，激励对象得到股权；ROE 每增加一定比例，公司采用相应比例或累进的形式增加股权激励数量。

从本质上讲，业绩股权是一种"奖金"的延迟发放，具有长期激励的效果；对于激励对象而言，其工作绩效与所获激励之间的联系是直接而紧密的；对于股东而言，业绩股权激励模式对激励对象有严格的业绩目标约束，权、责、利的对称性较好，激励目的明确，能形成股东与激励对象双赢的格局。另外，激励时限较短，激励成本较高，对公司现金流形成一定的压力。业绩股权激励模式只对公司的业绩目标进行考核，因此比较适合业绩稳定型的非上市公司及其集团公司、子公司。

4. 股权增值权激励模式

实施股权增值权激励计划关键点：规定时间内获得规定数量及一定比例的股权股价上升所带来的收益，条件为相关政策规定的约束性条件及完成一定业绩目标的激励性条件，且不低于 20% 需在任期考核合格后兑现。股权增值权的兑现只针对股权的升值部分；股权增值权的授予对象不拥有这些股权的所有权，自然也不拥有表决权、配股权。

相对于股权期权模式，股权增值权模式更为简单，易于操作，也不会对公司所有权产生稀释，对授予对象成本压力较小。另外，由于等不到对等的股权，激励效果比较差，而分配股权增值权的资金会给公司带来现金流压力。这一模式比较适合现金流量比较充裕且比较稳定的非上市公司，还有一个难点是非上市公司的估值增值部分不好评估。

三、股权激励计划对企业的影响

股权激励制度在国外被誉为是公司送给职业经理人的一副"金手铐",这一比喻形象地说明了股权激励制度对经理人可以产生既激励又约束的双重作用。它对企业的影响长远来说是比较积极和正面的,主要体现在:

1. 对企业发展的影响

(1)有利于更好地吸引并留住核心人力资本。企业每个部门都有相应的核心人力资本。授予核心人力资本以股权或期权,能够提供较好的内部竞争氛围,激励人力资本最大限度地供给。同时,由于股权和期权强调未来,公司能够留住绩效高、能力强的核心人力资本。

(2)充分刺激和调动经理人积极性和创造力。股权激励计划将经理人的利益与企业的盈利捆绑在一起,使经理人自发自觉地为企业创造利润,最大化地贡献自己的才智。

(3)有效降低企业经营成本和提高利润。国内外的实践证明,实施股权激励计划后,经理人的主人翁意识增强,工作积极性均会大幅提高,往往能够通过积极的管理有效地降低企业经营成本并提高利润。

2. 对现有股东层面的影响

(1)稀释股权,降低现股东持股比例。期权的授予其结果必然使现股东的股权得到稀释,使原先相对集中的股权变为分散,现股东的控制权在一定程度上将会削弱。

(2)引入监督,经营管理和利润分配的透明化及民主程度要求提高。根据《中华人民共和国公司法》规定,公司股东(不论持股比例多少)依法享有资产收益、参与重大决策和选择管理者等权利。具体而言,股东还享有股东大会表决权、查阅公司章程、文件和财务报告、会计账簿的权利、分红权,以及对其他股东出让股权的优先认购权等诸多权利。因此,股权分散化导致的结果必然是对现有股东的经营管理带来监督。在此情况下,公司的经营管理及利润分配等都应当走向规范化、透明化,重大事项的决策应当民主化。

(3)带来潜在的纠纷风险。既然股权由集中转为分散,股东对公司经营管理、持续发展的思路就有可能出现分歧,股东之间出现矛盾并导致纠纷的风险就会大大提高。

第五节　并购后的管理整合

美国的麦肯锡公司曾研究了 1972～1988 年英国与美国最大工业企业间的 116 项收购活动，结果显示成功率只有 23%。然而在并购方面也不乏成绩优秀的企业，如惠普、强生、爱默生电子等，它们通常对目标企业进行全面评价，并在达成交易后的很长一段时间内，利用经验丰富的过渡性组织铺平整合的道路。其中兼并后的管理和控制、适当的并购管理计划、有效的领导、公司间组织和文化方面的协调也是决定并购成败的重要原因。

当习惯于内生增长的中国企业遭遇成长瓶颈，开始有强烈的外延式扩张冲动时，其自身的并购整合能力将被正式提上日程。作为一种高阶的组织管理能力，已经成为决定并购成败的关键要素。

一、并购后管理整合的基本原则

很多人认为并购之后，管理重点在于文化融合，文化融合背后是管理模式的融合，只有管理模式能够兼容，文化融合就成为自然而然的事情，否则再努力也无济于事，如何实现管理模式的融合？需要从企业形态进化规律、管理模式演变规律说起。

1. 企业形态进化规律

在工业时代，随着市场经济不断发展，企业形态沿着产业价值链不断演变，经历了股东价值形态（形如三角形）、精英价值形态（形如梯形）、客户价值形态（形如链形）、利益相关者价值形态（形如圆形）四种典型组织形态，实现了从低级组织形态向高级组织形态进化（见图 6-1）。

股东价值形态是 1.0 时代的最佳企业形态，资本为企业创造主要价值，至今依然存在，但数量大幅度减少；精英价值形态是 2.0 时代的最佳企业形态，也是人们常说的传统企业，形如"金字塔"，少数精英为企业创造主要价值，绝大多数企业都是这种组织形态；客户价值形态则是新商业时代（3.0 时代）的最佳企业形态，创新型团队为企业创造主要价值，这也将是传统企业转型的方向；利益相关者价值形态是 4.0 时代（智能时代）的产物，尚未到来。

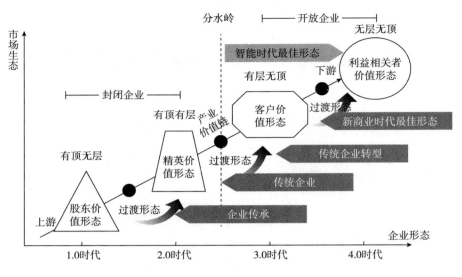

图 6-1　企业形态进化规律

　　企业形态进化规律体现了这样一条基本原则：价值将会从低级组织形态流向高级组织形态，只有高级组织形态才能兼容低级组织形态，因此所有并购行为都将遵循这条规律，这是成功整合的基本原则，任何违背这条原则的并购活动都将难以达到基本预期。

　　在企业形态进化规律的作用下，并购重组将会出现以下三种情况，这三种情况也将成为三条铁律。如果高级组织形态并购低级组织形态，并购企业之间管理模式能够迅速融合，主要体现在高级管理模式兼容低级管理模式，这是最理想的一种情况，成功率也最高。如果低级组织形态并购高级组织形态，并购企业之间的价值冲突将会不断升级，管理模式之间很难实现对接，即便强制整合在一起，高级组织形态的企业将很快停止发展，甚至于解体，这是一种最失败的并购重组情况，几乎没有成功可能。如果并购重组企业之间都属于同一种组织形态，并购重组之后必须在集团层面形成高级组织形态特征，否则企业之间价值冲突将此起彼伏，管理模式之间碰撞经常发生，这是一种最疲惫的并购重组情况，企业不得不在大量的消耗中继续探索。

　　2. 如何实现一体化管理

　　不同企业形态有不同的管理模式，企业形态与管理模式相辅相成。兼并企业要想实现一体化管理，必须了解企业形态与管理模式特点。如果截取精英价值形态迈向客户价值形态这段进化历程，就有三种不同的管理模式，体现了管理模式从低级到高级的变化过程，这就是管理模式演变规律。

传统企业形态是精英价值形态，职能型结构、产品管理方式、职位管理基础就是传统管理模式特点，称之为传统企业"三支柱模型"，几乎在所有传统企业中都能找到"三支柱模型"的身影，这也是判断是否是传统企业的标准。新商业时代最佳的组织形态是客户价值形态，其管理模式特征也有"三支柱模型"，但此"三支柱模型"非彼"三支柱模型"：流程型结构、流程管理方式、角色管理基础，在西方一些先进企业中也都能找到新"三支柱模型"的身影。

从精英价值形态迈向客户价值形态过程中，将会出现一种过渡形态，即转型企业形态，将会兼有前后两种管理模式的特点，称之为"三引擎模型"：矩阵型组织结构、项目管理方式与二元管理基础（职位管理与角色管理），在中国但凡摆脱"传统"标签的企业都有"三引擎模型"的身影。

这三种管理模式分别代表了企业进化的三个阶段。在企业形态进化规律作用下，对于并购企业而言，只有高级管理模式才能兼并低级组织管理模式，因此并购之后必须让主体企业出现高级组织形态特征，这样的兼并重组才能实现企业价值最大化，才能称得上整合成功。这几年我们遇到最多的并购活动其实是第三种情况，即相同的两种组织形态进行并购，由于双方都属于传统管理模式（"三支柱模型"），显然无法兼容，这时如果不在主体企业层面构建高级管理模式（"三引擎模型"），并购后的企业之间将产生大量的价值消耗，根本无法形成合力（见图6-2）。

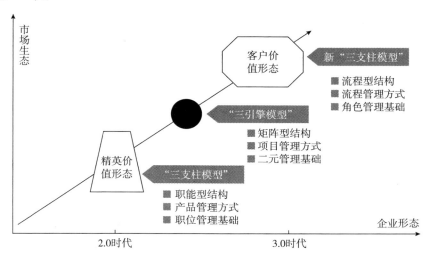

图6-2 管理模式演变规律

二、并购后管理整合的理念与方法

并购后的整合虽然只是并购链条的环节之一，但却是时间最漫长、变量最多且与结果相关度最高的环节。并购后管理整合是一项复杂且代价高昂的管理行动，容易引发众多问题。例如：整合目标及重点不清晰，与最初并购目标相左，各方缺少对整合目标及效果的评判标准，使在整合过程中并购方及被并购方、第三方无所适从。整合仅停留在治理结构层面，但没有解决业务及管理层面的深度融合问题；最终治理权落空，不能有效体现并购方意志。并购方对未来发展摇旗呐喊，而被并购企业冷眼旁观，或貌合形离；急于推进，但缺乏章法，眉毛胡子一把抓，局面越发混乱，人心涣散；客户流失、人才流失、利润下降、机会成本大幅增加，整合效果严重偏离预期。

1. 基于并购动机的整合设计

不同的并购出发点和情景决定了不同的并购整合方法，并购方需从实际出发，明确并购后的管理整合工作。不同的并购出发点决定了不同的并购后管理整合命题。

以市值管理、投资为核心的并购，重心在于资本层面的整合；以提升全产业链竞争力，降本增效为目标，重心在于战略资源协同上的整合；以管理模式、人才、市场、产品、技术等全方位互融为目标，重心在于对管理与业务的深度整合，以达到互补互融、加速成长的目标。当然，这样的划分并不绝对，以投资为目标，也需关注被并购企业的效益提升问题，只有被并购企业具有成长性，投资估值才得以提升，反过来才能更好地反哺实业的发展，但在具体的管理整合方式上，与其他模式还是存在较大区别的。

不同的并购情景决定了并购后管理整合的具体工作。如在行业属性上，行业内并购或跨行业并购不同，前者强调对供应链的整合及管理的深度整合，而后者强调对集团资源的重新分配及总部与下属业务间功能、管理关系的重新调整。在地域属性上，本地并购与异地、海外并购不同，管理半径影响了信息传递效率及风险控制水平，也影响了总部与下属业务间的管理管控深度。在规模体量上，"小并大"与"大并小"不同，因位势产生的管理话语权差异，以及组织规模大小本身的生态差异，将对整合过程中的管理政策、人才政策、财务政策产生重要影响。无论并购目标、情景差异如何，我们都可从中寻找出一般的规律，我们将其概括为三个层面的并购后整合命题：

（1）第一层面为并表整合。可理解为财务整合，这也是最基础的整合模式，并购方出于并购目标本身或对整合效果担忧等考量因素出发，选择最稳妥方式进行整合，这样的整合至多在数字或资金排布上体现共同效益。在经营上并购方只通过董事会参与重大事项决策，但并不参与具体的经营管理、人力资源。这样的并购易体现于短期收益，但从长期来看，无论发生与相关行业或非相关行业并购，都不利于释放长期效益，即无法有效降低内部成本或提升总体收益。

（2）第二层面为业务链整合。可理解为战略整合，这通常发生在产业上下游，如 A 为 B 的产业上游，并购后确定了定向的供应关系，而降低了内部交易成本，提高了内部协同效率，而最终提升了产品的整体市场竞争力；也常体现为有业务协同关系的整合，典型如文化+地产，产业互补，释放出"1+1>2"的效益。这样的并购整合操作简单且易体现收益，不失为一种好的运行模式，但如果要追求更长期且更大的价值提升，仍不足够。

（3）第三层面为管理及业务的深度整合。可理解为运营整合，这是更深层次的整合，涉及面广，操作难度大但影响深远。许多企业纠结于深度整合怕风险，不整合又释放不出效益的困扰中。关键问题还是出在缺少深度整合的工具和方法，对于管理粗放的中国企业而言，更是如此。早年联想并购 IBM，从战略到资本、从文化到团队、从技术到供应链、从产品线到营销的各种深度整合，便是典型案例。

对于有抱负的企业而言，并购后的管理整合能力，应该成为企业的一种高阶的核心管理能力。在明确企业未来并购战略后，企业应首先进行一轮系统的内功夯实，全方位地强化及提升内部组织管理水平，并加强企业在核心人才上的储备。

2. 并购后管理整合的操作方法

从诸多项目实操经验来看，并购整合的质量与速度决定企业重组的成败，可以将整合分为三个关键阶段。

（1）并购规划期。管理整合的起点在并购战略制定时，而并不是并购完成时。我们建议在并购前期，并购方应通过正式或非正式的方式对被并购标的进行局部或系统的管理诊断，而不仅基于外围的财务审计、评估模型或观感经验。并购前的系统诊断，对并购战略的清晰化及并购后的整合意义重大。只有对被并购企业的运营体系、组织职能、财务体系、人力资源、企业文化、供研产销等关键要素具备清晰认识，才能未雨绸缪地在并购环节提前布局，理性判断并进行合理的条款设置。许多并购后的实际情况与前期预期差异大，问题多出于此。值得一提的是，这样的诊断并不是并购方对被并购方的单方面诊断，同样还需对并购方自身的管理体系进行合理评估。识别问题并尽量在并购整合前提升自身管理运营及团队专业能力。

（2）设计与整合期。整合期一定要系统且迅速，否则将会陷入漫长无效的组织拖沓和制衡状态。从系统论看，需抓住三条主线工作，并在后续优化期主推四个关键点工作，以全面推动双方在关键结构上互融。三条主线工作为：

战略运营线：整合战略与目标计划。通过共同规划，建立双方的方向共识，并通过内外宣贯提升士气。明确关键工作的主次先后关系及目标分解体系，加强双方核心业务的协同性……通过战略及经营的整合，推动双方在正确方向上步入统一节奏，提升战略协同。

组织管理线：通过组织架构及职能梳理，一方面实现双方关键职能的合理分工，避免资源重复配置或管理体系模糊不清；另一方面，构建能够支持战略实现的组织功能，保障战略落地。同步梳理责权利体系、明确管控及内部沟通机制、推行业务流程梳理、对关键群体实施激励……通过系统的组织体系优化，深度释放企业运营效率。

团队建设线：根据战略及组织职能的发育需要，从大局出发，盘点双方内外部人才，以最优配置方式重构团队。纵向构建人才梯队传递效率，横向优化团队组合释放效率。根据经营目标执行及管理机制运行，建立标准并动态评估团队，优胜劣汰……通过团队的深层次融合，加快战略及管理融合，最大释放关键人才的配置效率。

（3）优化期。设计整合期的工作，是双方在关键管理体系上进行结构融合的关键。而随着结构的优化，运营效率要随着"时间玫瑰"逐步释放，在此过程中，需要细心呵护，逐步深化。因此我们建议并购方至少要设置100天的持续优化期。沿着整合期的关键管理工作，进行相应的宣贯、复盘、落地跟踪、优化提升工作。优化期主要包括四项基础工作：

决策机制建设：决策是敏感话题，科学合理的决策机制是双方的共同诉求。选用贤能，梳理决策机制，建立有公信力的决策团队及决策机制，是推行企业向正确方向运行、规避风险，推动企业融合，让被并购企业"口服心服"的执行统一战略的关键步骤。

管理机制建设：以"有利于管理效率提升，有利于业务回报提升"作为衡量标准，推出能够提升士气、保障三条主线工作落地的管理制度，作为体系融合的有力补充。包括但不限于经营会议管理体系、督办机制、提案改善制度等。

管理平台建设："可衡量才可管理"，推行以运营报表、财务报表、管理报表及人事报表等类别构成的管理平台，逐步通过 IT 化手段提升工作展示的形式，提升工作及沟通效率，增强融合频度。

文化基础建设：在管理与业务融合的基础上推动文化融合，重新梳理文化体系并明确中短期的企业文化构建思路，"你中有我，我中有你"，体现双方共同价值。确定每年的文化主题，抓重点推行互融，做成一家人，在此基础上逐步发挥文化价值。

第六节　案例：3A 公司收购天地集团后的整合

随着全球化市场经济的不断发展，许许多多的企业在实现大战略目标过程中都会选择国内或跨国收购，收购的目的就是通过并购产生的协同效应来实现财富与价值的增加。如何使被并购的企业业绩持续盈利，首先需对收购和被收购的双方人力资源进行一次新的整合，这种整合往往又是最需要智慧的。本案例中 3A 公司迫于竞争对手在利用"中国制造"的优势，而直接采取收购政策。在有着较好制造基因的天地公司处于内忧外患时，利用资本市场杠杆将其一举收购，这一动作可体现出总部战略举措方面的优势。

由于 David 长期生活在国外，对中国企业管理文化并不了解，导致收购后企业的人力资源管理和企业文化融合不足。3A 公司中国区总裁 David Lee 是地地道道的 BBC（Britain Born Chinese），David 是伦敦国际商学院的高才生，毕业后他就作为"管理培训生"加盟 3A 公司，从最底层做起，熟悉集中采购、制造过程、营销策划等各个环节，参与经营和负责欧洲区事务长达 16 年。直到负责中国区，David 才领悟到跨文化管理的真谛。

3A 公司在欧洲和北美的强敌 DB 公司的产品在各个方面的竞争逐渐处于下风，DB 物美价廉的产品在各个产品线疯狂地蚕食原本属于 3A 的领地。DB 作为美国的大型制造企业，于第一时间将制造工厂从中国台湾、韩国、印度尼西亚等国家和地区进行了第二次战略转移①，目前他们在中国大陆已经拥有了二十多家制造工厂，甚至将原本设在美国的全球研发中心都转移到了中国。选取比较优势，才是全球产业链的价值所在。作为后来者，3A 放弃了直接建厂的计划，选择了"绝对控股"或"直接收购"的方式，因为董事会明确表示在降低制造成本的同时，需要保留"纯正的制造传统"。因此，目前 3A 中国公司的前身实际就是我们耳熟能详的"天地集团"。

1. 天地集团的人事问题

天地集团本是一家典型的家族企业，公司的创始人吴天贵在改革开放之初，

---

① 第一次战略转移是从北美到韩国、中国台湾、印度尼西亚等国家和地区——编者注。

凭借过人的胆略，白手起家，靠着四处借来的 3 万元收购了当地一家濒临倒闭的小家电厂，最初的产品只是一些简单的电风扇、电吹风、电饭煲等。随着企业不断地发展壮大，吴天贵意识到随着人民物质生活水平的提高，对家电的需求会越来越大，特别是制冷产品。1990 年，天地公司开始了第一次收购，并购了当地一家空调厂，开始生产"冷暖人间"牌空调，从此一发不可收拾。到 1997 年，天地公司的电器产品在市场上的销售量也直线上升，整个公司的发展蒸蒸日上，1997 年底，公司成功在 A 股上市。天地公司的创始人吴天贵深知人力资源的重要性。从公司创立到第一次收购后，公司员工都由他亲自招聘面试，老员工他几乎个个叫得出姓名这并不是因为他们共事时间有多久，而是面试的最后一关都是吴天贵亲自主持，处于敏感而重要位置的人力资源总监却迟迟没有合适的人选。然而，随着天地公司的快速扩张，管理层的扩充，人数发生了从千到万之"质"的变化。于是，吴天贵将自己的面试范围缩小到中层以上干部，剩下的交给大儿子也是公司的人力资源常务副总监吴方明处理。

吴方明本身还是公司的财务副总，他虽然拿到了国内名牌大学 MBA，但是满脑子的理念都是财务第一、现金流至上。于是，吴方明的用人思路与他父亲发生了很大转变——实用但不必优秀，更谈不上创新和引领潮流。开始，吴天贵以为只是人才市场导致整体素质下降，后来才发觉越来越不对劲，在几次对公司发展战略的争执之后，特别是对于开发新产品、再造新流程问题上的分道扬镳，父子甚至在公司内部会议上反目。终于，老爷子狠心罢免了方明的人力资源副总职务，改为兼任制造部副总，让"海归"二儿子方欣兼任人力资源常务副总。

于是，问题接踵而至。吴方明的制造部想寻找一批研发人才，这时他才逐渐认识到人才的重要性，然而人力资源部推荐的就是不对路。有的是投错了行，有的回答问题驴唇不对马嘴，还有的压根不知道制冷压缩机为何物。问题的根本在于公司的继承权问题，如果让同父异母的大哥方明如虎添翼，岂不是吴方欣自讨苦吃？于是，当国际制造巨头 G 集团的高级研发工程师美籍华裔黄明博士决定回国作为制造部总工程师加盟的时候，吴方欣做了很多手脚。吴方欣又质疑黄明麻省理工学院（MIT）博士学位证书的真实性，直到书面的证明文件通过国际快递才善罢甘休。在面试中又百般刁难，从文化差异、国籍等诸多方面给予黄明很多负面评价，却偏偏忽略了黄明的工作能力和创造才华。最终，黄明自动退出，兄弟两人积怨爆发，吴天明不得不将矛盾搬上董事会，希望仗着有理，请父亲出面将吴天欣一军；虽然事情在家长们的主持下有所解决，但双方隔阂并没有就此终结，不欢而散。

第四任人力资源总监张辉曾在多家外资企业工作过，有着非常丰富的经验，成绩斐然，许多企业对他评价很高。他是在天地公司内忧之下，在吴天贵一位多年好友的推荐下走马上任。不过，他也带着深刻的外企习惯和烙印——说话直接、对事不对人。但是，当时的天地公司明显分成两派，虽然两派的领袖都姓吴，好在张辉能力出众，通过推行"人力资源改造项目"，短时间内就建立起一套规范的人力资源管理体系，让天地公司拥有了一套合理的招聘辞退、薪酬激励、员工关系制度体系，并提出"管理—技术"两线晋升的方案。半年过后，公司的人力资源管理面貌焕然一新，员工因为激励措施的改进而更加自觉自愿地努力工作。不过，这也为张辉后来的被迫辞职埋下了伏笔。由于张辉直来直往，特立独行——气头上大骂当事者，可他事后从不追究，过去了就忘记了。长久下来，这种"对事不对人""不搞两面派"的作风反而博得了公司上下的敬重。一年下来，公司上下对他尊敬有加，成为继方明、方欣之后的"第三极"。兄弟本来反目，却因此连心，加上一帮董事会亲戚的助阵，张辉在人力资源成本、管理权限和范围上受到了极大的限制，得不到应有的财政、行政和人员支持。最终，他还是招架不住，年底主动辞职走了，甚至没赶上新年分红。吴天贵"三顾茅庐"，多次挽留，却不得法。

第五任人力资源总监赵诗文此前一直在一家大型国有企业任职，为人低调，擅长太极。他来了之后，继承了张辉建立的衣钵，改造了些许体系，许多方面变得更加"人性化"，也更加隐性。他深知"表扬用会议，批评用电话"的管理之道，他也明白企业内部各个气场的强弱、远近和关联所在。但是，不知不觉中，公司里逐渐形成了大大小小的"圈子"，复杂了沟通体系，提高了管理成本，增加了财务负担，这让吴方明逐渐感到了压力。以前许多信息可以从正规渠道获得，现在员工们却更依赖自己的"圈子"传递；以前许多管理问题可以直接沟通，现在无论大小都需要部门老总亲自出面，甚至非公司副总级人物过问解决不可。于是，在年初第一期董事会上，吴方明提出了削减人力资源成本的提案，要求按照员工层级和人数实行"包干制"。赵诗文没有反对，但他欣喜地看到吴方欣提出了不同意见。从此，赵诗文成了不折不扣的"二公子"派，在人员调整上，名义上向着老大，但每次都是老二得了实惠。虽然，赵诗文身为"太极九段"，做事不留一点痕迹，为人一团和气，以为深藏不露。不想，私有企业也是一个利益平衡场，这恰恰是吴方明所不愿看到的，也是为吴家所忌讳的，更为公司文化所不容。要知道，天地公司在经历了人力资源总监的多次变故后，骨子里更喜欢张辉式的"对人不对事"的文化。于是，在吴方明的不断怂恿和打压下，同年11月，赵诗文辞职。

从此，天地公司的人力资源总监成为"烫手的山芋"，10年间走马灯似的换了一个又一个，他们大都选择了一边，却因为另一边而隐退，几乎每一位上任和离职的人力资源总监都能引起国内媒体的极大关注和兴趣。在此环境下，吴天贵因病退居二线，担任董事长；吴方明如愿以偿地得到总经理的职位；吴方欣被迫离开公司，另立门户。至此，人力资源总监的位置才相对固定。经历了这一系列变故，天地公司建立了完善的人力资源管理体系。

接任人力资源总监的黄成是吴方明的"嫡系"，但他只能看吴方明脸色行事，有些事不合适但只能违心地去做，结果和效果可想而知。私下里，黄成暗暗叹息，却又无能为力，他深深地感到"一言堂"让他透不过气来。与此同时，天地公司的市场占有率、品牌影响力、产品美誉度却大不如以前。

2. 3A公司面对的企业文化融合

如此的内耗必然给他人可乘之机，而3A公司恰好此时乘虚而入，利用天地公司的内忧外患和资本市场的杠杆将其一举收购，改组董事会，设立4位董事和1位独董。不过，其中仍然保留了吴家所持有的12%流通股以及1名董事的席位。David接手以来，立即宣布黄成作为"过渡人力资源总监"，负责完成对即将上任的Steven King的交接。如果顺利，黄成还是可以留下，不过职位是人力资源副总监。Steven是David的老部下，土生土长的英国人，熟悉欧洲、英联邦的各项劳动人事法律，人员管理经验丰富——他甚至会"相面"，这是Steven唯一使用中国式专有名词的地方，经他挑选的人都有着诚实敬业的品质。但David也担心，他是否习惯中国的水土和中国式的文化？

事与愿违，虽然公司彻底换名，也经历了多次沟通和培训，但是天地公司原有的文化却深入每一位员工的骨髓。管理层的一些人自动地分成两派，更多地支持黄成。在他们眼里，黄成是地地道道的中国心，谁知道Steven心里打的是什么算盘？本来，黄成还想在这里继续职业生涯，毕竟岁月不饶人，自己是从天地公司基层一步一步打拼出来，把最好的青春岁月和回忆都留在了这里，已经建立起一定的基础和很好的人缘。黄成"天生"而非主动的地位，却只好主动提出退休。谁知道，Steven并不熟悉中国企业的生存环境，加之独有的"英式古板"，许多问题不会变通，与各方渠道并不通畅。结果黄成走后，内部人事矛盾更加剪不断、理还乱。在新《中华人民共和国劳动法》施行的变革体制下，以及国际国内原材料不断上涨的大环境下，3A 还需要进一步调整人力资源管理成本。在战略部、制造部、财务部、营销部齐头并进的大好形势下，人力资源部的进度和状态显得有些格格不入。加之，Steven 妻女都在英国，思乡心切，最终向总部提出回国。Steven 一走，David 对此有些焦虑。他不知道怎样的一位人力资源总监才能理顺天地公司残留文化和 3A 公司中国区现有的内部关系？

3. 人力资源变革中的科学与艺术

全球任何一个地区的人力资源管理环境都不会比中国企业的人力资源问题更复杂、更尖锐，David 的头疼与焦虑也只是一个开始，他需要首先了解与权衡的不是用谁不用谁的问题，而是理解和运用中国企业人力资源管理的科学与艺术。

我们再来看看案例中，中国民营企业的人力资源管理状况。第一代的吴天贵是中国逐步市场化环境迅速成长起来的企业代表，对于人力资源没有详细而明确的工作分析，没有科学的薪酬体系，没有员工的职业发展计划，更不存在胜任力的能力管理及发展体系，一切只要老板说了就可以，但当竞争也从市场的竞争传递到企业管理的竞争中后，天地公司的第二代领导才是决定企业生存的根本，而第二代领导无论是两个儿子的哪一个，都必须面对人力资源管理科学与文化强烈冲突下的变革，这也是天地公司人力资源总监频繁变更的深层原因。

天地公司是家族企业，在快速发展时期没有完成向公司治理机构科学化方面转型。最核心人员之间没有形成大利益共同体，均有着自己的小算盘，不以大局为重，可谓上梁不正下梁歪，致使职业经理人尤其是人力资源总监不好开展工作。因为人治的企业，许多事情许多工作都无标准无流程，一旦出现责任追究，其实就是内耗文化萌芽的开始，对于激励政策更是被领导的感觉来决定。而 3A 公司作为一家跨国企业有着许多先进的管理流程，对天地公司的管理推动是很有互补效果的。当一个团队被另一个团队收购后，其人员心理状态有波动是正常的，并购后，双方管理很容易构筑敌意，即出现了所谓的界面问题。这种问题的出现需要收购企业的高层管理者具备韧性的和启发式的领导艺术。要引导这个心理波动朝正面传递，多开展双方相互认可的企业活动，多给员工传递看到新希望的信息。因此，详细的人才留任等系统性的激励政策，要以文件形式公布于众，而且一定要说到做到。

David 当务之急并非寻找一个人力资源总监，而是要清楚自己的管理节奏和秩序，需要在现有企业文化的基础上重新平衡人力资源的刚性与柔性。太刚，容易像张辉一样遭来既得利益的强烈反对；太柔，又会像赵诗文抬高了交易成本却没有解决实际问题。因此，David 可以用三个重要的步骤来解决现有的困境：

首先，从人力资源管理的源头——工作分析开始，重新分析现有岗位。先要满足新企业岗位的整体性，对关键岗位进行合理职责和权利的变更。在现有的职责体系里，加入岗位的任职资格和岗位能力的基本要求。此外，建立起员工的职业发展体系，动员和保护中层干部的利益。这是根本，一个新变动的企业，中层干部的稳定性是决定企业存亡的根基，因此，制度要部分向中层管理者倾斜。这些手段的目的是先通过岗位体系的合理改变来影响员工心态，从根上动摇各种"利益圈"。总体上从科学的刚性化角度入手，全员清晰岗位的需要和价值。

其次，从企业文化入手。在解决岗位硬问题的同时，将文化的要求和导向贯彻下去，以"关怀、公正、积极"的文化导向进行具体措施的实现。此外，在企业文化落实的同时要有高层管理者的具体表现，以避免在最脆弱的时候出现员工的不信任。

最后，衡量员工的岗位匹配程度。人力资源发展和研究的终极方向就是人岗间的最佳匹配，同时，对人的评价需要借助专业机构建立"人才评价中心"，并加以持续科学地评价和跟踪。

在经过如上三个步骤后，相信 David 会对 3A 公司及中国企业有一个重新的认识和理解。在运用科学的管理工具和手段的同时，David 还需要以明确的文化宗旨及文化行为作为辅助，以平衡企业中存在的科学与艺术的问题，同时带领企业成长。就像深居海外的人对中国司机的评价一样，一个在中国成功解决问题并实现企业进步的企业家，在全球任何一个地方也同样可以游刃有余。

资料来源：华尔街日报网站。

第七章

重组的江湖

对于困境企业的债务重组策略中，债转股作为一种重要的债务重组方式，被许多国家和地区用来应对债务危机。债转股后，产业资本往往需要在资本市场借壳上市，进而获利退出。借壳的内在逻辑在于：产业资本通过高价收购"壳"资源的控股权，可以注入未上市资产变更成定增股权在二级市场高价套现，根源是一二级市场明显的估值差价，从而产生制度性的套利机会。引进战略投资者，为公司的长期发展打下坚实的基础，也是企业并购重组时使用的重要策略。

本章通过对困境企业的债务重组策略进行梳理，重点对债转股策略、借壳上市、引入战略投资者以及涉及国有资产的破产与重组中法规限制等进行阐述；在重组实践中，需要根据具体的情况实操应用。

第一节　重组中的"债转股"玩法

"债转股"并不是新事物，在 20 世纪 90 年代末期我国曾经出现过上述政府主导的政策性"债转股"。当时主要针对不良贷款，对象为有市场、有发展前景，但由于债务过重而陷入困境的国有企业。1999 年四大 AMC（中国华融资产管理公司、中国长城资产管理公司、中国东方资产管理公司、中国信达资产管理公司）以账面价值从四大行共收购不良贷款 1.4 万亿元，不良贷款剥离至四大AMC 后，四大 AMC 再与企业进行债转股成为企业股东，折股率为 50%～70%，即风险从四大行完全转移至四大 AMC，不良贷款账面价值与股权价值的差额造成的损失由政府（四大 AMC）买单。共 580 户企业与 AMC 签订债转股协议，协议转股额 4050 亿元，平均资产负债率超 80%。实行债转股一年后大部分企业资产负债率降至 50% 以下，80% 的企业扭亏为盈。经此一战，也奠定了四大 AMC的金融江湖地位。

一、危困企业重组重器——债转股

20 世纪末，我国也曾以此方式配合经济体制改革。2016 年，我国再次提出通过市场化、法治化债转股的方式，逐步降低企业杠杆率，以支持有较好发展前景但暂时遇到困难的优质企业渡过难关，有效落实供给侧结构性改革的决策部署。

1. 并购与重组的区别

资产重组与公司并购是两个不同的概念。并购更像是做加法，为企业发展增加产生协议效益的企业；而重组更像做减法，需要将影响企业发展和利润的不良资产剥离或分拆，从而获得优质资产的松绑和发展。资产重组侧重于资产关系的变化，而并购则侧重于股权、公司控制权的转移。对于公司来说，即使公司的控股权发生了变化，只要不发生资产的注入或剥离，公司所拥有的资产未发生变化，只是公司的所有权结构发生变化，发生了控股权的转移。

重组有资产重组和债务重组，内部重组和外部重组之分：当企业规模太大，会导致效率不高、效益不佳，这种情况下企业就应当剥离出部分亏损或成本、效益不匹配的业务；当企业规模太小、业务较单一，则会导致风险较大，此时就应通过收购、兼并适时进入新的业务领域，开展多种经营，以降低整体风险。重组的方式很多，上市公司通过收购资产、资产置换、出售资产、租赁或托管资产、受赠资产，和对企业负债的重组，实现资产重组。

2. 债转股是债务重组的一种特殊方式

按照《企业会计准则第 12 号——债务重组》及《财政部、国家税务总局关于企业重组业务企业所得税处理若干问题的通知》（财税〔2009〕59 号）之规定，"债务重组"是指"在债务人发生财务困难的情况下，债权人按照其与债务人达成的书面协议或者法院裁定书，就其债务人的债务作出让步的事项"。较一般的债务重组而言，"债转股"对债权人和债务人带来的变动更激烈、调整更深刻，它将原有的债权关系变成了股权关系，这是一种根本性的变化。

2016 年 10 月 10 日，国务院正式公布了《关于积极稳妥降低企业杠杆率的意见》（国发〔2016〕54 号）及其附件《关于市场化银行债权转股权的指导意见》（以下简称《意见》）是我国防范和化解企业债务风险的一个重要文件，是推进供给侧结构性改革，增强经济中长期发展韧性的一项重要举措。

我国长期以来企业的融资渠道相对比较单一，大量贷款来自银行，银行与企业之间的债权债务关系占了企业债务的绝大比例。因此狭义的"债转股"限定债权人为银行，债务人为企业，是指"当商业银行贷款对象出现一定问题时，商业银行所采取的一种资产保全方式，通过债转股，商业银行希望恢复或者在一定程度上恢复贷款对象的盈利能力和财务健康状况，减少商业银行的贷款损失"。

简而言之，狭义的债转股就是将银行持有的企业债权资产转为对企业的股权投资。

3. 债转股运作模式的分类

根据债转股的主导对象不同，可以将其分为政策性债转股和市场化债转股或商业性债转股。前者是指在政府主导下进行的债转股行为，包括政府主导债转股企业的选择、债权转让定价、财政出资设立资产管理公司等；后者是相对前者而言的，是指债权人与债务人在市场主导下为了各自的利益平等、自愿将债权转换为对债务企业股权的商事行为。在债转股过程中，政府相关部门制定规则和政策、提供担保等适度介入行为不改变市场化债转股的性质。

根据债转股的承载主体不同，可以将其分为三种运作模式：一是直接模式，即将银行对企业的债权直接转化为银行对企业的股权，这又包括银行直接持股和银行子公司持股两种方式。二是间接模式，即银行将其对企业的债权，主要是不良债权打包出售给第三方（如金融资产管理公司），债权随之转移给第三方，再由第三方将这笔债权转化为其对企业的股权。三是委托模式，在直接模式后，银行再将其对企业的股权委托给第三方管理（如基金子公司），银行从第三方那里获取股息和分红。

根据公司债转股对股本的影响不同，可以分为三种形式：一是不改变公司的注册资本，只发生股东的变更。这种情况是在公司股东不能清偿债务的情况下，将其持有的公司股权转让给债权人，从而折抵债务。二是增加公司注册资本。即增加股东或股东股权，也就是债权人对公司（债务人）所享有的合法债权转变为对公司的投资，从而增加公司的注册资本。三是企业改制时的债权出资。债务人为非公司制企业时，利用其转制为公司的机会，债权人作为出资人，将债权作为拟设公司的投资，待公司成立后取得相应股权。

二、市场化债转股的实施与运作模式

《国务院关于积极稳妥降低企业杠杆率的意见》（国发〔2016〕54号，以下简称国发54号文）发布以来，市场化债转股起到了降杠杆和促进资产价值提升的综合效应。从转股企业的类型看，国有企业仍是实施债转股的主力军；从行业分布看，主要集中在钢铁、煤炭、化工、装备制造等行业；从银行参与度看，自新一轮市场化债转股启动以来，五大行相继成立了金融资产投资公司，专门从事债转股。华融、长城、东方、信达四大金融资产管理公司和保险公司等其他金融机构，也都凭借专业优势积极参与其中，为债转股提供资金。

市场化债转股通过国家发展和改革委员会牵头的部际联席会议制度，多个部委出台一系列有关推动市场化、法制化债转股，降低非金融企业杠杆率的政策文件，逐步明确债转股实施的指导原则、资金来源和实施主体等内容，相关政策支持日益完善，为有序稳妥地推进债转股工作提供了良好的制度环境。

市场化债转股最大的特点是强调市场化和法治化原则，没有既定的最优模式，只要有利于债转股的规范化运作，防范道德风险，助推企业降低杠杆率，加快改革和完善公司治理，推动转型效果好的模式，都可以采用。市场化债转股并非政策强制型，而是允许市场参与各方根据自身实际情况选择债务处置策略，力求达到多方共赢的效果。

1. 债转股方案的平台设置

（1）以有限合伙为平台的债转股方案，即"以有限合伙企业的方式筹建持股平台"，所有债权人成为该有限合伙企业的有限合伙人，该合伙企业将会持有公司（债务人）的资产/股权。持股平台（合伙企业）也可成为重整中拟收购方或其他特定购买方与债权人进行交易的平台，各债权人按照其债权金额与性质分出各自占有优先份额多少、劣后份额多少，并依照各自所占持股平台的权益份额和性质获得清偿。

使用"有限合伙企业"的方式筹建持股平台的优势及益处：首先，根据《中华人民共和国合伙企业法》的规定，有限合伙企业中的有限合伙人仅以其全部出资承担责任，对债权人尤其是金融机构债权人来说，有限合伙人以债权出资，如果持股平台发生亏损，有限合伙人实际上是以出资的债权为限对持股平台的债务承担有限责任，并非以现金承担责任，这样就能很好地隔离风险。其次，较之"有限公司"使用"有限合伙企业"这样的方式还能够最大限度减少税负，有限公司的收益转化为股东收益时存在双重征税问题，而有限合伙企业则可以避免双重征税，可提高债权人之实际受偿率。最后，使用"有限合伙企业"这样的方式还能够使得债权人加入、退出持股平台变得灵活、简便，因为可以通过合伙协议的方式约定债权人加入、退出持股平台的程序、条件等，也可通过合伙协议赋予普通合伙人最大的权限处理有关事宜，对于特别复杂的债转股项目，这点非常重要。

根据《中华人民共和国合伙企业法》的规定，有限合伙企业必须至少有一名普通合伙人，普通合伙人对合伙企业之债务承担无限连带责任，因此在实际操作中，可以由管理人或政府指派出任持股平台的普通合伙人，最大限度地保证债转股方案的顺利推进。

（2）以设立基金为平台的债转股方案。《国务院关于积极稳妥降低企业杠杆率的意见》（国发〔2016〕54号）及其附件《关于市场化银行债权转股权的指导意见》（以下简称《意见》）公开发布后，武钢集团、云锡集团、中国一重的债转股方案中资产管理公司介入的程度均相对有限，其中建行参与的两家公司（武钢集团和云锡集团）均采用"子公司设立基金"的模式。在武钢集团的方案中，建信信托和武钢集团等出资成立了武汉武钢转型发展基金合伙企业（有限合伙），在云锡集团的方案中，基金的管理人也来自建信信托。

使用"子公司设立基金"平台的优势是：一方面可以将风险进行隔离，另一方面也可以更好地将债转股的利益保留在本行体系内。通过基金平台，项目的主控权由银行掌握，而资产管理公司的参与程度明显降低。特别是银行设立专门进行债转股的机构后，资产管理公司的参与度会更低。事实上，资产管理公司的专长在于不良贷款的处置，因此今后有可能形成债转股市场的分层：高质量贷款采用"子公司设立基金"的模式，部分低质量贷款出售给资产管理公司。

案例：云南锡业集团债转股方案

云锡集团已有近130年历史，是世界锡生产企业中产业链最长、最完整的企业，旗下拥有锡业股份和贵研铂业两家上市公司。近年来，由于有色金属行业遇到周期性困难，以及云锡集团出现偏离主业的投资失误，2012~2015年累计亏损超过60亿元。云锡集团总资产500多亿元，总负债350亿元，资产负债率为83%。

2016年10月16日，建行与云锡集团在北京签订总额近50亿元的市场化债转股投资协议。该转债股项目总额为100亿元，即建行募集100亿元社会资金，承接云锡集团100亿元债务，资金用途主要为债务置换，预期收益率为5%~15%，期限为5年，不承诺刚性兑付。建行对云锡集团总贷款在50亿元以下，占云锡总负债近10%。按照上述《意见》，实施主体将交叉债转股，因此，建行的该债转股方案不涉及本行贷款，而是其他银行贷款。具体而言，该债转股项目包括云锡集团下属二级、三级子公司的五个子项目，分两期落地，每期50亿元。首期有三个项目，预期实施后，能降低云锡集团15%的杠杆率，其中第一个项目资金为20亿~30亿元，预期由此降低云锡集团5%的杠杆率。这100亿元的债转股资金，通过市场募集。建行与云锡集团将成立一个基金，基金管理人来自建信信托。该基金的原始资金来自建行，但是金额很小，主要是为了撬动社会资金。

债权方面，建行以1∶1的企业账面价值承接债务；股权方面，由于项目不同，价格也不一样。总的来说，非上市公司的股权经过评估市场价转股；上市公司（锡业股份、贵研铂业）的股权参照二级市场价格作安排。

建行在投资经营层面将作为积极股东，参与管理。退出可以按照市场化方式，将云锡集团未上市部分装到两家上市子公司，从而退出。此外有远期回购协议，双方约定，如果未来管理层业绩不达到预期，云锡集团将对股权进行回购，建行方面由此退出。

资料来源：新华网。

2. 债转股方案的主要业务模式

（1）收债转股模式，指先承接债权再将债权转为股权。它是在债务人与债权人当前债务关系的存量基础上进行的会计调整，是双方关系的一种重新定义。在上一轮政策性债转股时，财政部出资的四大资产管理公司对口承接四家国有大型商业银行的不良贷款，针对尚不需要破产清算的债务企业，资产管理公司对其实施债转股，即以股抵债。从目前签约和落地的市场化债转股方案来看，"收债转股"模式不太受债转股实施机构的青睐。其主要原因在于，如果采用该模式，银行往往要先将债权折价出售给债转股实施机构，实施机构再以债权入股企业；而在大型企业债权人众多、谈判周期长、成本高的背景下，银行的积极性也就不是太高。发改财金〔2018〕152号文指出："允许采用股债结合的综合性方案降低企业杠杆率，鼓励以收债转股模式开展市场化债转股，方案中含有以股抵债或发股还债安排的按市场化债转股项目报送信息。"因此，"收债转股"模式值得在后续债转股工作中得到进一步关注。

（2）入股还债模式，指债转股实施机构先以股权投资的形式给高负债企业增资扩股，企业再以该笔注资偿还银行债务。其中比较有代表性的是并表基金模式，即由债转股实施主体（一般为商业银行）、被转股企业和社会资金三方共同发起设立基金，并以有限合伙的形式入股企业，通过合伙协议将基金并入少数股东权益，用于偿还债务，降低企业资产负债率。从目前签约和落地的市场化债转股方案来看，"入股还债"模式已成为主流。需要强调的是，不同于"收债转股"模式，"入股还债"模式是在具体实践操作过程中，通过引入新股东（通常是社会资金），实现了一个三方的重新安排。

"入股还债"模式之所以成为本轮市场化债转股的主流模式，有三个主要原因：一是该模式下实施机构通常选择正常类或关注类贷款，银行债权按照账面价值全部转换为股权，企业新增的资本金按照 1∶1 的比例全额偿还银行贷款，一般不涉及银行债权的折价问题。这不但减少了道德风险和操作风险，也最大限度地保护了各方推进转股工作的积极性。二是发起设立有限合伙基金的模式有利于市场化募集资金，可以针对不同风险和回报水平，对不同类型的投资者加以隔离和区分。三是增强了操作便利性，减少了众多债权人集体协商谈判折价条款等环节，也有利于促进银行交叉实施债转股。从实践来看，对象企业增资扩股后往往倾向于优先偿还他行贷款，以维护自身在优质企业信贷市场的份额。

（3）股债结合模式，指银行债转股实施机构在跟企业签订债转股协议时，通常还会为其新增授信，并提供综合性金融服务。例如，工商银行与山东黄金集团的债转股方案中，包括 200 亿元的战略合作融资额度。再如，2018 年 1 月初，陕西建工集团按照市场化原则完成债转股 81.03 亿元，其中资金来源包括通过向机构投资者发行永续债等企业债，筹集股权性资金 34 亿元。

"股债结合"是从现实出发，为了切实满足降杠杆的现实需求，帮助企业调整债务结构、实现高质量发展的一类模式。"股债结合"模式也使"明股实债"的安排变得没有必要。该模式的作用体现在：一是"股债结合"的综合性方案可以对企业既做股权投资，又做债权投资，允许有条件、分阶段地实现转股，不需要再设法把债包装成股；二是"股债结合"模式对于债务融资结构不合理的高负债企业，可以采用低息债务替换高息债务、长期债务替代短期债务的方式进行债务结构调整，有利于企业降杠杆；三是该模式通过综合性方案能够在短期内解决企业流动性问题，为后续实施债转股创造良好的环境。在实践中，诸如委托贷款、股权直投、收益权转让、定增等方式往往会配套采用，因为债转股的核心在于降低企业资产负债率，促进改革和企业转型升级，而不仅是为了债转股而执行，所以凡是有利于提升企业生产力和核心竞争力的手段，都可以纳入方案考虑之中。

（4）"债转优先股"模式，指债转股实施机构将债权转换为被转股企业的优先股。优先股是在清偿阶段针对公司剩余财产和利润等优先于普通股股东分配，但参与公司治理的权利受到限制的一种介于股权和债权两者之间的股份种类，也是在发达国家资本市场，尤其是并购市场上十分常用的"混合型"权益融资工具。2008 年美国金融危机发生后，美国政府曾采用大规模发行优先股的方式来救助金融机构，其中比较典型的是 AIG 案例。在美国政府最大的 15 笔资产购买计划中，除采用普通股投资花旗集团外，其他项目全部采用与优先股相关的投资工具，占比高达 83.86%。实践证明，优先股已成为政府应对金融危机的首选工具。

优先股最大的特点在于兼具股性和债性，以及法定性和约定性的特征。该模式因优先股的特殊性，具有两方面特点：一方面，债权人在企业清偿顺序上相较于普通股股东具有优先性，相应的权益损失概率降低。对于商业银行来讲，通过"债转优先股"，可避免贷款客户因暂时性经营困难或因抽贷、断贷而造成坏账，有助于企业通过未来的发展改善还债条件。尤为重要的是，优先股在法定性的基础上还具有约定性特征，投资人和融资人可以根据具体情况对优先股事先约定定额或定息、股利是否可累积、是否参与剩余盈利的分配、是否可转换为普通股、是否可赎回等条款，非常符合本轮市场化、法制化债转股的鼓励原则，更容易被稳健型投资者所接受。另一方面，转股后优先股股东对企业的经营管理和公司治理参与程度相较普通股股东而言更为受限。这虽然限制了转股后原债权人在改善企业经营管理方面发挥作用的空间，但也防止了 20 世纪 90 年代日本的银行在广泛参股实体企业中因经验不足和过度干涉企业经营而给企业造成损害的可能性。在实际操作中，债权人和企业倾向于给予优先股股东在公司经营管理上有限的权利，如重大投融资事项的一票否决权等。这有利于改善企业公司治理，提升企业管理能力，促进企业未来发展。

"债转优先股"仍面临一定的制约，限制了其实施规模扩大和作用发挥，主要体现在四个方面：一是发行主体限制。根据《优先股试点管理办法》（证监会令第 97 号），上市公司发行优先股，最近三个会计年度应当连续盈利，且实现的年均可分配利润应当不少于优先股一年的股息。非上市公众公司非公开发行的优先股应当符合合法规范经营、公司治理机制健全、依法履行信息披露义务等条件，且仅向合格投资者发行，每次发行对象不得超过 200 人，非公开发行优先股的票面股息率不得高于最近两个会计年度的年均加权净资产收益率。需要利用债转股进行债务重组的企业很难符合上述限制条件。二是税收政策限制和发行额度限制。按照现行的税收政策规定，优先股股利是税后支付，无法进行税前扣除，将增加优先股发行方企业的税务成本。发行额度方面，根据国发〔2013〕46 号和证监会令第 97 号文的规定，公司发行优先股一方面存量不能超过普通股总数的一半，另一方面增量的筹集金额不能超过其净资产的一半。三是退出难、成本高、缺乏活跃的二级交易市场。优先股存续时间相对较长，且发行条款相较普通股复杂，标准化程度较低，因而流动性问题一直是优先股存在的缺陷。证监会令第97号文规定，公开发行的优先股可以在证券交易所上市交易。上市公司非公开发行的优先股可以在证券交易所转让，非上市公众公司非公开发行的优先股可以在全国中小企业股份转让系统（新三板）转让，转让范围仅限合格投资者。为进一步活跃优先股的交易，应重视在新三板引入优先股做市商制度，或发展专业优先股投资基金等，为企业尤其是非上市企业发行优先股提供更多的退出渠道。四是在对商业银行的资本消耗和可能因股权投资丧失抵押品保障等方面，优先股与普通股一样对银行会产生约束。同时，在如何选取具有一定发展前景的企业、防范道德风险等方面，同样需要商业银行加强甄别能力。

3. 上市公司的"债转股"方案中大股东的策略

一般而言，公司的债权主要有以下两种形式：一是普通债权，即基于采购、借款等合同所形成的债权，债权人只具备单一的债权人身份；二是大股东的债权，债权人具有双重身份，既是股东，又是债权人。相应地，上市公司的"债转股"包括"普通债权转股权"和"大股东的债权转股权"两种方式。

（1）普通债权转股权。一方面，普通债权转换为股权后，会稀释公司大股东的控制权，甚至导致控制权的转移，容易引起大股东的抵制；另一方面，对于普通债权人来说，到期收回本息是其主要目的。因此，上市公司的大股东和普通债权人都不会主动实施这种方式的"债转股"，只有在上市公司出现债务危机无法偿还到期债务时，公司进入破产程序，这种"债转股"作为破产重整的方案而被采用。

（2）大股东的债权转股权。大股东的债权又可分为两种情况：其一，是在正常经营下，大股东与公司之间因采购和销售等关联交易所形成的债权，这种债权与普通债权没有区别，而且这种债权因大股东的控制地位，可以获得优先偿还，一般不存在"债转股"的问题。其二，是公司因财务危机丧失对外融资能力时，大股东对公司进行资金拆借而形成的债权，这种债权的主要目的是维持公司的生产经营。在公司经营没有根本性好转、公司恢复对外融资能力之前，大股东拆借的资金往往无法收回，这时的债权实际上是大股东对公司的一种额外投资。为了维护其自身的利益，在必要的情况下，大股东会主动实施"债转股"，将拆借的资金转换为股权，以改善公司的财务状况。

在公司大股东对上市公司有大量债权的情况下，大股东为了避免更大的损失，一般不愿意再用现金资产认购新股，所以，往往会选择将对上市公司的债权作为增发新股的出资，即实施"债转股"，实现上市公司资产由负转正，从而避免退市，是上市公司保壳的一种有效方式。

案例：ST 厦华大股东"债转股"

2011 年 12 月 6 日，ST 厦华股东大会通过了非公开发行股票预案，方案的主要内容：以 6.30 元/股的价格非公开发行股票 152380950 股，第一大股东中华映管方面以资金拆借形成的债权 6.6 亿元认购，其中华映光电拟以其持有的对公司委托贷款 3 亿元和无息借款 2 亿元认购 79365079 股，华映视讯拟以其持有的对公司委托贷款 0.6 亿元认购 9523809 股，福建华显以其持有的对公司委托贷款 1 亿元认购 15873015 股；第二大股东建发集团则拟以其持有的对公司的无息借款 1 亿元和现金 2 亿元认购 47619047 股。从上述方案中可以看出，ST 厦华的大股东中华映管和建发集团以 7.6 亿元的委托贷款和无息贷款形成的债权认购新股，ST 厦华实际募集现金仅为 2 亿元。从 ST 厦华的年报中可以发现，上述债权均形成于 2009 年，当时 ST 厦华因连续三年亏损被暂停上市，公司基本丧失了对外融资能力，正是因为大股东上述资金支持，才避免了资金链断裂。

资料来源：新华网。

第二节 如何愉快地买壳与卖壳

2014 年 10 月，证监会积极响应并出台了《上市公司重大资产重组管理办法》《关于修改〈上市公司收购管理办法〉的决定》和《上市公司并购重组行政许可并联审批工作方案》等配套文件，监管文件规范了并购重组的运作方式，但对借壳上市等规定上仍留出了较大的资本运作空间。在宽松的监管环境下，为了遏制粗放式增长、提升上市公司质量，监管层着手规范重组市场，2016 年，证监会《关于修改〈上市公司重大资产重组管理办法〉的决定》发布实施，其中对锁定期限、配套融资、停牌时间、刚性退市等逐一明确。2019 年 10 月，证监会通过第 159 号证监会令修订并发布了新的《重组办法》，新规重新定义了并购重组交易的游戏规则。

驱动产业资本借壳的内在逻辑在于：产业资本通过高价收购"壳"资源的控股权，可以注入未上市资产变更成定增股权在二级市场高价套现，根源是一二级市场明显的估值差价，从而产生制度性的套利机会。

一、壳公司的价值来源

国内资本市场的上市公司是核准制，核准制下审出来的资格都可以被视为一种特许经营权，也就可以理解为上市公司是一种特许，不仅可以公开募股，还有非常高的流动性和估值，除了很强的发行股票再融资的能力，债权融资（发行各类债券以及申请信贷融资）也远优于非上市公司，因此这种特许经营权是有价值的。对上市公司壳价值可以理解为上市公司的大股东控股权，获得上市公司的控股权也就意味着获得了壳价值，成为上市公司大股东后，股票质押可以融资；通过市值管理，还可以在股市上不断地"割韭菜""薅羊毛"获取收益。A 股没有真正的破产清算制度，导致 A 股即便退市还有东山再起的机会；当一个市场只进不出，它的估值体系就会不健康。这里面蕴含着的巨大价值使上市公司壳资源一度十分抢手，最疯狂的时候，曾经有上市公司壳资源炒到 100 亿元的报道。

1. 谁在卖壳

获得壳公司控股权，首先得有两个前提条件：一是壳公司的大股东和实际控制人有意愿要卖，大股东愿不愿意卖，这个其实很重要，一般 ST 公司会主动寻找买壳的接盘侠。二是市值不能特别大，目前而言 30 亿元以内就不是特别大。

"壳"股有几个显著的特征：市值偏低、股权较为分散、民企居多、多分布于传统产能过剩行业。"壳"股的股权相对分散，大股东持股比例多数低于 30%，大股东持股比例较低可以使受让方获得控股权支付的对价更低，实控人变更的概率更高。"混改"预期下国企类"壳"股增加，目前控股权转让标的中民企占据主导地位，伴随国企改革预期，股权转让作为"混改"的创新模式之一，地方国资与央企比重正逐渐增多。壳股公司的股权结构越集中越好，流通股所占比例小，这样能够减小二级市场在市值大幅增长的关键时刻所产生的不理性的抛售所带来的影响，同时股权的集中化能够使得借壳方减少与壳方的谈判次数。

2. 谁在买壳

买壳的主要是产业资本和金融资本，但两者的逻辑和路径并不相同。产业资本在自身产业做大后，需要通过买壳把资产装进上市公司，目前的中概股回归也属于此类。金融资本通过旗下基金公司等金融机构持有或参与了很多产业，需要获得上市公司控股权后，为其投资作为退出渠道，也就是一二级市场套利工具，其对第一大股东地位没有产业资本那么看重。

买壳方的成本基于两部分：一部分是取得上市公司控股权所付出成本、股份价值及控制权溢价部分；另一部分是要测算资产被摊薄比例的问题，所以需要买的壳公司股权结构不能太大。

产业资本在拥有大量现金时，愿意直接控股买壳装进资产，但是很多时候产业资本未必有很多现金，上市是为了融资发展，先掏几十亿买壳对其在现金流上难以承受，其更愿意通过增发将资产装入上市公司，还能同步获得控股权。在通过增发装入资产的过程中，关键是计算其资产在壳公司总股本中的比例。

金融资本买了壳之后往往会做题材性转换，买壳方会根据自身持有的股权投资资产及相关产业链来收购，打造出一个新的题材出来。在证券市场上玩法比较多样化的多是这类金融玩家，只要持股比例高，市值大一点也无所谓。金融资本在对壳股的选择上，更多地关注一致行动人的整体持股比例，通过相关不相关账户一起持有，使外部的流通盘更好控制市值。如果控股股东及其一致行动人持股比例比较大，金融资本可以通过几个不相关的人联合收购模式来解决；如果持股比例特别小，也可以通过二级市场收购实现。

二、壳公司交易的模式

"壳"股股权转让模式分为两类：第一类为目前较为主流的模式，资金方直接溢价购买股权，做大股东或者有控制权的二股东。该类标的大幅上涨的必要条件是新股东实力足够强，旗下优质资产所带来的想象空间较大。溢价部分是对原股东支付的"壳费"，新股东拿到控股权后，不一定立即实施重组，往往是"曲线救国"，慢慢谋求资本运作。第二类为相对激进的模式，也更复杂，即重组和股权转让同时进行。通过设计交易复杂、结构巧妙的资本运作模式，在实现股权转让的同时也实现资产重组，产能过剩领域的国企采用该模式较多。

1. 直接溢价购买股权的模式

可细分为两种转让方式：一为控股股东直接股份转让，二为间接控股股东股份转让。

（1）控股股东直接股份转让模式。上市公司控股股东直接溢价转让控股权，导致上市公司控股股东、实际控制人变更。以大连电瓷为例，公司控股股东、实际控制人刘桂雪签订股份转让协议，将其持有的大连电瓷股份4000万股（占公司总股本比例为19.61%），以28元/股的价格协议转让给意隆磁材。本次协议转让完成后，意隆磁材将成为公司控股股东；意隆磁材实际控制人的朱冠成先生及邱素珍女士将成为公司的实际控制人（见图7-1）。

原持有27.6%股权　　拟转19.61%股权

大连电瓷　　　　刘桂雪先生　　　　意隆磁材

原控股股东　　　现金11.2亿元，　　新控股股东
　　　　　　　　溢价2.94%

图7-1　大连电瓷股权转让交易模式

资料来源：公司公告，广发证券发展研究中心。

（2）间接控股股东股份转让模式。导致控股权变更的另一种模式，可以是公司间接控股股东层面的股份转让交易。以山西三维为例，其控股股东三维华邦的控股股东阳煤集团转让三维华邦100%的股份给路桥集团，实现间接转让山西三维27.79%的股权，退出对上市公司的控制。新的间接控股股东取得对山西三维的控股权（见图7-2）。

2. 叠加资产重组交易的复杂模式

这类模式往往与创新的交易结构结合在一起，在实现股权转让的同时也进行资产重组，并且能"绕开"重组新规的规定。股权转让的方式包括叠加期权交

图 7-2　山西三维股权转让交易模式

资料来源：公司公告，广发证券发展研究中心。

易（四川双马）、向第三方购买资产绕过借壳上市监管（三爱富）、叠加资产重组协议（ST 狮头）等。

（1）叠加期权交易的模式。四川双马的案例是将股权转让与远期合约挂钩，在控股权变更的基础上通过期权协议来剥离原水泥业务。四川双马原控股股东 LCOHC 将其及其全资子公司四川控股持有的合计 50.93% 的股权转让给和谐恒源及天津赛克环，其中天津赛克环的共同实际控制人之一为林栋梁，与谐恒源的实际控制人一致。二者将合计持有四川双马 50.93% 的股权并成为控股股东，从而触发全面要约业务（股份超过 30%）。框架协议还包含一项期权协议，在股权转让顺利完成的前提下，拉法基中国拥有一项购买期权，有权按照约定对价从四川双马购买水泥业务资产；和谐恒源则有权要求拉法基中国（或和谐恒源同意的拉法基中国指定第三方）向四川双马购买全部或部分水泥业务资产（见图 7-3）。

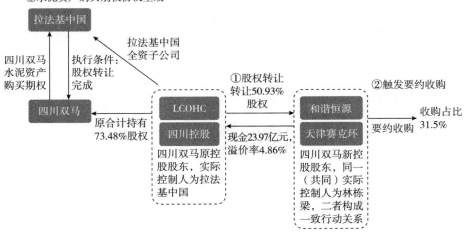

图 7-3　四川双马股权转让交易模式

资料来源：公司公告，广发证券发展研究中心。

（2）向第三方购买资产绕过借壳上市监管的模式。三爱富的交易模式是先购买资产后变更股权，通过交易环节的巧妙设计来绕过借壳上市认定，主要分为三个步骤：①以现金方式购买资产。三爱富以现金 22.57 亿元收购奥威亚 100% 股权、东方闻道 51% 股权，两者立足教育信息化领域，且与上市公司三爱富、新控股股东中国文发集团无任何关联。②向控股股东等剥离原有资产。三爱富将持有的三爱富索尔维 90% 股权、常熟三爱富 75% 股权、三爱富中昊 74% 股权、内蒙古万豪 69.9% 股权、三爱富戈尔 40% 股权、华谊财务公司 6% 股权及其他与氟化工相关的部分资产共计作价 22.43 亿元以现金支付方式出售给上海华谊（原控股股东）、新材料科技、氟源新材料。③向第三方完成股权转让、实际控制人变更。完成步骤 1 和步骤 2 的前提下，原控股股东上海华谊（地方国企）将其所持有的三爱富 20% 的股权作价 18.11 亿元（溢价 46%）转让给中国文发集团（央企）。股份转让完成后，中国文发成为新的控股股东，公司实际控制人将由上海市国资委变更为国务院国资委。此次交易中，由于奥威亚、东方闻道与三爱富、中国文发集团无任何关联关系，不涉及未向新实际控制人购买资产，因此不构成借壳上市，巧妙地绕开了重组监管新规（见图 7-4）。

（3）叠加资产重组协议的模式。叠加股权转让与资产重组的模式，凸显出强烈的公司转型及资产运作意图。

狮头股份分"两步走"的交易模式较为典型。2016 年 4 月 8 日，狮头股份原控股股东狮头集团签订股权转让协议，将其持有的公司 5277 万股、占公司总股本的 22.94% 的股份转让给海融天和潞安工程，转让价格为人民币 18.75 元/股，溢价率达 75.6%。股份转让完成后，公司第一大股东变更为海融天，持股 11.7%，第二大股东为潞安工程，持股 11.24%。此次变更后，公司无实际控制人。2016 年 4 月 11 日，狮头股份签署重大资产重组协议，将原有水泥主业出售给狮头集团，同时购买上海纳克与潞安合成油共同投资的潞安纳克 100% 股权，意图转型煤制油下游产品的深加工领域。其中上海纳克与海融天具有同一实际控制人，潞安合成油与潞安工程具有同一控股股东，且重大资产出售及购买协议以股份转让协议为前提，由此可以看到借壳上市的影子。ST 狮头叠加资产重组协议的股权转让方式设计巧妙，先进行股权转让，再资产重组，"一举两得"（见图 7-5）。

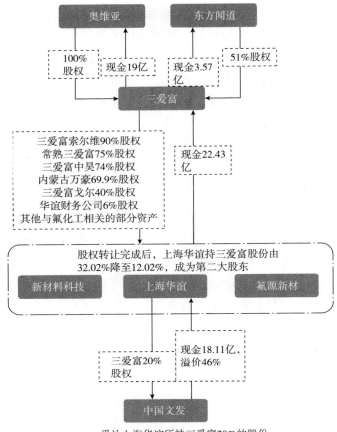

图 7-4　三爱富股权转让交易模式

资料来源：公司公告，广发证券发展研究中心。

三、壳公司的估值与支付方式

1. 壳公司控股权的价值评估

涉及壳公司的交易价格，交易谈判的时候实际上谈的是总交易价格，但是测算时需要考虑三个部分。第一部分是转让股份的静态价格，就是按当时市值计算的静态价格，假如当时转让的股份价值 8 亿元，那么 8 亿元的价格就作为转让的基本条件。第二部分是壳费，壳费可以理解为控制权溢价，转让的不仅是股权价

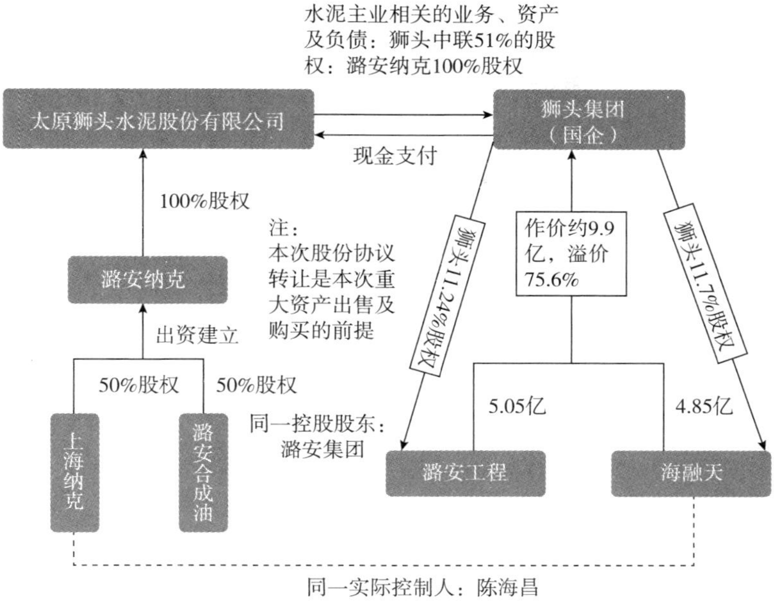

水泥主业相关的业务、资产
及负债；狮头中联51%的股
权；潞安纳克100%股权

图 7-5 ST 狮头股权转让交易模式

资料来源：公司公告，广发证券发展研究中心。

格，还有公司的控制权，控制权有理由溢价，就是壳费。第三部分是资产置换，卖壳方卖的是壳，卖壳方往往会把壳中的资产带走，因为买壳方往往不愿意混业经营，或者担心其原先资产中可能产生的隐性债务或亏损。卖壳方带走资产，往往需要进行第三方资产置换，所以资产处置也是交易价格的一部分。

国有企业卖壳通常按照国资处置规定，不会有太高的溢价，也包括股权价格、控制权溢价以及资产买回三部分，但国企壳资源的问题是流程太长，要走公开受让程序。由于转让价格较低，也可能被人抢购。

2. 大股东持股比例转让的问题

在 2016 年证监会发布的《关于修改〈上市公司重大资产重组管理办法〉的决定》中，对控股权的认定：投资者为上市公司持股 50% 以上的控股股东；投资者可以实际支配上市公司股份表决权超过 30%；投资者通过实际可支配上市公司股份表决权，能决定公司董事会半数以上的成员选任；投资者依据可实际支配的上市公司股份表决权，足以对公司股东大会的决议产生重大影响；上市公司股权分散，董事、高级管理人员可以支配公司重大的财务和经营决策的，视为具有上市公司控制权。

控股股东持股比例通常有三类情况：第一类是超过 30%，联合控制人有的达到 50%~60%；第二类是接近 30%；第三类是持股比例在 10%~15%。

第一类大股东持股比例超过 30%，民企大股东相对国企大股东比较容易操作一些。民营控制人在价格谈拢后，主要考虑交易所得免税的需要，可以通过分步转让的方式，通过大股东的一致行动人，提前在董、监、高中辞职，做一部分股权转让，转让大股东及其家人联合持股部分；在第一大股东剩余持股比例不超过30%的时候，做一次性转让。相对国有壳公司就难操作一些，国有大股东要按国资处置程序进行一系列审批，很麻烦，像中信泰富收购武汉太钢，就要面对要约收购的问题，浪费了很多时间，而且往往受政府责任担当问题影响很难达成。

第二类最为常见，第一大股东持股比例在 30% 上下，即使超过 30% 也不会多，低于 30%，也在 20% 以上。这种壳总市值如果在 30 亿~40 亿元，壳的总报价应该差不多是股票价格的 1.5 倍，更小一点的话可能溢价会更高一点。在这种情况下操作，获取上市公司控股权的过程中，可通过定向增发募集资金来解决问题。

第三类是大股东持股比例低于 20%，甚至低于 10%，但又是第一大股东，证监会认定为无实际控制人。买这部分股份没有多大的意义，而且报价通常比较高，一般可以通过二级市场举牌来解决问题。通过二级市场举牌可以把股份比例提得很高，有的买壳方不愿意这么做，因为会把股票市值做得很大。

3. 支付方式问题

在交易谈判中，支付也是个很关键的问题，考虑支付问题一定要结合融资一起。大部分买壳的操作方式是当期支付，中介人与两边沟通，条件都能接受就马上停牌，停牌期间做好股权交割和董事会改选等。这种情况下对买壳方的资金实力要求很高，需要有足够的实力去融到这部分资金或者借助第三方并购基金来完成。

通过二级市场举牌取得上市公司控股权，好处是在操作过程中前面的股份持续盈利，这样的话融资很好做，因为给每个投钱的参与者盈利。现在买壳成本一般溢价都在股权成本 1.5 倍以上，通过举牌来解决，花同样的资金取得更多的股票，融资的时候提供资金的人投资是有很大的浮动盈利；但这种做法的缺点是把公司股份总市值做大了，对未来资本运作存在不足。

四、注册制之后壳是否还有价值

我国资本市场从 20 世纪 90 年代诞生起，交易系统和市场资讯就借助信息技术迅速传播，使我们的资本市场发展出了全球最大的散户群体。高度散户化带来几个显著特点：高换手率、高流动性下的高估值以及股市波动带来的社会影响更大，处理不善容易引发社会动荡。在这个背景下，监管当局不太可能简单效仿海外的注册制，或者即便推出注册制，也是有审核的注册制，有中国特色的注册制，有大量制度配套的注册制。

注册制是未来趋势，那么注册制之后壳是否有价值或者价格？这个事情可以看港股，香港资本市场是典型的注册制，但是一直存在标准的壳股，壳费稳定在 5 亿~6 亿元港币左右。注册制大方向下，壳价值持续缩水的趋势将延续下去，直至回落到一个合理的区间。未来 A 股壳价格可能会在 10 亿~20 亿元水平上获得支撑，理由有：一是 A 股高流动高估值的现实必然造成这个特许价格贵于其他市场；二是在发行股份购买资产的策略下，如果壳价格降到 10 亿以下，借壳的企业就会增加，供求关系会逆转。目前的核准制度的情况下发行股数和发行价格都是管制的，壳价格过低会导致借壳上市的成本比 IPO 发行股份还要低。

在解决壳和退市的问题方面，证监会对于造假、犯法的企业要强行退市，而对于因为行业变迁、经营不善沦落到可能无法维持上市条件的，还是可以鼓励外部借壳重组，这是资源配置，也是结构优化，既可以保护社会资本持续流入优势企业，也能比较好地缓和与化解社会矛盾。鼓励借壳重组和 IPO 常态化也不矛盾，IPO 常态化非常重要，一是给拟上市企业和投资机构稳定预期，大家可以在预期前提下开展自己的工作；二是给将壳囤积居奇者一个正确预期。

第三节　定增与战投

　　定增是上市公司通过资本市场来融资的重要手段，许多市值管理手法也需要跟定向增发联合使用。定向增发的资金用途有可能通过并购优质资产、整合上下游产业链等方式给上市公司带来业绩增长；也有可能引进战略投资者，为公司的长期发展打下坚实的基础；也是企业并购重组时使用的重要策略。

　　战略投资者是具有资金、技术、管理、市场、人才优势，能够促进产业结构升级，增强企业核心竞争力和创新能力，拓展企业产品市场占有率，致力于长期投资合作，谋求获得长期利益回报和企业可持续发展的境内外大企业、大集团。战略投资者持股年限一般都在 5~7 年以上，追求长期投资利益，这是区别于一般法人投资者的首要特征。战略投资者一般要求持有可以对公司经营管理形成影响的一定比例的股份，进而确保其对公司具有足够的影响力，有动力也有能力参与公司治理，通过自身丰富先进的管理经验改善公司的治理结构。战略投资者对于企业的投资侧重于行业的战略利益，其通常希望通过战略投资实现其行业的战略地位。

一、上市公司的定增套利

　　1. 上市公司定向增发时常见的资金用途

　　（1）并购能够给上市公司带来长远战略或利润的企业。

　　（2）通过定向增发股票完成借壳重组。

　　（3）举牌（股权争夺战），大股东通过积极认购定增的份额，拉开与二股东的持股比例差距，保住自己的地位。或者二股东联合一大批马甲参与定增，最终神不知鬼不觉地取代大股东地位。

　　（4）整体上市：上市公司 A 向关联公司 B 定向增发，B 公司以自家 100% 股权做对价认购 A 的增发股份，从而 A 将 B 吸收合并，完成整体上市。或者，上市子公司 A 向母公司 B 定向增发筹资，所得资金用来购买 B 的资产，然后把资产注入 A，最终完成整体上市。

　　（5）补充流动资金或扩大生产规模、研发新产品。

　　2. 对定增套利机会的判断

　　为了顺利完成增发，控股股东要做几件事情：找个募资的理由；找到合适的战投或财务投资者参与定增；跟他们谈妥价格，并且私下给予"稳赚不赔"的承诺（兜底协议）。而在整个过程中，定增价格是核心问题，出于自己利益最大化原则，大股东会把定增价格定在对自己有利的位置。而大股东心目中的定增价格跟当前股价的差额，其实就是套利的空间。（按规定，上市公司定增价不能低于基准日前 20 个交易日均价的 90%。所谓基准日有 3 个，分别是董事会决议公告日、股东大会决议公告日或发行期首日，而这 3 个里面上市公司最好控制的是董事会决议公告日，因此公司一般都会在股价达到预定目标后突然停牌召开董事会，从而达到控制定增价目的。）

定增方案的详细内容应该包括下面的信息：增发价；参与者背景；每个参与者的认购数量；融资目的；等等。在考虑定增套利的机会时，需要根据发布的定增公告来分析，以及考虑定增后的退出机制，可以从以下几个指标来判断：

（1）大股东是否积极参与？是否用现金出资？

（2）看看谁参与了定增？

（3）定增股票的市值大不大？

（4）募投项目是否有想象空间？

二、借壳重组中的战投定增

定增的投资者不一定赚钱，但借壳重组的战略投资者们一定赚钱。定增是募集资金投向，三年后投资收益好坏就有很大的不确定性，所以定增部分的投资也是好坏参半；而借壳重组是确定性扭亏为盈的投资机会，所以在重组的配套募资中，这些资本大鳄是受益者，赚得盆满钵满，并且与交易一方颇有渊源。

战投定增作为上市公司重组运作核心组成的配套融资，因其确定性成为各路资源与资本结成"利益联盟"共享平台。

上证报记者统计发现，A 股披露的交易规模在 30 亿元以上，且已确定认购对象的重大资产重组配套融资中，55% 的认购名单上均出现市场"耳熟能详"的名字。既有资本圈明星大佬，又有上市公司董事长的朋友圈，以及一二级市场"双栖牛散"等，垄断了重组配套融资的"半边天"。进一步统计显示，配套融资的发行定价较最新市价平均折让在 20% 以上。肥水不流外人田，借壳交易中的配套融资，参与者多是企业家自己找来的资本，如战略投资人、商业伙伴，以及各种重要朋友。

第四节　国企重组与改制

党的十九大会议中对危困国有企业的处理问题，提出了"重组救活为主、破产退出为辅"的处置思路，而破产重整正是救助危困国有企业的有效方式。国有企业总体债务规模过大，负债率过高，经营不善，很多陷入了债务危机或财务困境。对于严重资不抵债但仍有发展潜力或拥有核心竞争力的国有企业，实行破产重整可以保护相关利益方的利益，同时也给企业一个重整旗鼓的机会。

一、国企的破产重组

从企业债务的角度来看，破产重整是指不对无偿付能力债务人的财产立即进行清算，而是在法院主持下由债务人和债权人达成协议，制订重整计划，在一定期限内，债务人依一定比例清偿债务或者转化为股权，债务人可以继续经营；国企中债转股的方案就是在此基础上达成的。

在国企的破产重组中有两个核心问题是对债务的处置和人员的安置问题。债务缠身的危困国有企业是破产还是重组，关键是看其是否还具有重生的价值。一些企业，设备陈旧，产品老化，科技含量极低，债务累累。通过破产，处理好债务，安置好人员，就是为社会机体去除了一个病灶。而因短期债务拖累的资源型企业，例如 ST 盐湖，就需要剥离其债务负担，让其轻装上阵，重新成为一个优质企业。

我国的企业破产，既有与世界各国相同的一面，即通过破产来依法抵偿所欠到期债务；又有不同的一面，表现在两个限定条件上：一是由政府有计划、有选择有资助地进行破产（对大中型企业）；二是对还债程序上给予明确的限定，把安置职工放在首位。这两个条件，是从我国国情实际出发而制定的。没有政府资助，负债过于沉重的国企就无法挣脱债务链，即使破产企业解脱了，又拖垮了另一批企业，尤其是金融企业。如果处置不当，甚至会引发金融危机，造成社会不稳定。第二个条件也是十分重要的，人员安置在我国具有更加不寻常的意义，人员安置不解决，后果十分严重。

1. 债务的处置问题

企业将优质资产、有效资产进行剥离，只剩下空壳企业或是带有些许废旧资产的企业，再行申请破产；企业在申请破产前转移或是隐匿巨额财产，还会低价处理企业自有的有效资产，再行申请破产；企业和债权人恶意串通，为无财产担保的债务进行担保，或是提前清偿没有到期的债务，放弃现有债券的偿还；企业在破产程序中，由于涉及较多的债权人、债务人、出资人、企业职工等当事人，其当事人间的矛盾较为突出，一旦处理不当，就会造成群体性事件，不利于社会的稳定和谐。

按照《中华人民共和国企业破产法》（以下简称《企业破产法》）规定，即使抵押给银行的资产也要抽出折价先安置职工。政策性破产，中央给了核销债务的指标，指标以外的债务怎么办？实行民事破产，没有核销债务指标可言，与金融部门谈判就无异于与虎谋皮。

2. 人员的安置问题

在国企改革中，做好人员分流安置工作，既是一件实践性很强的具体工作，又是事关改革成败大局的重要课题。过去 20 年，国企改革，凡是失败的，大多数是没解决好人的问题。根据《企业破产法》，清算企业资产时，首先要拿出一部分资产，变现后用于安置职工。重组企业吸纳不了的人员，政府用这笔费用进行安置。安置的方式有两种：第一种是一次买断，分流人员解除劳动关系后，每人可获得不超过上年全省人均工资三倍的补偿金。第二种是由政府设立再就业服务中心，按下岗职工办法逐月发给生活费，最多发放三年。

破产法律制度以保护劳动者权益为价值核心，在《企业破产法》中明确指出"破产企业拖欠职工的工资、医疗、伤残补助、抚恤费用等，要划入职工个人账户基本养老保险、基本医疗保险费用、法律行政规定的补偿金中，都在清偿破产费用与共益债务后清偿给职工"。换句话说，在支付破产费用与共益债务后，企业要优先清偿给属于员工的工资与劳动保险费用，优先于普通债权受偿。在实际操作中，除了职工债权，还有企业向职工集资借款而形成的普通债权，二者的债权性质与地位不同，前者是在劳动法与劳动关系基础上形成的债权，存在法定性与优先性，而后者是在合同关系基础上形成的债权，和普通债权相同，无法律优先保护权利。

由于企业职工较多，若没有合理解决职工安置问题，也容易造成职工的过激行为。加上职工债权构成复杂，形成的社会矛盾与群体事件危害性较大。除了企业职工之外，社会集资债权人会由于债务人破产，承受巨大的经济风险，也会引发这类人群的极端行为，给社会稳定带来不利影响。

部分职工对改制抵触情绪偏大的主要原因：一是不愿丢掉全民所有制国有企业的牌子；二是不愿担风险，职工想万一重组不成，丢了工作怎么办；三是企业机关处室中层骨干害怕重组以后，丢掉一官半职，沦为一线工人；四是部分年龄偏大的职工担心新企业裁员而下岗。

3. AMC 如何"玩转"国企破产重组

金融资产管理公司充分展现了救助性金融工具的特质，作为中国四大 AMC 之一的中国华融资产股份有限公司（以下简称中国华融）可通过"非金融债权收购+金融债权收购"等独有的业务模式，参与到问题企业重组的过程中，大力服务实体经济。根据"以时间换空间，以增量盘存量，化不良为优良"的业务特许经营特点和多牌照优势，对问题企业进行并购重组，通过整合企业资源，实现对问题企业的重整，有效盘活企业资产。

地方政府对国企破产重组的态度与应对方式。问题企业重组涉及的环节较多，重组用时较长。因此重组工作存在很多变数，重组过程中也会遇到很多困难。因此，问题企业重组离不开地方政府的支持与配合。政府除应参与到问题企业重组的磋商谈判与尽职调查的过程中，还需协调与约束各方债权人，必要时应采取行政手段等方式，保障企业重组的顺利实施。如政府部门在参与企业重组过程中出现决策不当等情况时，会严重影响问题企业的重组过程。

为了尽可能地避免类似情况的发生，在推进问题企业重组的过程中，应与政府建立良好的沟通，金融资产管理公司在参与问题企业重组过程中，应以为当地政府解决问题为出发点，保持与当地政府的紧密联系。在重组方案制订过程中，应尽可能多地获取政策支持与政府的认可，并积极争取政府出台相应政策，并形成相关文件，确保重组过程中帮扶政策不发生变化。选择重组企业时，应多听取当地政府的诉求与意见，对当地政府推荐企业以及当地龙头企业成功实施问题企业重组，可对当地企业产生示范效应，对当地社会与经济的发展产生积极的影响。

金融资产管理公司可以以"非金融债权收购+金融债权收购"为切入点，通过债务重组，梳理企业资产和债务的基础上，利用资产重组、破产重组、追加投资、引入战略投资者等方式，对企业资源进行整合，从而使企业回归正常经营的道路，体现金融资产管理公司盘活存量和化解风险的作用和社会责任。

但是并非所有的企业都可以进行救助，可进行救助的问题企业均需满足一定的标准。总的来看，一是企业自身必须有一定的经营能力；二是企业仍有生存愿望；三是企业主营业务具有一定竞争能力，产品具备一定的市场空间；四是企业具有核心资产，有恢复经营能力的可能；五是政府在金融资产管理公司对问题企业进行救助时要给予必需的支持。

问题企业的重组不应制定固定的重组模式，而需根据企业实际情况"量体裁衣"，根据企业所涉及的产业特点，技术发展方向，企业实际情况等多种因素综合考量，采取不同的业务组合模式，不断创新企业重组模式。通常来说，适用于问题企业重组的模式主要为"非金融收购+""债务重组+""破产重组+"等模式以及在此基础上衍生出来的各种重组模式。例如"不良资产收购+资产重组""债权收购+借壳上市""破产重整+资产重组""定向增发+并购重组""债务重组+股权重组""资管计划+并购重组"和"债务重组+资产并购注入"等模式。鉴于银监会发布的《商业银行新设债转股实施机构管理办法（试行）》，对商业银行债转股实施机构的股东资质、业务范围、风险管理等作出了详细规定，因此债转股手段将不再适用于问题企业的重组工作。

（1）"非金融债权收购+"模式。非金融债权收购实质上是一种债权转让行为，是指非金融机构通过债权转让协议将原债权人所享有的债权或合同权益的全部或部分进行收购的行为。其较金融债权收购而言非金融债非金融机构不良债权形成原因的复杂多样性，主要是对非金融债权收购中标的债权合法有效性、可转让性、真实准确性、稳定性以及担保权利等方面的问题。金融资产管理公司在进行非金债权收购要注意以下几个方面：一是要对标的债权转让的合法有效性进行分析；二是对标的债权的可转让性进行分析；三是对标的债权的真实准确性进行分析；四是对标的债权的稳定性问题进行分析；五是分析标的债权合法有效、真实准确性对担保权利的影响。

（2）"债务重组+"模式。问题企业通常都会面对资金链断裂、流动性低问题，导致企业发展严重受阻，从而造成企业偿债能力出现问题。此时，配合资产重组、资金注入、资产处置等方式进行债务重组，一方面可以在一定程度上实现债权人的债权回收，降低坏账出现的可能；另一方面可以借助对企业进行债务重组的时机，通过盘活企业资产，优化企业资产结构，在公司治理结构、经营结构等方面的调整，避免破产清算，实现企业持续经营。

（3）"破产重组+"模式。对于绝大多数问题企业而言，破产清算是帮助企业重新回归正轨的重要手段。破产重组保障各方利益，能够达成多赢局面，在程序启动上较为简单快捷，能高效、批量解决债务人对外负债，一次性解决债务人的负债困境，且破产重组需经法院裁定批准，执行效力稳定性较强。金融资产管理公司可帮助企业进行破产重组，并结合资产重组、资产处置等方式提供进一步的重组方案，通过重大资产重组的方式帮助企业解决债务困境，实现企业的脱胎换骨。

随着问题企业不断增加，金融资产管理公司可采取以下方式开展问题企业相关业务：一是通过与政府进行沟道，寻找问题企业，乃至进一步与政府合作成立企业救助机构；二是可从不良资产包中进行发掘，对救助的问题企业进行综合评定后，依托金融资产管理公司收购重组功能，对企业进行综合性救助；三是金融资产管理公司更可主动出击，从资本市场中寻找需要救助的问题企业或为其他企业的并购重组业务提供专业服务。

4. "有载体的破产" 重组模式

"有载体的破产" 的实质是通过实施 "先租后破、先租后购、购在租中、租破购同步推进" 的破产重组形式，最大限度地考虑了企业职工的再就业安置，在企业生产平稳过渡的情况下，稳步推进国有企业改革。这种破产重组形式主要适用于资产负债率过高、不适宜股份制改造的特困企业。对于这类无法正常经营的企业，破产前通过托管、租赁等经营方式引入合作方，培育企业破产的承接主体即载体，载体与特困企业经过较长时间的磨合，企业破产清算时，可以在生产不间断、职工不下岗的情况下实施对困难企业的重组。

"有载体的破产" 可以分为两种类型：一种是在企业完全停产但还没有破产清算时，引入载体启动生产，为企业破产培育承接主体；另一种是在企业生产经营困难但还没有完全停产时引入载体，确保企业正常生产，职工正常上岗，培育企业破产的承接主体。第一种类型典型的例子是中国杉杉集团芜湖天健玻璃瓶有限公司租赁全面停产的太原玻璃瓶厂，投资 1200 万元启动了两个车间，使 300 多名职工重新上岗；并打算整体收购已经制定破产预案的太原玻璃瓶厂，计划实施重组后，进行大规模的技术改造投资，扩大生产规模。第二种类型典型的例子是上海亚浦耳照明电器有限公司与生产经营困难但没有完全停产的太原灯泡厂合作，采取投资扩大生产规模等措施，为灯泡厂破产重组扫除了职工就业安置的障碍。以上两种方式的区别在于：前者是在企业已经完全停产的情况下引入承接主体，属于企业停产后的被动行为，实施起来相对容易；后者是在企业生产困难、扭亏无望时主动引入承接主体，具有一定的前瞻性和战略性，可以避免企业全面停产和职工大批下岗，但实施起来比较复杂。

案例：太原灯泡厂与亚浦耳照明的重组

太原灯泡厂建于 1958 年，现有在岗职工 940 人，实际有效资产为 4666 万元，实际负债高达 13426 万元，属于严重资不抵债型企业，不适宜股份制改造，只能走破产重组之路。早在 2001 年，受资金紧缺、产品销路不好等因素影响，企业经营出现严重困难，就开始为上海亚浦耳照明电器有限公司"贴牌"加工，勉强维持企业生产和职工上岗；2004 年，灯泡厂的生产经营状况进一步恶化，部分车间被迫停产，按照国有企业退出竞争性领域的改革思路，将日产 30 万只灯泡的生产厂房和其他部分生产线租赁给亚浦耳公司，这种部分租赁的合作方式保证了 300 余名职工的上岗就业；2005 年 3 月，灯泡厂的经营状况继续恶化，企业被迫全面停产，亚浦耳公司整体租赁了灯泡厂，并投资 2800 万元人民币改造灯泡厂的机器和设备，扩大生产规模，增加产品品种，为 1000 多名职工提供了就业岗位，扫除了企业破产的障碍。目前太原灯泡厂已经被列入计划内破产，亚浦耳公司决定承接破产清算后的太原灯泡厂，并计划将其照明产业整体搬迁到太原，再投资 1 亿元形成 2.5 亿只灯泡的年生产能力，产品 80% 出口美国市场，年营业收入预计达到 5000 万美元。通过"贴牌"加工、部分租赁、整体租赁等方式逐步加强与亚浦耳公司合作，太原灯泡厂为濒临破产的企业引入和培育了承接主体，在确保企业正常生产、职工正常上岗的情况下为企业破产重组创造了条件。在引入和培育载体的过程中，随着双方合作程度的逐步加深，上海亚浦耳公司从最初委托太原灯泡厂"贴牌"加工，转向投资改造灯泡厂的技术和设备，最后决定承接破产后的灯泡厂，将照明产业整体搬迁到太原。正是在双方不断磨合的过程中，亚浦耳公司认识到对太原灯泡厂的投资价值，太原灯泡厂也融入了亚浦耳公司的生产经营体系，确保了企业生产经营的平稳过渡，企业原有职工都可以在重组后的企业实现再就业。

资料来源：新华网。

"有载体的破产"适用于国有资本需要退出、资产负债率过高无法进行股份制改造的所有特困企业，凡是可以找到载体、濒临破产的国有企业都可以走"有载体的破产"之路。为了更好地保证企业在实施"有载体的破产"时最大限度地安置企业原有职工，确保企业生产平稳过渡，在选择和培育载体时需要注意以下几个方面：第一，尽可能选择同行业的企业作为载体。载体接管破产企业后，企业生产方式如果没有发生重大变化，可以更好地保证企业原有职工的上岗就业，这对于资产专用性强、职工专业技术水平很高但应用领域单一的企业尤为重要。第二，引入和培育有实力的载体。选择载体时需要考察载体的技术水平、市场前景、资金实力和核心竞争力，确保载体接管企业后，有能力使破产重组后的企业真正走上健康发展道路，避免企业再次出现震荡。第三，引入有"诚意"的载体。引入的载体在合作达到一定程度时，需要有资金的注入和技术的改进，切实防范引入的载体在榨取困难企业的"油水"（如拼设备等）后中断合作，防范没有资金注入的兼并式重组、以买壳套现为目的的市场炒作式重组和没有产业支撑的资本运营式重组，避免企业再度陷入困境。

二、国企改制是卖给内部人还是外部人

为了激发国有企业的活力，改制是一项重要举措，但面临着国有企业改制模式两难选择的问题。按照国有产权的最终受让主体不同，国企改制可分为内部人收购模式与外部人收购模式。国有产权究竟应该卖给内部人还是应该卖给外部人？两种改制模式虽然都符合"国退民进"的取向，但改制路径的不同会带来不同的改制效果。

1. 内部人收购模式的利与弊

内部人收购模式就是原国有企业管理层和员工作为国有产权主要受让主体的改制模式。按管理层拥有的股权集中度和决策权集中度从大到小排列，内部人收购模式又可分为：MBO（经理层融资收购）模式、员工信托管理层持股模式、职工持股会控股模式和股份合作制模式。

支持国有企业采用内部人收购模式的主要观点：经营层及骨干员工稳定，对企业历史及现状熟悉；改制过程震动较小，系统风险也较小；能激发企业内部人对改制的积极性，推动改制顺利进行；由于内部人收购往往将产权置换与身份置换联系在一起，减少了改制过程中的现金支出。

反对内部人收购模式的观点则主要针对其弊端：管理层收购的资金来源问题难以解决，即使融资成功但在巨大还贷压力下，管理层无法给企业发展继续注入资金资源；事实上形成的内部人控制不利于制度创新；内部矛盾潜伏而非消除，未来的系统风险加大；员工观念转变困难，职工持股会控股模式和股份合作制模式下容易形成新的一轮"大锅饭";特别是在监督机制不健全的情况下内部人收购容易滋生"暗箱操作"。

2. 外部人收购模式的利与弊

基于内部人收购模式在实现企业跨越式发展方面存在的不足,许多大型国有企业在改制过程中选择了以引进外部战略投资者进行控股式收购的模式。从实践来看,成功和失败的案例均不鲜见,成功引入外部投资者的经验是:借助外力(优势企业)介入,有利于快速改变企业现状,特别是企业战略方面;借助外力有利于消除长期积累的内部矛盾;可以借优势企业的资金、品牌、管理、技术、制度等优势资源,快速做大企业。

外部人收购模式失败的教训是:由于制度、文化的差异较大,整合风险大;被并购企业往往在战略上失去主动性;管理层人员往往变动较大,易造成整合成本高;若未选择好合适的战略投资者,反而会使原来的企业消亡。

3. 两难问题的选择标准和对策

(1)并不是所有的企业都适宜于做 MBO 或内部人收购。由于 MBO 或内部人收购往往面临着融资和还贷问题,企业的基础条件在选择是否进行内部人收购时显得尤其重要。从成功案例来看,适宜 MBO 或内部人收购的企业特征大致为:企业所处的行业为竞争性行业,企业生存不易,企业成长与管理水平息息相关,因此有必要通过管理层收购来改善对管理层的激励;企业所处行业成长性好且发展稳定,能为企业发展提供广阔空间。企业股本或净资产较小,不需要动用太多的资金就可以实现管理层控股或内部人控股。企业创业之初,国家没有投入资本金或投入资本金很少,企业的发展过程基本上就是管理层创业并领导企业发展壮大的过程。现有的股东财富中实际上有很大一部分是管理层应得报酬的资本化的结果,当地政府对管理层认可程度高。企业的发展历程表明公司管理层有优秀的管理能力,特别是管理层内形成了一个有权威、有凝聚力的领导核心,对管理层收购涉及的内外矛盾具有最终驾驭能力。公司业绩优良,同时管理层比较有进取精神并且愿意承担一定的风险。企业有较为充裕的现金流。实施管理层收购的目标公司一般要求资产负债率不高,且有较为充裕的现金流,同时企业现有资产状况良好且资产增值潜力大。

(2)实行内外联合、优势互补是可行的解决对策。将外部投资者的资金优势、创新优势与内部管理者的管理经验结合起来,是实现企业可持续发展和解决疑难问题的有效办法。但在这个过程中要解决联合收购中的权利义务问题和在未来公司中的股权比例问题，需要艰苦地谈判。

（3）选择内部人收购模式要着力做好收购后的管理创新工作。内部人收购完成的只是产权制度改革，但产权制度改革不是改制的终点，由产权制度改革带来的制度创新、管理创新、员工观念更新和企业文化的彻底变革才是改制的最终目的。"创新"是企业发展的源泉，创新包括机制创新、制度创新、技术创新、管理创新等，管理层在收购完成后不仅要起到减少代理成本的效果，还要在治理结构、管理结构、基础制度方面作出创新以实现企业可持续发展。

（4）选择外部人收购模式要着力解决收购前研究和收购后整合工作。对于外部人收购模式来说，收购前的研究工作实际上是决定收购是否成功的关键。最重要的收购研究工作包括两项：一是被收购方要研究收购方是否适合成为企业未来发展的主导者。因为对于国有企业来说，引入外部投资者进行收购目的是融资，但不管是融资金还是融资源，外部投资者必须带来能支持企业持续发展的管理资源和市场资源才是最合适的收购者。二是收购方除了要研究国有企业的资产之外一定要研究国有企业的人，必须在财务规划之外专门制定收购的人力资源规划，保证国有企业的核心价值创造人才不至于流失。做好了收购前的研究和规划工作，收购后的整合工作就是执行，整合的最终目的是文化和行为方式的合一，这需要一个漫长的过程。

4. 市场化操作模式与非市场化操作模式

《企业国有产权转让管理暂行办法》第十七条规定，国有产权经公开征集产生两个以上受让方时，转让方应当与产权交易机构协商，根据转让标的的具体情况采取拍卖或者招投标方式组织实施产权交易。这标志着国有产权竞标转让为主的市场化操作模式将成为国有转让的主流模式，但这并不意味着非市场化的操作模式就此要退出历史舞台，在相当长的一段时间里协议转让、新设公司、增资扩股等改制模式将作为竞标转让的有益补充而存在。在实践中，相当多地方中小国有企业进行了公示性挂牌后的定向转让，看来选择市场化操作模式与非市场化操作模式仍将成为改制过程中的两难选择问题。

（1）竞标转让中存在的问题。虽然国有产权进入产权市场竞标转让模式解决了产权转让中的信息公开透明问题，但目前竞标转让方式存在以下问题：一是国有产权是一个非标准的特殊商品，采取竞标的方式并不一定适合，因为竞标者的出价肯定会受到改制企业的债务、职工安置等多方面的因素影响。债务问题、职工的安置问题，以及政府的支持程度，将是参与重组方的首要考虑因素，而这些问题，只有通过一对一的谈判才能够解决，通过竞标是无法得到答案的。不同参与者对企业的债务重组和职工安置方案不同，强迫参与者接受统一标准可能带来重组效率损失。二是竞标参与者可能在政策优惠程度上并不处于同一起跑线上，比如对内部人和外部人的优惠程度不一样会使双方的报价基础不同，违反公平原则；特别是竞标转让方式下内部人与外部人联合较为困难，管理层和外部投资者的关系以竞争为主，会影响投资者对企业内部信息的把握。三是国有产权交易市场尚处于初级阶段，这一阶段的特征是：层次单一、交易不规范、定价机制不合理。在这样的市场环境下实行竞标转让可能与市场化操作模式初衷相违背。

（2）非市场化模式的适用。非市场化转让模式在两种情况下适用：一是改制企业债务沉重、职工安置成本无资金来源，外部投资者不存在或少于两个的情况下，主管部门依据政策采取公示性挂牌后定向转让；二是为规避在竞标转让中面临的收购成本增大风险，收购者不采取国有产权转让方法，而采取与国有企业一起投资新设公司，或对国有公司进行增资扩股的方法，目的是稀释国有产权而取得控股地位。当然，上述两种方法均要得到国有资产管理部门的批准才能实施。

（3）两种模式的选择标准。国有产权在进入产权交易市场前面临着一系列改制前置问题，如债务问题、职工安置问题甚至搬迁改造问题。如果在上述系列问题上没有具体的解决方案，或者方案无法对竞标参与人构成共同报价基础，则招投标模式显得不适用。比如：企业的改制前置问题需要管理层大力配合，而管理层在竞标中失败，则管理层在解决这些前置问题时积极性必然减少，这又会影响竞标成功者对于改制企业的接管和后续整合。相反，如果国有产权附带的改制前置问题已经得到了充分解决，投资价值就容易得到量化，也更适合招投标模式。

第五节　案例：ST 盐湖重组

青海盐湖工业股份有限公司（以下简称盐湖股份）债务问题的解决有多方面的考虑，既要避免盐湖股份退市，又要保住青海省人民政府国有资产监督管理委员会（以下简称青海省国资）第一大股东地位，还要能够引入战略投资者并保护债权人利益，而这一切又要基于能够继续推进保障国家资源安全的战略大背景。在清算假设下，其普通债权清偿率最低也在 20% 以上，而在中性假设下，清偿率在 46%~56%。事实证明，在盐湖破产重整案中，普通债权人最低也保证了60% 的回收率。三成左右的盐湖债券几乎没有亏损可能。2021 年 8 月 10 日，盐湖股份重新上市，上市当日股价大幅上涨 306.11%，市值一度突破 2000 亿元。经过剥离不良资产，公司 2020 年第一季度也顺利实现扭亏为盈，2020 年度实现归母净利润 20.4 亿元。

一、钾肥行业及控股股东情况

全球钾肥分布极不平均，中国的钾盐储量、产能、产量位列全球第四，但总储量也仅占世界总储量的 9%。据美国地质调查局统计数据，全球已探明钾盐（折氧化钾）资源量大约 2500 亿吨，探明储量 95 亿吨，可采储量 37 亿吨，分布十分不均衡。加拿大、俄罗斯、白俄罗斯可采储量占世界总可采储量的 70% 左右，分别占比 30%、20% 和 16%。中国作为农业大国，钾肥需求量大，国内钾肥需求半数以上依赖进口，是全球第三大钾肥进口国。钾肥作为国家重要的战略资源型紧缺矿产，行业政策将保持稳定，作为龙头企业的盐湖股份将持续获得政策支持。

青海省自然环境恶劣，GDP 总量较低，地方金融资源偏弱，整体信贷规模小。西部矿业和盐湖股份是青海省最为重要的两大省属国企，在区域经济中具有举足轻重的地位。青海盐湖股份具有区域重要性，青海省国资不会放弃对于盐湖股份的控制权，但青海省国资能实质提供支持的能力较弱，有限资源仅能勉强解决自身的债务风险，无法为盐湖股份的风险化解提供足够的资金支持。

二、盐湖股份基本情况及债务困境

盐湖股份主营业务中，钾肥板块作为国内钾肥之王，资源具有垄断性。碳酸锂板块受益于迅猛增长的需求，工艺上具备成本优势。这两个业务板块具备保障国家战略资源储备的重要地位，是盐湖股份的核心资产。

青海盐湖工业股份有限公司为青海省国有资产投资管理有限公司（以下简称青海省国投）下属上市公司（股票代码：000792.SZ），破产重整前第一大股东青海省国投持股比例为27.03%，公司实际控制人为青海省国资；第二大股东为央企中化集团，持股20.52%；第三大股东为信达资产，持股6.23%。盐湖股份是国内最大的钾肥生产企业，拥有察尔汗盐湖约3700平方千米的采矿权，依托着青海察尔汗盐湖的丰富钾、锂资源，主营氯化钾、碳酸锂的开发、生产和销售业务。2021年公司上半年归母净利21亿元，经营活动净现金流27亿元。盐湖股份市值曾在2008年中达到过惊人的1900亿元，破产重整成功后，现市值1600亿元左右，被戏称为"青海茅台"。

盐湖股份的债务问题主要源自循环利用项目的激进投资和大规模债权融资，金属镁一体化、甘河海纳PVC一体化、化工分公司百万吨钾肥综合利用一期和二期项目遇到了各种现实问题，巨额亏损拖垮了健康的盐湖股份。盐湖股份通过举债数百亿上马的四大化工项目无法按预期时间表产生收入和回报，造成巨额亏损，而累计总投资却已经高达507.3亿元，包括金属镁一体化项目396.9亿元，百万吨钾肥综合利用一期项目46.5亿元和二期项目64.2亿元，成为拖垮健康盐湖的无底黑洞。盐湖镁业在2018~2019年合计亏损近80亿元，化工一期、二期和海纳化工两年合计亏损约46.36亿元。2020年5月20日，因盐湖股份2017~2019年连续三年亏损，深交所做出盐湖股份股票暂停上市的决定（深证上〔2020〕425号），盐湖股份股票自2020年5月22日起暂停上市。

截至2019年9月底，公司合并口径账面现金7.26亿元，其中上市公司本部2.27亿元，除去司法冻结部分外，剩余可用资金仅0.16亿元。公司现金流亦呈现大额净流出，公司已无力按期足额兑付到期债务，最终债务危机浮出水面。

早在2017年5月，青海省国资、公司就与主要的债权银行启动债转股谈判，三年间先后提出过七版方案。方案中主要包括：盐湖镁业资产出表；银行债务下沉，金属镁一体化项目借款主体下沉至盐湖镁业并随着盐湖镁业出表，彻底解决近313亿元的非经营性占款问题。对于下沉的债务，青海设计了十一条增信措施，包括：承接盐湖镁业的国资主体通过出售上市公司股权获取增量资金、盐湖镁业固定资产、在建工程和读题的抵押担保、大股东青海国投的股权质押担保或让渡上市公司现金分红权、盐湖股份非公开发行募资等。此外，上市公司还将通过转增股份引进一到两家战略投资人等。在这些方案中，债权都将大幅打折，此外债权人对于增信措施的落实有疑虑，转股价格、债权人诉求不一、内部审批面临不确定性等问题也使得谈判双方难以就场外债转股方案达成共识。除了相关债权方，盐湖还欠应缴税款 20 多亿元，职工社保数亿元，且公司已经无法从银行和其他金融机构获得资金，已经无法清偿历史欠款和开展正常生产经营。

盐湖股份债务问题的解决需要多方面的考虑，既要避免盐湖股份退市，又要保住青海国资第一大股东地位，还要能够引入战略投资者并保护债权人利益，而这一切又要基于能够继续推进保障国家资源、农业安全的战略大背景。

三、破产重整

2019 年 8 月 15 日，盐湖股份被债权人格尔木泰山实业有限公司申请破产重整并于 9 月 30 日收到青海省西宁市中院的破产重整受理决定书，并指定青海盐湖工业股份有限公司清算组担任盐湖股份管理人。与此同时，公司未能兑付提前到期的两只中票，构成实质性违约。因公司 2017 年度和 2018 年度连续两个会计年度经审计的净利润为负值，且公司被法院裁定重整，公司股票被实施退市风险警示。

1. 剥离镁化工及其他亏损板块

公司进入破产重整程序后，推进速度较快。经过一个月的债权申报期后，11 月 7 日即召开债权人会议，审议通过了《财产管理及变价方案》，决定拍卖部分资产，这一部分资产主要包括青海盐湖所持海纳化工 97.75% 股权（评估值为 0）及应收债权（60.23 亿元）、所持盐湖镁业 88.3% 股权（评估值为 0）及应收债权（349.5 亿元）以及化工分公司资产包，资产包原值为 574 亿元。可以说这一资产包基本涵盖了拖垮盐湖的大部分化工产业资产。经过六次流拍，2019 年 12 月 27 日，公司与汇信资产管理协商签订《资产收购协议》，以 30 亿元的价格协议转让盐湖股份资产包。汇信资产为青海省 2019 年底新成立的公司，注册资本 26 亿元，股东方为海西州国投、青海省产业发展投资基金和格尔木投控，分别持股 42.3%、38.5% 和 19.2%，专门用于承接盐湖的亏损资产。据青海省国资的资料，30 亿元的出价优于另外两家潜在竞标者陕煤集团和中化集团。

2. 重整方案落地

2020 年 1 月 3 日，盐湖股份发布《青海盐湖工业股份有限公司重整计划（草案）之出资人权益调整方案》和正式的重整计划，提请召开第二次债权人会议，重整方案落地。根据出资人权益调整方案，出资人权益调整内容主要包括：

（1）资本公积金转增股本：以盐湖股份现有总股本为基数，按每 10 股转增 9.5 股的比例实施资本公积金转增股本，共计转增 264678.61 万股股票。

（2）转增股票用途：转增股票不向原股东分配，将向债权人分配以抵偿债务及由管理人处置，其中 257603.43 万股转增股票用于向债权人抵偿债务，剩余约 7075.18 万股转增股票由拟处置资产的承接方有条件有偿受让，受让对价优先用于支付重整费用和清偿部分债务。

根据重整计划，盐湖股份债权人被分为四类，各自的偿债方案如下：

职工债权：以现金方式全额清偿；

税款债权：以现金方式全额清偿；

有财产担保债权：在担保财产评估价值范围内优先受偿部分予以留债，留债期限 5 年，每年平均还本付息；

普通债权：依据债权金额和是否为银行类金融机构分为三类：①每家债权人 50 万元以下（含 50 万元）的部分以现金方式一次性清偿完毕；②超过 50 万元部分，非银行类普通债权可选择留债或以股抵债的方式进行清偿（抵债价格为 13.10 元/股），留债方式提供四个选项，留债期限从 2 年至 5 年不等，随着留债期限的增长，债务折扣的比例逐渐降低，直至全额清偿；③超过 50 万元部分，银行类普通债权视非银行类普通债权的选择情况而部分留债并实施以股抵债（抵债价格为 13.10 元/股）。

2020 年 1 月 17 日，重整案出资人组会议和第二次债权人会议分别表决通过了《出资人权益调整方案》和《重整计划（草案）》。2020 年 1 月 20 日，盐湖股份收到西宁中院裁定批准《重整计划》的《民事裁决书》，并终止青海盐湖的重整程序。

3. 重整执行完毕

经过 3 个月时间，2020 年 4 月 21 日，盐湖股份发布重整计划执行完毕的公告。根据公告，最终盐湖股份以 30 亿元的价格转让盐湖股份化工分公司的固定资产、在建工程、无形资产、存货及所持有对盐湖镁业、海纳化工的全部股权、应收债权，并以 5.95 亿元转让盐湖股份 7075.18 万股转增股票。公司还与工银金融资产投资、国开行、邮储银行、建设银行、中国银行及农业银行6位债权人达成一致，6家国有银行通过"债转股"方式名列盐湖股份前十大股东，青国投所持股权比例下降至13.86%。整个重整计划自2019年9月30日法庭受理重整，到执行完毕，仅历时7个月，整体推进较为顺利。

2021年8月10日，盐湖股份重新上市，上市当日最高成交价43.9元，最低成交价32.41亿元，收盘价35.9元，股价大幅上涨306.11%，市值一度突破2000亿元。经过剥离不良资产，公司2020年第一季度也顺利实现扭亏为盈，2020年度实现归母净利润20.4亿元。

总体来看，盐湖股份普通债权偿还率较高，非债转股部分，总体清偿率在60%~100%。债转股部分，由于其主营业务之一碳酸锂业务下游新能源锂电池行业需求快速扩张，估值较高，公司股价也冲上高位，按照8月10日的收盘价计算，净收益率高达174%。

资料来源：深高投资青海盐湖尽调报告。

参考文献

［1］马宇．新兴经济体跨境资本流量合意区间测算研究［M］．北京：中国社会科学出版社，2023.

［2］姜瑶．对赌协议防控并购风险的有效性研究——以蓝色光标为例［D］．暨南大学，2019.

［3］原磊．商业模式体系重构［J］．中国工业经济，2007（6）：70-79.

［4］王波，彭亚利．商业模式研究及展望［J］．山东经济，2009（6）.

［5］魏炜，朱武祥．商业模式发现［M］．北京：机械工业出版社，2012.

［6］李鸿磊，柳谊生．商业模式理论发展及价值研究述评［J］．经济管理，2016（9）：186-199.

［7］杨晓琳．基于商业模式视角的企业价值评估探析［J］．财经界，2017，49（7）：133-138.

［8］刘浩．生命周期视角下增长期权影响企业估值和风险—收益特征的研究［D］．电子科技大学，2018.

［9］Greiner, Thomas, P. Surgery of the Rectum and Anus［J］. Veterinary Clinics of North America, 1972（1）：167-180.

［10］孙建强，许秀梅，高洁．企业生命周期的界定及其阶段分析［J］．商业研究，2003（18）：12-14.

［11］姬金玲．医药行业并购重组估值的研究［D］．首都经济贸易大学，2013.

［12］朴艺兰．A医药公司并购市场法估值改进方案研究［D］．北京交通大学，2015.

［13］翟陆遥．企业价值评估EVA模型的市场修正研究［D］．山东大

学，2017.

［14］程凤朝，刘旭，温馨．上市公司并购重组标的资产价值评估与交易定价关系研究［J］．会计研究，2013（8）：40-46.

［15］潘妙丽，张玮婷．上市公司并购重组资产评估相关问题研究［J］．证券市场导报，2017：12-18.

［16］李浩敏．市场法在我国 A 股医药上市公司估值中的改进应用［D］．中国人民大学，2006.

［17］滕涛．我国医药企业并购估值研究［D］．大连海事大学，2021.

［18］滕涛，徐雪峰．美国对中国企业在美并购安全审查的现状、趋势以及应对之策——兼论美国投资安全审查机制的新进展［J］．对外经贸实务，2019（9）：41-44.

［19］黄肖肖．我国医药行业并购中企业价值评估问题研究［D］．河南大学，2014.

［20］李俊祥．论创业板医药类上市公司的估值问题［D］．上海交通大学，2010.

［21］魏炜，朱武祥，林桂平．基于利益相关者交易结构的商业模式理论［J］．管理世界，2012（2）：125-131.